Die ganze **W̲elt** der Wirtschaft

Ein moderner Klassiker der Wirtschafts-Literatur mit weit über 400.000 Lesern: das Gabler Wirtschafts-Lexikon. Die um mehr als 3.000 Begriffe erweiterte 14. Auflage behandelt auf über 4.000 Seiten in rund 25.000 Stichwörtern mit bewährter Informationstiefe alle klassischen sowie die heute aktuell diskutierten Themen wie Agency-Theorie, leapfrogging, virtuelle Unternehmung und viele mehr. Zudem wurden z. B. die Stichwörter zu Marketing und Rechnungswesen stark aktualisiert und erweitert, das Gebiet Volkswirtschaft neu strukturiert. Die renommiertesten Fachleute aus Wissenschaft und Praxis haben ihre Kompetenz vereint. Seit vier Jahrzehnten anerkannt, umfassend im Inhalt und zuverlässig in der Darstellung: das Gabler Wirtschafts-Lexikon!

Jetzt NEU in der 14. Auflage

COUPON

Ja, ich bestelle zur sofortigen Lieferung:

Expl. GABLER WIRTSCHAFTS-LEXIKON, 14. Auflage 1997, 4.585 Seiten, vier Bände im Schuber, gebunden in Cabra-Ledervlies, mit Schutzumschlag, DM 500,–
ISBN-13: 978-3-409-13952-6

Änderungen vorbehalten.
Erhältlich im Buchhandel oder beim Verlag.

Abraham-Lincoln-Straße 46 · Postfach 1547 · 65005 Wiesbaden · Fax (06 11) 78 78-4 20 **GABLER**

Name/Vorname

Straße (bitte kein Postfach)

PLZ/Ort

Datum

Unterschrift

Zeitschrift für Betriebswirtschaft

Ergänzungsheft 1/97

Marketing

ZfB-Ergänzungshefte

1/91 Joint Ventures – Praxis internationaler Unternehmenskooperationen
Schriftleitung: Horst Albach
192 Seiten. ISBN 3 409 13351 8

2/91 Meilensteine der Betriebswirtschaftslehre –
60 Jahre Zeitschrift für Betriebswirtschaft
Schriftleitung: Horst Albach
376 Seiten. ISBN 3 409 13725 4

3/91 Controlling
Schriftleitung: Horst Albach/Jürgen Weber
340 Seiten. ISBN 3 409 12119 6

1/92 Unternehmensethik – Konzepte – Grenzen – Perspektiven
Schriftleitung: Horst Albach
212 Seiten. ISBN 3 409 13342 9

2/92 Globalisierung und Wettbewerb – In memoriam Alfred Herrhausen
Schriftleitung: Horst Albach
181 Seiten. ISBN 3 409 13371 2

1/93 Unternehmen in den neuen Bundesländern –
Erfahrungen mit Transformationsprozessen
Schriftleitung: Horst Albach
178 Seiten. ISBN 3 409 13465 4

2/93 Betriebliches Umweltmanagement 1993
Schriftleitung: Horst Albach
166 Seiten. ISBN 3 409 13391 7

3/93 Die Zukunft der Betriebswirtschaftslehre in Deutschland
Schriftleitung: Horst Albach/Klaus Brockhoff
200 Seiten. ISBN 3 409 13231 7

1/94 Neue Konzernstrukturen bei Großunternehmen und im Mittelstand
Schriftleitung: Horst Albach
148 Seiten. ISBN 3 409 13877 3

2/94 Hochschuldidaktik und Hochschulökonomie – Neue Konzepte und Erfahrungen
Schriftleitung: Horst Albach/Peter Mertens
332 Seiten. ISBN 3 409 13763 7

1/95 Effizienzsteigerung im Innovationsprozeß
Schriftleitung: Horst Albach
156 Seiten. ISBN 3 409 13779 3

2/95 Business Process Reengineering – Strategien zur Produktivitätssteigerung –
Konzepte und praktische Erfahrungen
Schriftleitung: Horst Albach
124 Seiten. ISBN 3 409 13789 0

3/95 Lernende Unternehmen
Schriftleitung: Horst Albach/Horst Wildemann
202 Seiten. ISBN 3 409 13796 3

4/95 Management of Structural Change
Schriftleitung: Horst Albach
174 Seiten. ISBN 3 409 13950 8

1/96 Betriebswirtschaftslehre und der Standort Deutschland
Schriftleitung: Horst Albach/Klaus Brockhoff
170 Seiten. ISBN 3 409 13770 X

2/96 Betriebliches Umweltmanagement 1996
Schriftleitung: Horst Albach/Harald Dyckhoff
182 Seiten. ISBN 3 409 13790 4

3/96 Governance Structures
Schriftleitung: Horst Albach
166 Seiten. ISBN 3 409 13794 7

Marketing

Schriftleitung

Prof. Dr. Dr. h.c. mult. Horst Albach

GABLER

Die Deutsche Bibliothek – CIP-Einheitsaufnahme

> **[Zeitschrift für Betriebswirtschaft / Ergänzungsheft]**
> Zeitschrift für Betriebswirtschaft : ZfB. Ergänzungsheft. –
> Wiesbaden : Gabler
>   Früher Schriftenreihe. – Nebent.: ZfB-Ergänzungshefte
>   Reihe Ergänzungsheft zu: Zeitschrift für Betriebswirtschaft
> NE: ZfB / Ergänzungsheft; ZfB-Ergänzungshefte
> 1997,1. Marketing. – 1997
> **Marketing** / Schriftl.: Horst Albach. – Wiesbaden : Gabler,
> 1997
>   (Zeitschrift für Betriebswirtschaft : Ergänzungsheft ; 1997,1)
>   ISBN-13: 978-3-409-13952-6   e-ISBN-13: 978-3-322-86607-3
>   DOI: 10.1007/978-3-322-86607-3
>
> NE: Albach, Horst [Red.]

Der Gabler Verlag ist ein Unternehmen der Bertelsmann Fachinformation.

© Betriebswirtschaftlicher Verlag Dr. Th. Gabler GmbH, Wiesbaden 1997
Lektorat: Ralf Wettlaufer

Das Werk und alle in ihm enthaltenen einzelnen Beiträge und Abbildungen sind urheberrechtlich geschützt. Jede Verwertung außerhalb der engen Grenzen des Urheberrechtsgesetzes ist ohne Zustimmung des Verlages unzulässig und strafbar. Das gilt insbesondere für Vervielfältigungen, Übersetzungen, Mikroverfilmungen und die Einspeicherung und Verarbeitung in elektronischen Systemen.

Nachdruckgenehmigungen kann die Redaktion erteilen. Für unverlangt eingesandte Beiträge und Rezensionsexemplare wird nicht gehaftet. Jede im Bereich eines Unternehmens hergestellte oder benützte Kopie dient gewerblichen Zwecken gem. § 54 (2) UrhG und verpflichtet zur Gebührenzahlung an die VG WORT, Abteilung Wissenschaft, Goethestr. 49, 80336 München, von der die einzelnen Zahlungsmodalitäten zu erfragen sind.

ISBN-13: 978-3-409-13952-6

Inhalt

Zeitschrift für Betriebswirtschaft, Erg.-Heft 1/97

Editorial VII

Kernkompetenzen und strategisches In-/Outsourcing
Prof. Dipl.-Ing. Dr. Hans H. Hinterhuber, Innsbruck,
und Dipl.-Kfm. Ulrich Stuhec, München 1

Strategische Ressourcen und erhaltbare Wettbewerbsvorteile
Die ressourcenorientierte Sicht am Beispiel der Treasury
Dipl.-Volksw. Ulrich Bongartz, Düsseldorf 21

Großveranstaltungen als Elemente des Stadtmarketings
Effizienzmessung am Beispiel des Hamburger Kirchentages 1995
Dr. Andreas Pfnür, Hamburg 45

Regionale Reichweite und Organisationsstruktur
Einfluß der Wettbewerbsstrategie und der Organisationsstruktur
auf die regionale Reichweite mittelständischer Unternehmensaktivitäten
Prof. Dr. Erich Frese und Dipl.-Volkswirt Peter Blies, Köln 69

Entwicklungslinien der Marketingorganisation
Eine empirische Untersuchung im produzierenden Gewerbe
Univ.-Prof. Dr. Christian Homburg, Dipl.-Wirtsch.-Ing. Kjell Gruner
und Dipl.-Kfm. Gregor Hocke, Vallendar 91

Optimale Preisbündelung unter Unsicherheit
Dr. rer. pol. Ralph Fürderer, Rüsselsheim,
und Prof. Dr. rer. pol. Arnd Huchzermeier, Vallendar 117

Optimale Preissetzung auf verbundenen internationalen Märkten bei standardisierten und differenzierten Produkten
Priv.-Doz. Dr. Matthias Sander, Tübingen 135

Die Beschleunigung von Produktlebenszyklen
Eine Analyse unter Laborbedingungen
Prof. Dr. Klaus Backhaus, Münster, und Dr. Kai Gruner, Düsseldorf 157

Inhalt

ZfB · Grundsätze und Ziele 188
ZfB · Herausgeber / Internationaler Herausgeberbeirat XI
ZfB · Impressum / Hinweise für Autoren XII

Marketing

Die acht Aufsätze in diesem Heft der ZfB behandeln verschiedene Aspekte des Marketing. Sie lassen sich aber in drei Gruppen einteilen:

1. Strategisches Marketing
2. Operatives Marketing
3. Organisation des Marketing

Strategisches Marketing

Die Idee, daß ein Unternehmen über *Kernkompetenzen und Randkompetenzen* verfüge und sich, wolle es nachhaltig Erfolg haben, auf die Kernkompetenzen beschränken solle, hat sich durchgesetzt. Das hat zum Verkauf von Geschäftsbereichen geführt, die als Randkompetenzen angesehen und mit dem schönen, die Mitarbeiter besonders motivierenden Namen „Transitionsbereiche" belegt wurden. Im Zuge der Verkürzung der Wertschöpfungskette geht es nun aber auch um die *Frage, was denn die Kernkompetenzen und die Randkompetenzen innerhalb derselben Wertschöpfungskette seien.* Das Bemühen, die Kernkompetenz der Autoelektronik zu beherrschen, hat bei Daimler zum In-Sourcing der AEG geführt. *Hans H. Hinterhuber* und *Ulrich Stuhec* behandeln in ihrem Aufsatz diese für die *Strategische Unternehmensführung* zentrale Frage. Sie zeigen, wie die Kernkompetenzen innerhalb einer gegebenen Wertschöpfungskette bestimmt werden können und was daraus für das Outsourcing von bisher im Unternehmen angesiedelten Wertschöpfungsstufen folgt. Die Autoren verbinden ihre Überlegungen mit der *Transaktionskostentheorie*, die sie *als „Strukturellen Filter" für die Entscheidung über die Fertigungstiefe* eines Unternehmens verstehen.

Kernkompetenzen besitzen, heißt konkret auch, über spezifische Ressourcen zu verfügen, vor allem natürlich über Mitarbeiter, aber auch über den Zugang zu spezifischen sachlichen Ressourcen im und personellen Ressourcen außerhalb des Unternehmens. Das Bemühen der Unternehmen, Kernkompetenzen zu entwickeln und zu halten, die strategische Wettbewerbsvorteile vermitteln, hat daher auch zu einer Hinwendung zu den spezifischen Ressourcen des Unternehmens geführt, die diese strategische Position des Unternehmens begründen. Die Suche nach erhaltbaren Wettbewerbsvorteilen sollte weniger von der Produkt-Marktseite, als vielmehr von der internen Sicht ausgehen, meint *Ulrich Bongartz* in seinem Beitrag über *„Strategische Ressourcen und erhaltbare Wettbewerbsvorteile"*. Wer ein langes Gedächtnis hat, wird sich erinnern, daß vor 25 Jahren die Empfehlung um 180 Grad verschieden lautete: Suche die interessantesten Produkt-Markt-Kombinationen und entwickele, sollte die Kompetenz nicht vorhanden sein, die nowendigen Kompetenzen für die Besetzung dieses Feldes. Wichtig aber ist an der heutigen Sicht, daß der *Wettbewerb auf dem Produkt-Markt als nicht unabhängig von dem Wettbewerb auf dem Ressourcen-Markt* angesehen wird. Im Geschäftsfeld-Ressourcen-Portfolio der Strategischen Planung ist diese Verbindung von Faktormärkten und Produktmärkten aus der Sicht der Verfügbarkeit von Ressourcen angesprochen. Diese Sichtweise ist heute ergänzt um die Analyse des Wettbewerbs um die strategisch wichtigen Ressourcen. Darin wird man das Verdienst der ressourcenorientierten Ansätze sehen müssen. Sie dürfen aber nicht den Blick auf den Markt für das Produkt versperren. Im Gegenteil: die ressourcenorientierte Sicht muß den Blick schärfen für die Beurteilung der strategischen Wettbewerbsvorteile auf den Produktmärkten und ihre Gefährdung.

Ein konkretes Anwendungsbeispiel mag man in dem Beitrag von *Klaus Backhaus* und *Kai Gruner* sehen, die sich mit der *Strategie der Beschleunigung von Produktlebenszyklen* beschäftigen. Die Verkürzung von Produktlebenszyklen wird von manchen Beobachtern als ein Naturgesetz, von anderen als die Folge des Bemühens von Unternehmen, First-Mover-Vorteile zu erringen, gesehen. Der Honda-War hat gezeigt, daß einem solchen strategischen Bemühen Grenzen gesetzt sind. Während es im Honda-Fall, aber auch in der theoretischen Literatur über Patent-Rennen, letztlich ein Konkurrent ist, der die Innovationsanstrengungen aufgibt, sind es im Falle der Überlegungen von *Backhaus* und *Gruner* die Konsumenten, die schließlich aufgeben und erkennen, daß die alten Produkte auch ihren Dienst gut getan haben. Sie verlieren ihre Innovationsfreudigkeit. Die berühmten „early adopters" geben den Versuch auf, mit dem berühmten Innovations-Igel Schritt zu halten, und beide treffen sich in der „Beschleunigungsfalle". Das wird, auch das leuchtet ein, umso eher der Fall sein, je ähnlicher sich die „Innovations-Igel" sind. Folgen Innovationen dicht aufeinander, die eine sehr deutliche Erhöhung des Kundennutzens bewirken, ist die Wahrscheinlichkeit, in einer Beschleunigungsfalle zu enden, sicher geringer. Die Autoren fordern daher mit Recht eine differenzierte Betrachtung der Beschleunigungsprozesse.

Operatives Marketing

Im Bereich des Operativen Marketing zieht die Preispolitik nach einer Phase der Beschäftigung mit der *dynamischen Theorie der optimalen Preisstrategie* unter einem neuen Gesichtswinkel die Aufmerksamkeit der Forscher auf sich: dem der *Verbundeffekte*, wie sie für Mehrproduktunternehmen, für Netzprodukte sowie für verbundene Nachfrage typisch sind. Wenn man Produkte als Bündel von Elementen der Kundenbefriedigung auffaßt, dann kann man fragen, welche Kombination von Optionen und wieviele solcher Optionen zu welchen Preisen gewinnoptimal abgesetzt werden können. *Ralph Fürderer* und *Arnd Huchzermeier* stellen ein *Verfahren* vor, *mit dem eine optimale Preisbündelung möglich ist*, wenn der Anbieter nicht genau weiß, welche Preise der Kunde für einzelne Optionen maximal zu zahlen bereit ist.

Matthias Sander untersucht die *Verbundwirkungen von regionalen Märkten für den Absatz* von entweder *standardisierten oder regional differenzierten Produkten*. Er kommt zu dem Ergebnis, daß es durchaus nicht immer im Interesse der Anbieter liegt, Arbitrage zwischen den Märkten zu unterbinden. Die Gefahr solcher Arbitrage ist umso geringer, je differenzierter die Produktvarianten sind, die in verschiedenen Ländern angeboten werden. Der Autor übersieht auch nicht die imageschädigende Wirkung von Arbitrage für das Unternehmen.

Daß Kurorte Marketing betreiben, ist seit langem bekannt. Immer mehr Städte erkennen, daß auch sie Marketing für ihre Stadt betreiben können und sollten, um Steuermehreinnahmen zu erzielen. Eines der frühen Beispiele für *Stadt-Marketing* ist sicher „Messestadt Leipzig" – einschließlich der Werbung für diese Stadt auf Briefmarken des Deutschen Reiches wie der DDR. Daß Großveranstaltungen wie der Rosenmontagsumzug in Köln oder Düsseldorf Elemente der Stadtkultur sind und daher auch in der Imagewerbung einer Stadt genutzt werden können, leuchtet ein. Nicht in gleichem Maße ist das beim Kirchentag der Fall, der stets in einer anderen Stadt stattfindet. Das Berliner „Fest der Liebe" gar dürfte wohl kein Vorbild für optimales Stadt-Marketing sein. *Will man derartige Geschmacksurteile ökonomisch überprüfen*, dann *sollte man die Kosten-Nutzen-Analyse einsetzen*. Das ist der Tenor des Beitrages von *Andreas Pfnür*, der diese These am Beispiel des Hamburger Kirchentages überprüft.

Organisation des Marketing

Die Organisation des Marketing ist ein weiteres absatzpolitisches Instrument. *Christian Homburg*, *Kjell Gruner* und *Gregor Hocke* untersuchen die gegenwärtigen Formen der Organisation des Marketing und stellen fest, daß Dezentralisierung von Entscheidungsbefugnissen und eine gewisse Prozeßorientierung überwiegen. Sie stellen einen *Trend zu objektorientierten Organisationsformen* fest. Diese äußert sich in einer kontrollierten Entscheidungsdezentralität und einer starken Prozeßorientierung.

Auch *Erich Frese* und *Peter Blies* sehen die *Marketing-Organisation als eine Determinante der Wettbewerbsfähigkeit*. Sie entwickeln einen Gestaltungsrahmen für international tätige Unternehmen, innerhalb dessen Aufträge aus den einzelnen Regionen bzw. Ländern sinnvoll abgewickelt werden können. Als Beispiel werden die innovativen „Deutschen Häuser" in Ostasien behandelt. Sie unterstützen das Bemühen der Unternehmen um globale Marktpräsenz.

HORST ALBACH

Professor Dr. Dr. h.c. mult. Horst Albach, Schriftleitung, o. Professor der Betriebswirtschaftslehre, Waldstr. 49, 53177 Bonn.

Seit über 60 Jahren ...

bietet der Gabler Verlag betriebswirtschaftliches Know-how für Führungskräfte und Praktiker, Banker und Anleger, Sekretärinnen und Sales-Profis, Auszubildende, Studenten und Dozenten – für Ausbildung, Weiterbildung und Praxis. ■ Ob Ratgeber, Lehrbuch, Handbuch, Spezial-Lexikon oder Management-Bestseller – Gabler-Bücher bieten Ihnen aktuelle Informationen und konkreten Nutzen. ■ Unabhängige Fachzeitschriften informieren Sie mit professionellen Recherchen und brandaktuellem Wissen, das Sie jeden Tag für Ihre Praxis verwenden können. ■ Wollen Sie sich weiter spezialisieren, dann bieten Ihnen Fernkurse von Gabler nach bewährtem Konzept sorgfältig aufbereitetes Lehrmaterial. ■ Im Gabler Management Institut finden Sie Ihr persönliches „Forum für Erfolg"; Gabler Seminare sind praxisnah, effizient und zukunftsorientiert. ■ Unter dem Motto „Neue Medien, Neue Dimensionen" bieten Ihnen CD-Roms und Videos von Gabler modernes Wissen und interaktive Weiterbildung. ■ Bücher, Zeitschriften, Kurse, Seminare und Neue Medien – mit dieser Angebotspalette, die sich lesen, hören und sehen lassen kann, ist Gabler

... Ihr Fachverlag für Wirtschaft

Abraham-Lincoln-Straße 46. 65005 Wiesbaden. Tel.: 0611/7878-0. Fax: 0611/7878-420

Kernkompetenzen und strategisches In-/Outsourcing

Von Hans H. Hinterhuber und Ulrich Stuhec*

Überblick

- Es zählt zu den strategischen Grundweisheiten, daß die Unternehmungen ihre Eigenleistungen auf das konzentrieren sollen, was für die Kunden einen hohen Wert hat und wo sie im Vergleich zu den Konkurrenten eine hohe Kompetenzstärke besitzen. Wie jedoch Kernkompetenzen identifiziert werden, bleibt in Theorie und Praxis weitgehend unbeantwortet.

- In der Arbeit wird ein Bezugsrahmen vorgestellt, mit dessen Hilfe 1. die Kernkompetenzen der Unternehmung bestimmt und 2. Handlungsempfehlungen für das strategische Outsourcing gegeben werden können

- Die Arbeit beruht auf der Verbindung des ressourcen- und marktorientierten Ansatzes der strategischen Unternehmungsführung. Zur Fundierung der Outsourcing-Entscheidungen wird die Transaktionskostentheorie herangezogen.

- Für die Praxis sind die vorgeschlagene Methode zur Identifizierung der Kernkompetenzen sowie die Empfehlungen für die Vergabe an Dritte nicht-kompetitiver Stufen der Wertschöpfungskette von Interesse

- Aus theoretischer Sicht sind die Lösungsvorschläge für die Erstellung des Kompetenzenportfolios sowie die Beziehungen zur Transaktionskostentheorie interessant

Eingegangen: 28. Juni 1996

Prof. Dipl.-Ing. Dr. Hans H. Hinterhuber ist Direktor des Instituts für Unternehmungsführung der Universität Innsbruck, Rennweg 25, A-6020 Innsbruck und Professor für Internationales Management an der Wirtschaftsuniversität Bocconi in Mailand.
Dipl.-Kfm. Ulrich Stuhec ist als Doktorand bei der BMW AG in München in der Langfrist- und Strukturplanung beschäftigt.

© Gabler-Verlag 1997

Hans H. Hinterhuber und Ulrich Stuhec

A. Einleitung

Der zunehmend härtere Wettbewerb und der in vielen Branchen stattfindende Strukturwandel in Richtung strategischer Netzwerke[1] zwingen die Unternehmungen, die Länge und Breite ihrer Wertschöpfungskette neu zu durchdenken. Gesucht ist das bestmögliche Verhältnis zwischen den intern zu beherrschenden Kompetenzen und den von Dritten zu beziehenden Leistungen. Einfache Kostenüberlegungen, die vielen Umstrukturierungen zugrundeliegen, setzen die Unternehmungen dem Risiko aus, strategische Stufen der Wertschöpfungskette an Dritte zu vergeben. Die Unternehmungen verlieren auf diese Weise Kompetenzbereiche, die (1) die Qualität der bestehenden Produkte und/oder Dienstleistungen verbürgen und (2) die Grundlage für die zukünftige Wettbewerbsfähigkeit der Unternehmung sowie für den Eintritt in neue Märkte darstellen.

Die vorliegende Arbeit strebt eine Verbindung der „resource-based-" und der „market-based-view of strategy" in der strategischen Unternehmungsführung an. Das Ziel ist, eine Vorgehensweise vorzustellen, mit deren Hilfe:

(1) die Kernkompetenzen der Unternehmung bestimmt und
(2) strategische Outsourcing-Entscheidungen getroffen werden können.

Die Identifizierung der Kernkompetenzen mit Hilfe des Kompetenzenportfolios dient der Beantwortung der Fragen: „WAS muß selbst erbracht und WAS sollte zweckmäßigerweise ausgegliedert werden?" Für die Beantwortung der Frage: „WIE soll ausgegliedert werden?" wird eine Verbindung des Konzeptes der Kernkompetenzen mit der Transaktionskostentheorie vorgeschlagen. Die Erfassung der Transaktionskosten erlaubt eine Konkretisierung der In-/Outsourcing-Empfehlungen und erleichtert das Finden einer angemessenen Einbindungs- und Koordinationsform für die auszugliedernden Tätigkeiten.[2]

B. Der Begriff der Kernkompetenz

In ihrem Artikel „The Core Competence of the Corporation"[3] haben G. Hamel u. C.K. Prahalad die „resource-based view of the firm"[4] von B. Wernerfelt operationalisiert und das Konzept der Kernkompetenzen vorgestellt. Sie entfachten damit eine stürmische Diskussion im Bereich der strategischen Unternehmungsführung.

Nicht mehr alleine das von Bain[5] begründete und maßgeblich von Porter geprägte „Structure-Conduct-Performance-Paradigma" steht im Vordergrund, welches den Erfolg einer Unternehmung aufgrund der Branchencharakteristika (Industry-Structure) erklärt, die insgesamt das unternehmerisches Verhalten (Conduct) und die Wertsteigerung (Performance) weitgehend determinieren. Die ursprünglich an der Branche ansetzende Betrachtungsweise dreht sich zur Zeit vielmehr um, wodurch die bisher eher vernachlässigte „Conduct"-(Verhaltens-)Komponente des Paradigmas eine größere Aufmerksamkeit bekommt.[6] Die Diskussionen über erfolgreiche Unternehmungsführung werden somit immer weniger allein aus wettbewerbsstrategischen Gesichtspunkten geführt. In den Blickpunkt rückt mehr und mehr die Unternehmung mit ihren Ressourcen[7] und Geschäftsprozessen, die auf die Zufriedenstellung der Kunden und der anderen „Stakeholder" gerichtet sind. Ziel der Bewegung ist eine integrative Sichtweise, welche die beiden extremen

Kernkompetenzen und strategisches In-/Outsourcing

Denkrichtungen der 80er Jahre, die sogenannte „Market-based View of Strategy" der Harvard-University und die „Resourced-based View of Strategy" der Chicagoer Schule verbindet.[8] Die Kernkompetenzen als leitende Gedanken der Strategie stellen das Verbindungselement der beiden Denkrichtungen dar.

Prahalad und Hamel definieren Kernkompetenzen als systematisch gebündelte Kombinationen aus individuellen Technologien und Produktionsfertigkeiten, die der Vielzahl der Produktlinien einer Unternehmung zugrunde liegen (Beispiel: Hondas Kernkompetenzen bei Motoren und Antriebssträngen).[9] Stalk, Evans und Shulman[10] definieren die Kernkompetenzen auf einer breiteren Basis, die die gesamte Wertschöpfungskette miteinschließt (Beispiel: Hondas Steuerung der Händler und Produktentwicklung). Versucht man eine Synthese aus beiden Definitionen zu bilden, ergibt sich folgende Definition:

Kernkompetenzen sind integrierte und durch organisationale Lernprozesse koordinierte Gesamtheiten von Technologien, Know-how, Prozessen und Einstellungen,
- *die für den Kunden erkennbar wertvoll sind,*
- *Werte auch für die anderen „Stakeholder" schaffen,*
- *gegenüber der Konkurrenz einmalig sind,*
- *schwer imitierbar sind und*
- *potentiell den Zugang zu einer Vielzahl von Märkten eröffnen.*

Die Kernkompetenz von SWATCH bezieht sich auf „emotionale Güter" und besteht aus einer Kombination von Automatisierungstechnologien, Design und Marketing. Swarovskis Kernkompetenzen liegen im Bereich der Schleifsteintechnologie, der Mitarbeiterführung, des Design und des Marketing. Kernkompetenzen sind die integrierten Tätigkeiten oder Funktionen, bei denen die Unternehmung „best in world, not best in region or town"[11] ist und die in entscheidendem Maße zur Wertsteigerung der Unternehmung beitragen oder „make the economic engine of a firm tick".[12] Die Kernkompetenzen sind, mit anderen Worten, die gebündelten Fähigkeiten, Technologien und Prozesse, die den „Wertsteigerungsmechanismus" einer Unternehmung in Gang halten und dafür verantwortlich sind, daß ihre strategischen Geschäftseinheiten zu den führenden Wettbewerbern in ihren Marktsegmenten zählen.

Die Kernkompetenzen einer Unternehmung lassen sich nicht losgelöst von Markt- und Umweltgegebenheiten ermitteln. Viele Kernkompetenzen hängen direkt von der jeweiligen Markt- und Umweltsituation ab und können entwertet werden, wenn sich die Umweltsituation ändert. In einer Bank kann z.B. eine der Kernkompetenzen in der Führung des Filialnetzes liegen. Wenn sich durch technologische Innovation oder durch Veränderungen von Kundengewohnheiten Transaktionen auf technische Kanäle verlagern, sinkt der Wert dieser Kernkompetenzen, während die Fähigkeit, eine Vielzahl, unterschiedlicher Kanäle zu führen, an Bedeutung gewinnt. Ähnliches gilt auch für Kernkompetenzen im technischen Bereich bei der Entwicklung von Produkten.

Im Rahmen von strategischen In-/Outsourcing-Entscheidungen stellt die Identifikation und korrekte Einschätzung der Kernkompetenzen eine der größten Herausforderungen für die Unternehmensführung dar. Aber weder Hamel und Prahalad noch andere Autoren zeigen konkrete Wege für deren Identifikation auf. Sie verweisen lediglich darauf, daß die Unternehmung sich weniger als Produkt/Markt-Portfolios, sondern mehr als Portfolios von Kompetenzen verstehen sollten. In diesem Beitrag soll ein geeignetes Kompetenzen-

Portfolio konstruiert werden, in dem die Kompetenzen der Unternehmung positioniert und die Kernkompetenzen identifiziert werden können.

C. Die Identifikation der Kernkompetenzen

I. Die Ermittlung der relativen Stärke der Kompetenzen

Um entsprechend dem Konzept der Kernkompetenzen die „Resource-based-View" mit der Markt- bzw. Kundenperspektive verknüpfen zu können, müssen auf der einen Seite unternehmungsbezogene und auf der anderen umfeld- bzw. marktbezogene Erfolgsfaktoren erfaßt werden. Entsprechend den in der obigen Definition der Kernkompetenzen aufgezeigten Merkmalen bietet sich in einer Portfolio-Darstellung als Abszisse die relative Kompetenzstärke im Vergleich zu den stärksten Wettbewerbern und als Ordinate der heutige und zukünftige Kundenwert der Kompetenzen an.[13] Die gewählte Abszisse der „relativen Kompetenzstärke" beinhaltet das für Kernkompetenzen geforderte Merkmal der schwierigen Imitierbarkeit. Die weiteren Merkmale der obigen Definition werden durch die Ordinate „Kundenwert" berücksichtigt.

Für die *Bestimmung der relativen Stärke der Unternehmungskompetenzen* wird zunächst eine Auseinandersetzung mit dem bisher eingeschlagenen Weg der Unternehmung erforderlich. Die Wertsteigerung einer Unternehmung läßt sich auf drei Faktoren zurückführen: Kernkompetenzen, Marktstruktur und Glück (Abb. 1)[14]; wie in der Abbildung dargestellt,

Abb. 1: Die Quellen der Wertsteigerung (in Anlehnung an Stuckey/Doman/Thwaites, 1992)

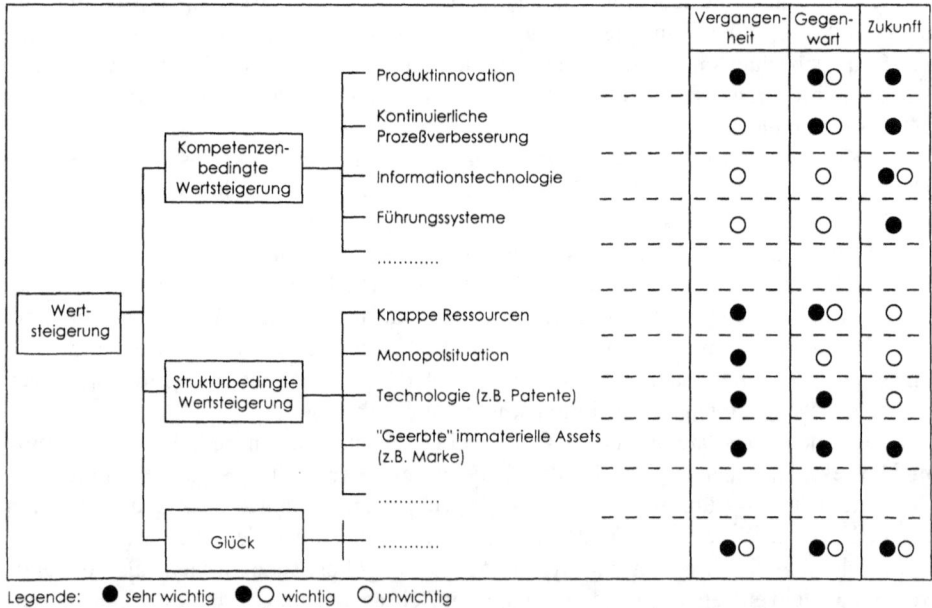

Kernkompetenzen und strategisches In-/Outsourcing

Abb. 2: Fähigkeitsprofil der Unternehmung für die Identifikation von Kernkompetenzen (Beispiel) (modifiziert nach Stuckey/Doman/Thwaites, 1992)

Fähigkeit der Unternehmung zu ...	Kompetenzen	Bedeutung		Schlechter als Konkurrenten, andere Referenzunternehmungen oder eigene Vorstellungen					Maßnahmen
		Gegenwart	Zukunft	- -	-	±0	+	++	
... kontinuierlicher Innovation • Produktinnovation • Verfahrensinnovation • ...	z.B.: Produktentwicklung Prozeßautomatisierung	●	●				1996 ●	1997 □	
... Prozeßmanagement • Kontinuierliche Prozeßverbesserung • Gemeinsame Werte • ...	z.B.: Montage Reputation	●	●		●		□		
... Informationsmanagement • Wecken neuer Bedürfnisse • Lernfähigkeit • ...	z.B.: Auftragsabwicklung Glaubwürdigkeit	○	●					● □	
... Nutzung langfristiger Strukturvorteile • Kunden-Beziehungen • Lieferantenbeziehungen • ...	z.B.: Beziehungsmanagement	○	●			●	□		
	Kernkompetenz = Integral der gebündelten Kompetenzen								

Legende: ● sehr wichtig   ○ wichtig

kann sich die Bedeutung der drei Faktoren im Lauf der Zeit verschieben. Die wichtigsten Einflußfaktoren stellen jedoch die Kernkompetenzen dar, wenn sie beitragen, die Kunden besser und/oder schneller zufriedenzustellen als andere Wettbewerber dazu in der Lage sind.

Die Bewertung der Kompetenzen läßt sich methodisch anhand eines Fähigkeitsprofils der Unternehmung durchführen (Abb. 2).[15] Die Fähigkeit der Unternehmung, z.B. zur Produkt- und Verfahrensinnovation läßt auf Kompetenzen im Bereich der Produktentwicklung und Prozeßautomatisierung schließen, wenn sich im Rahmen des Benchmarking ihre Leistungen von denen der Konkurrenten, Referenzunternehmungen in anderen Branchen oder auch von den eigenen Vorstellungen positiv abheben. Die Reputation der Unternehmung als Folge ihres im Vergleich zur Konkurrenz wirksameren Prozeßmanagements kann eine weitere, schwer imitierbare Kompetenz darstellen. Auf die Problematik, wie Prozesse innerhalb verschiedener Unternehmungen verglichen werden können, kann hier lediglich hingewiesen werden.[16] Durch die unterschiedliche Gewichtung der Bedeutung der Kompetenzen in Gegenwart und Zukunft lassen sich, wie in Abb. 1 dargestellt, Kompetenzenprofile in zeitlicher Profilierung erstellen. Die Kernkompetenzen als Integral der gebündelten Kompetenzen sind in der Fähigkeit der Unternehmung begründet, Unvollkommenheiten des Marktes effizienter oder neue Möglichkeiten besser und/oder schneller zu entdecken und daraus Nutzen zu ziehen als die Konkurrenten. Je wirksamer die Unternehmung ihre Wertschöpfungskette gegenüber Imitation durch Konkurrenten, Lieferanten oder strategische Netzwerke anderer Unternehmungen abschirmen kann, desto dauerhafter sind die Kernkompetenzen und die daraus resultierenden Wettbewerbsvorteile.[17]

II. Die Ermittlung des Kundenwertes der Kompetenzen

Um die zweite Dimension des Portfolios, den Kundenwert der Kompetenzen, ermitteln zu können, müssen zunächst einmal die gegenwärtigen und zukünftigen Kriterien aus der Sicht der Kunden ermittelt werden, mit denen diese den Grad ihrer Zufriedenheit mit den Leistungen der Unternehmung messen.[18] Methodisch kann dafür die KANO-Methode herangezogen werden.[19]

Für die Bestimmung des Kundenwertes der Kompetenzen bietet sich die Anwendung einer Korrelationskette an, die sich von der Methodik her an das Quality Function Deployment (QFD)[20] anlehnt. QFD kann sinngemäß übersetzt werden als „das in Stellung bringen (deployment)[21] der Qualitätsfunktionen eines Produktes entsprechend den von den Kunden geforderten Qualitätseigenschaften."[22] Es handelt sich dabei um ein kundenwunschorientiertes Produktplanungs- und Produktentwicklungsverfahren, welches in vier Phasen aus den ermittelten Kundenbedürfnissen Anforderungen an das Produkt, seine Teile, seinen Herstellungsprozeß und an die Produktionsanforderungen in vier sogenannten „Houses of Quality" ableitet.

Für die direkte Anwendung bei der Identifikation der Kernkompetenzen erweist sich das produktbezogene QFD aber als zu aufwendig und zu detailliert. Zweckmäßiger erscheint eine zweistufige Korrelationskette, die von den obengenannten Kriterien der Kundenzufriedenheit ausgeht und über die gewünschten Leistungsmerkmale der Produkte die Kundenwerte der Kompetenzen bestimmt. Ziel ist wieder die Erfüllung der Kundenbe-

Abb. 3: Eine bewertete CD-Korrelationskette

Durch das Competence Deployment (CD) kann ermittelt werden, welche Kompetenzen in den Augen der Kunden als wertvoll erscheinen

Leistungs-merkmale ("Wie") / Kritische Erfolgsfaktoren ("Was")	Gewichtung (in %)	Kosten	Innovationen	Performance Profile	Flexibilität	Response Time	Customization	...
Preis	15	●	●	●	●	◐	●	
Produkteigenschaften	25	◐	●	●	●	◐	●	
Produktqualität	25	◐	◐	●	◐	◐	◐	
Lieferzeit, -zuverlässigkeit	15	◐	○	◐	○	●	◐	
Service, Beratung	15	○	○	◐	◐	●	●	
Image	5	○	●	◐	◐	◐	●	
...								
Score		3,8	5,7	6,3	5,1	4,6	6,6	
Ranking		6	3	2	4	5	1	

CD-Matrix 1

● Stark = 9
◐ Mittel = 3
○ Schwach = 1

Kompetenzen ("Wie") / Leistungs-merkmale ("Was")	Produktentwicklung	Montage	Komponentenherstellung	Auftragsabwicklung	Distribution	...
Kosten	3,8	◐	●	○	◐	○	
Innovationen	5,7	●	◐	○	○	◐	
Performance Profile	6,3	●	◐	○	◐	◐	
Flexibilität	5,1	●	●	◐	●	●	
Response Zeiten	4,6	◐	●	◐	●	●	
Customization	6,6	●	●	◐	◐	◐	
Score		235	217	65	143	136	
Score: 25		9,4	8,7	2,6	5,7	5,4	
Ranking (Kundenwert)		1	2	5	3	4	

CD-Matrix 2 → Portfolio

dürfnisse und entsprechend kundengerecht sind hier die Kompetenzen „in Stellung zu bringen" und weiterzuentwickeln. Somit kann das Pendant zum QFD auch als „Competence Deployment" (CD)[23] bezeichnet werden, welche sich aus zwei „CD-Matrizen" zusammensetzt und im Kompetenz-Portfolio mündet. In Abbildung 3 ist beispielhaft eine bewertete Korrelationskette dargestellt, wobei zur Bewertung die QFD-typischen Symbole mit den Werten 9 für eine starke Korrelation, 3 für mittel und 1 für schwach verwendet wurden.

Die Korrelationskette sichert den Transport der Kriterien der Kundenzufriedenheit über die Leistungsmerkmale der Produkte bis hin zu den erforderlichen Kompetenzen der Unternehmung. Dabei wird deutlich, daß einzelne Leistungsmerkmale von mehr als einer Kompetenz abhängen und umgekehrt. Die über die Summierung der einzelnen Korrelationen resultierenden Ergebnisse zeigen, wie groß die Wichtigkeit der einzelnen Kompetenzen für die Erfüllung der Kriterien der Kundenzufriedenheit ist bzw. sein sollte. Mit der Korrelationskette läßt sich somit ein Ranking für den aktuellen bzw. potentiellen Kundenwert der jeweiligen Kompetenzen ermitteln. Die konkreten Werte geben die vertikale Dimension für die Positionierung der Kompetenzen im Portfolio vor.

III. Das Portfolio der Kompetenzen

Die Portfolio-Methode stellt ein anschauliches und handhabbares Analyse-Instrument dar, das geeignet erscheint, die Ergebnisse der durchgeführten Einzelanalysen zusammenzuführen, die zahlreiche Informationen auf das Wesentliche zu reduzieren und die Ergebnisse zu visualisieren. Es gilt nun, die einzelnen Kompetenzen anhand der errechneten Werte der relativen Kompetenzstärke und des zugemessenen Kundenwertes im Portfolio zu positionieren.

Die Kompetenzen können im Portfolio in vier Quadranten positioniert werden, welche im folgenden näher gekennzeichnet werden.[24] Im nächsten Abschnitt sollen darauf aufbauend Handlungsempfehlungen in Richtung strategisches Outsourcing abgeleitet werden.

1. Quadrant: Kompetenz-Standards

Kompetenzen mit niedrigem Kundenwert und einer geringen relativen Kompetenzstärke werden im Portfolio als „Kompetenz-Standards" bezeichnet. Sie haben in den Augen der Kunden keine große Bedeutung und werden von den Wettbewerbern bereits gleich gut oder besser beherrscht. Das sind beispielsweise Fähigkeiten, die zur Aufrechterhaltung des „normalen" Geschäftsbetriebes dienen oder zur Abrundung des Leistungsspektrums beitragen. Mit den Kompetenzen aus diesem Bereich können keine Wettbewerbsvorteile aufgebaut werden.

2. Quadrant: Kompetenz-Gaps

Den Kompetenzen in diesem Bereich wird von den Kunden eine hohe Bedeutung zugemessen, die Unternehmung besitzt aber nur eine relativ geringe Kompetenzstärke gegenüber Wettbewerbern. Folglich bestehen „Kompetenz-Gaps" zwischen dem, was der

Abb. 4: Das Portfolio der Kompetenzen

Im Kompetenz-Portfolio können die Unternehmenskompetenzen in vier Quadranten positioniert werden

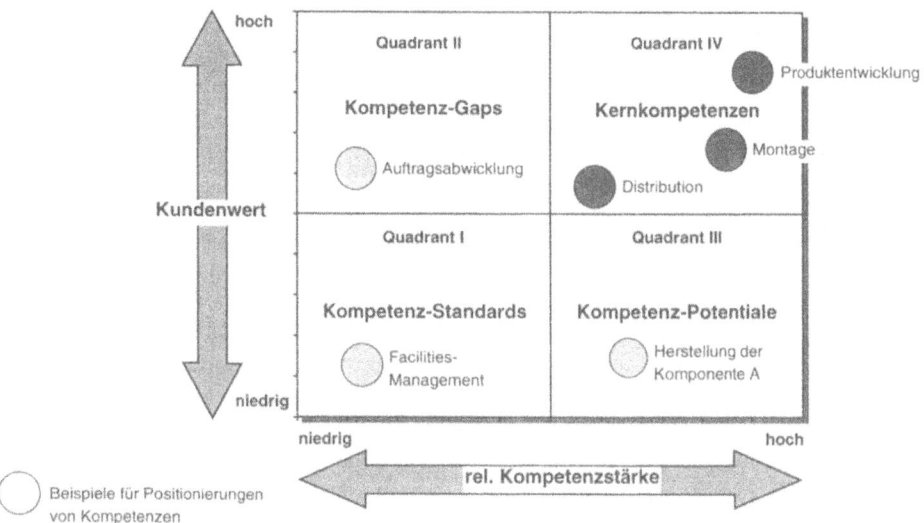

Markt fordert und dem, was die Unternehmung kann. Häufig wird das aber nicht erkannt, weil viele Unternehmungen ihre scheinbare Kenntnis der Kriterien der Kundenzufriedenheit nicht am Markt und bei den Kunden überprüfen. Andererseits hängen Kernkompetenzen in erheblichem Umfang, wie oben erwähnt, von Umfeldbedingungen ab, die sich im Lauf der Zeit ändern können. Da den Kompetenzen in diesem Bereich aber eine strategische Relevanz zugeschrieben wird, muß hier ein besonderes Augenmerk auf Verbesserungsmöglichkeiten gelegt werden.

3. Quadrant: Kompetenz-Potentiale

Als Potentiale werden Kompetenzen verstanden, bei denen die Unternehmung eine führende Position besitzt, der Kundenwert aber gering eingeschätzt wird. Viele dieser Anstrengungen verpuffen wirkungslos, weil die Unternehmungen die Kriterien der Kundenzufriedenheit und die Gewichtung aus der Sicht der Kunden nicht richtig verstehen, die Gewichtung sich im Lauf der Zeit verschoben hat oder Produkte freigegeben werden, ohne die Problemwelten der Nutzer sorgfältig zu bedenken. Hierunter fällt auch das klassische „R&D-Syndrom", wobei technikverliebte Überperfektionierungen angestrebt werden, die der Kunde nicht honoriert („Overengineering"). Desweiteren können in diesen Quadranten auch Kompetenz-Potentiale eingeordnet werden, deren Märkte sich gewandelt haben oder sich bereits in einem reifen Stadium befinden. Insgesamt muß hier angestrebt werden, die vorhandenen Potentiale (Stärken) mit den Marktentwicklungen (Chancen) zu verbinden. Auf die gegenseitige Abhängigkeit von Kompetenzen und Kundensicht sei nochmals hingewiesen.

4. Quadrant: Kernkompetenzen

Nur wenn die Unternehmung eine hohe Kompetenzstärke relativ zu den Wettbewerbern besitzt und den Kompetenzen heute und in Zukunft ein hoher Kundenwert zugemessen wird, besitzt sie echte Kernkompetenzen, welche das Unternehmungsprofil bestimmen. Die strategische Vorstellung der Konzentration auf Kernkompetenzen ist unabdingbar mit der der Explotierung von Unvollkommenheiten des Marktes, dem Entdecken neuer Möglichkeiten und der Bündelung von eigenen Stärken gegenüber den Schwächen der Wettbewerber verbunden. Aufgrund der mehr oder weniger umfassenden Muster des internen Bündelns und Abstimmens können sie von Konkurrenten nur schwer imitiert werden und ermöglichen folglich den Aufbau von relativen Wettbewerbsvorteilen. Die Konzentration auf die Kernkompetenzen führt zu Wachstumsprozessen der Unternehmung, wenn mit diesen – allerdings bei Begrenzung der Tiefe der Wertschöpfungskette – das bestehende Geschäft ausgebaut und/oder neue Märkte erschlossen werden. Ein Beispiel für die Übertragung von Kernkompetenzen von einem Bereich auf einen ganz anderen findet sich in der Musikgeschichte im Köchelverzeichnis, abgekürzt KV, dem chronologisch-thematischen Verzeichnis sämtlicher Tonwerke Mozarts. Ludwig Ritter von Köchel (1800–1877), der in den Nachschlagwerken als Musikexperte genannt wird, war in Wirklichkeit Professor für Botanik und Mineralogie an der Technischen Hochschule in Wien, der naturwissenschaftliche Methoden für die Klassifizierung von Tonwerken benutzt hat.

Die Kernkompetenz von SWATCH ist, wie erwähnt, eine Bündelung aus Automatisierungstechnologien, Marketingfähigkeiten und Design, mit der im Bereich der emotionalen Güter (Uhren, Pager und dgl. mehr) führende Wettbewerbspositionen aufgebaut werden; ob sich mit dieser Kernkompetenz in Zusammenarbeit mit Mercedes-Benz auch im PKW-Niedrigpreissegment die Konkurrenten schlagen lassen, muß sich erst erweisen.

D. Handlungsempfehlungen für das strategische In-/Outsourcing

I. Erkenntnisse aus dem Portfolio der Kompetenzen

Eine Unternehmung muß seine Eigenfertigung auf die Bereiche konzentrieren, die für die Kunden einen hohen Wert besitzen und in denen sie gegenüber den Wettbewerbern eine relativ hohe Kompetenzstärke besitzt. Somit können aus dem Kompetenz-Portfolio im Hinblick auf ein strategisches Outsourcing grundlegende Erkenntnisse abgeleitet und folglich auch eine geeignete Basis geschaffen werden für die Beantwortung der Frage: „WAS sollte selbst erbracht werden …?". Mit der Beantwortung der Frage nach dem „WIE" eines Outsourcing können konkrete Handlungsempfehlungen im Hinblick auf geeignete Einbindungs- oder Beziehungsformen zu den Zulieferern gegeben werden; für die Beantwortung der zweiten Frage ist die Transaktionskostenanalyse von großer Bedeutung, auf die in der Folge eingegangen wird.

Der Ansatz für ein erfolgreiches strategisches Outsourcing geht von den Dimensionen des Kompetenz-Portfolios aus. Grundsätzlich gilt: Je höher die Bedeutung einer Kompetenz für den Kundenwert und je stärker die relative Stellung einer Kompetenz ist, desto eher muß man sie im Haus pflegen und weiterentwickeln (Abb. 5).

Abb. 5: Handlungsempfehlungen für ein strategisches In-/Outsourcing

Der Ansatz für ein erfolgreiches Strategisches Outsourcing sollte von den Dimensionen des Kompetenz-Portfolios ausgehen

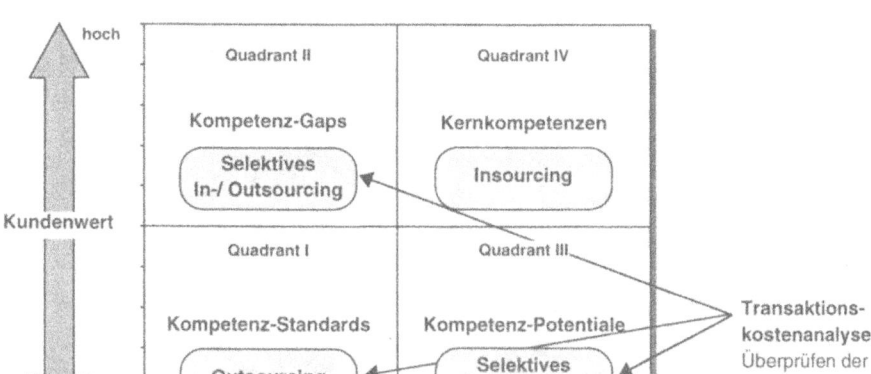

Im *4. Quadranten* des Portfolios wird somit mit den Kernkompetenzen das erfolgsentscheidende ‚Insourcing' der Unternehmung bestimmt. Auf diese Fähigkeiten muß sich die Unternehmung konzentrieren und sie kontinuierlich pflegen und weiterentwickeln. Entsprechend sind die F&E-Kapazitäten, die Ressourcen- und Investitionszuteilungen zu priorisieren. Die Festlegung der Entwicklungskorridore, die der Unternehmung mit den gegenwärtigen und/oder erreichbaren Kernkompetenzen offenstehen, wird zur zentralen Aufgabe der Strategie (Abb. 6).[25] Die Strategie ist, in Abwandlung der berühmten Definition von Moltke, die „Fortbildung" einer oder mehrerer Kernkompetenzen entsprechend den stets sich ändernden Kundenbedürfnissen und Wettbewerbsverhältnissen. Das Ziel ist, Marktführer in der Kernkompetenz zu sein und dadurch alle wichtigen „Stakeholder" besser und/oder schneller zufriedenzustellen als dies die Konkurrenten oder andere Referenzunternehmungen zu tun in der Lage sind. In einer evolutionären Sicht der Unternehmungsentwicklung geht es darum, die Unternehmung auf dem Entwicklungskorridor der Kernkompetenzen zu bewegen, auf dem sich eine Vielzahl von Kernprodukten und/oder Kerndienstleistungen hervorbringen und/oder bereitstellen lassen, die Werte für alle „Stakeholder" schaffen. Insourcing im engeren Sinne (etwa Fertigung für andere unter Nutzung vorhandener oder aufzubauender Kapazitäten) wird nur in wenigen Fällen die richtige strategische Alternative darstellen.

Die Quadranten 2 und 3 sind selektiv zu betrachten. So ist zum Beispiel im *2. Quadrant* zu entscheiden, ob die Kompetenz-Gaps aus eigenen Kräften, durch Unternehmungskäufe,

Abb. 6: Die Festlegung der Entwicklungskorridore der Unternehmung als zentrale Aufgabe der Strategie (in Anlehnung an St. A. Friedrich)

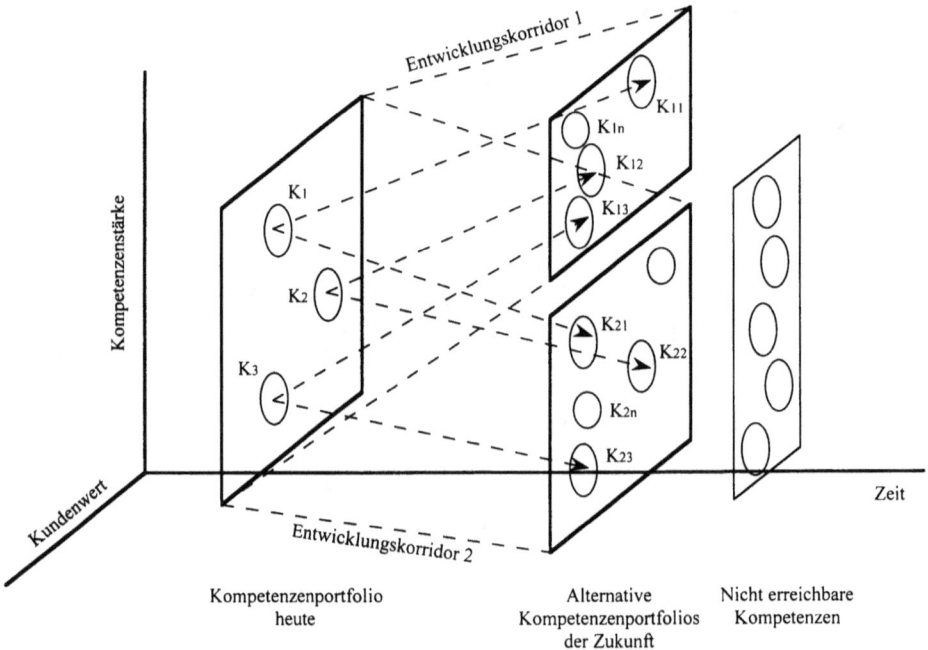

Fusionen (Mergers & Acquisitions) oder aber durch ein Outsourcing „geschlossen" werden sollen. Im Hinblick auf ein strategisches Outsourcing vergeben häufig erfolgreiche Unternehmungen nicht nur periphere Aktivitäten an Dritte, sondern in manchen Fällen auch Schlüsselaktivitäten, die diese kostengünstiger und effizienter ausführen können. Wichtig ist dabei, die strategischen Schritte des Prozesses unter Kontrolle zu halten. Apple hat z.B. die Entwicklung und Produktion der Mikroprozessoren an Motorola ausgelagert, während es die knappen Ressourcen auf die Entwicklung eines „benutzerfreundlichen" Betriebssystems und Produktkonzepts sowie auf die Logistik und Montage konzentrierte. Damit werden alle Schlüsselelemente der Wertschöpfungskette kontrolliert und Apple kann den strategischen Fokus auf die Kernkompetenzen, die der Kunde fordert, erheblich intensivieren. Das Beispiel zeigt, daß bei marktgängigen Kompetenzen Outsourcing oftmals zum kritischen Erfolgsfaktor wird, da auch die Konkurrenten Zugang zu diesen Fähigkeiten haben und das „window of advantage" relativ eng ist. Andererseits müssen aber bei neuen, innovativen – und somit weniger marktgängigen – Kompetenzbereichen, welche einen hohen gegenwärtigen und vor allem zukünftigen Kundenwert versprechen, Insourcing-Überlegungen angestellt werden, um eventuell „inhouse" wiederum schwer imitierbare Kernkompetenzen entwickeln zu können.

Im *3. Quadrant* ist zu beurteilen, ob die Kompetenz-Potentiale in zukünftige Wettbewerbsvorteile umgesetzt werden können oder nicht. Ist das der Fall, bieten sich zwei Alternativen an: Zum einen kann man die vorhandenen Kompetenzen durch weitere Investitionen „verteidigen" und ausbauen, um möglicherweise neue Kernkompetenzen aufbauen zu können. Voraussetzung dafür ist die Bewältigung des Schnittstellenproblems zwischen F&E und Marketing.[26] Zum anderen können aber auch Outsourcing-Überlegungen in Betracht gezogen werden, wobei im Rahmen von vertikalen Partnerschaften sich ein Knowhow-Transfer zum Zulieferer anbietet. Das ist insbesondere dann eine Alternative, wenn es absehbar ist, daß diese Kompetenzen in Zukunft aufgrund von Imitationen und Standardisierungen kein gravierendes Differenzierungspotential mehr bieten. „... scarce management talent and time should not be wasted on activities, that do not add unique value."[27]

Für die Kompetenzen im *1. Quadrant* (niedrige relative Kompetenzstärke, niedriger Kundenwert) bieten sich große Möglichkeiten für ein Outsourcing an. So können die Standard-Kompetenzen (z.B. für die Entwicklung und Herstellung gängiger Teile) oftmals ohne großen Koordinationsaufwand von einer Reihe spezialisierter Lieferanten bezogen werden. Damit können wiederum Kapazitäten für die gesamtunternehmerisch vorrangigen Aktivitäten freigesetzt werden und durch den Bezug „erstklassiger" Kompetenzen die Wettbewerbsvorteile insgesamt verbessert werden.

Im Hinblick auf die Outsourcing-Vorgehensweise läßt sich folgender Zwischenstand zusammenfassen: Mit dem Kompetenz-Portfolio kann durch die Identifikation der Kernkompetenzen die maßgebliche Eigenerstellung bestimmt werden. Für die anderen Fälle müssen noch zusätzliche Überlegungen für ein zukünftiges In-/Outsourcing angestellt werden, um festzustellen, wann welche Alternative vorteilhaft ist.

II. Die Berücksichtigung der Transaktionskosten

Bei strategischen Outsourcing-Entscheidungen sind immer auch die interorganisationalen bzw. die zwischenbetrieblichen Beziehungen zu betrachten. Die Optimierung der internen Organisation und Leistungstiefe kann nur ein Teil der Gesamtlösung sein. „Einsparungen in diesem Bereich dürfen ja nicht durch erhöhten Beschaffungs- und Koordinationsaufwand der Zulieferer überkompensiert werden."[28] Um das Leistungsspektrum strategisch ausrichten und gleichzeitig durch eine Optimierung der Koordinationsabläufe Kosten einsparen zu können, erscheint eine Verbindung der Überlegungen zu den Kernkompetenzen mit der „kompatiblen" Transaktionskostentheorie[29] sinnvoll. Diese kann zum einen zu einer weiteren Fundierung der Einschätzung der Kernkompetenzen beitragen. Zum anderen liefert sie insbesondere für die Wahl der Einbindung- bzw. Koordinationsformen mit den Zulieferern oder Wettbewerbern wertvolle Hinweise.

Im Hinblick auf das strategische Outsourcing interessieren drei Begriffe der Transaktionskostentheorie; *die Spezifität, strategische Relevanz und Unsicherheit*, die sich mittels einzelner Indikatoren operationalisieren lassen.[30]

Die wichtigste Eigenschaft ist dabei die *Spezifität* („asset specificity").[31] Je unternehmungsspezifischer die Leistungen und die dahinterliegenden Kompetenzen einer Unternehmung sind, desto eher treten Beschreibungs-, Bewertungs- und allgemein Beschaffungsschwierigkeiten auf. Der Grund liegt zum einen in der mangelnden Vergleichs-, Bewertungs- und Meßmöglichkeit für die Transaktionsobjekte.[32] Zum anderen sind eben nicht alle Ressourcen handelbar. Im Hinblick auf spezifische Fähigkeiten sind die Faktormärkte bisweilen nicht nur imperfekt, sondern auch „incomplete".[33] Fähigkeiten weisen insbesondere dann eine hohe Spezifität auf, wenn sie aufgrund der unternehmungseigenen Spezialisierung und Bündelung der eingesetzten Ressourcen schwer handelbar, schwer transferierbar und schwer imitierbar sind.[34] Je mehr die Spezifität zunimmt, desto größer ist in der Regel die Tendenz zum Insourcing. Die Erfahrungen in der Automobilindustrie zeigen allerdings, daß viele angeblich hoch spezifischen Zwischenprodukte und Leistungen spezifisch nur aus der Perspektive der verantwortlichen Ingenieure, nicht aber aus der Sicht der Führungskräfte aus anderen Bereichen sind. Bei Anlegung strikter Maßstäbe für eine marktpreisorientierte Projektierung (Design-to-Cost) werden in der Regel erhebliche Effizienzreserven frei, die vorher nicht gesehen wurden.

Die zweite für Transaktionskosten herausragende Eigenschaft ist die *strategische Relevanz*.[35] Nach dem Konzept der Kernkompetenzen besitzt eine Kompetenz nur dann strategische Relevanz, wenn ihr ein hoher Kundenwert zugemessen wird und wenn sie gleichzeitig Unvollkommenheiten und/oder Möglichkeiten des Marktes besser nutzt als die Konkurrenz. Wertvolle Hinweise für die strategische Relevanz der jeweiligen Kompetenz können somit direkt aus dem oben aufgezeigten Kompetenz-Portfolio und den entsprechenden Positionierungswerten abgelesen werden. Mit einer hohen strategischen Relevanz gehen in der Regel hohe Transaktionskosten einher, da strategisch wichtige Kompetenzen in der Regel auch ausgesprochen unternehmungsspezifisch sind, was wiederum durch die Grundidee des Konzeptes der Kernkompetenzen bestätigt wird: die einzigartige Bündelung von Ressourcen und Prozessen bestimmt die Kernkompetenzen und die Kernkompetenzen sind die Quellen der Wertsteigerung der Unternehmung.

Die *Unsicherheit* über zukünftige gesellschaftliche, marktliche und technische Veränderungen verstärkt die Wirkungsweise der zuvor erörterten Eigenschaften.[36] Bei hoher Unsicherheit erweist sich ein Insourcing den meisten Formen eines Outsourcing kostenmäßig überlegen, da die laufenden Abstimmungs- und Änderungskosten mit Dritten höher ausfallen als die entsprechenden internen Kosten. Je geringer hingegen die Unsicherheit, umso eher ist daran zu denken, die Leistungen bzw. Kompetenzen vom Markt zu beziehen.

Insgesamt läßt sich die Transaktionskostentheorie als „struktureller Filter" für die Unterstützung von Leistungstiefen-Entscheidungen auffassen. Dabei ist zu beachten, daß zwischen den In- und Outsourcing-Entscheidungen auch eine Reihe von dazwischenliegenden Koordinationsformen mit partnerschaftlichem Charakter möglich sind. Im folgenden Abschnitt soll ein Alternativenspektrum aufgezeigt und der Partnerschaftsgedanke kurz erläutert werden.

III. Vertikale Partnerschaften und Netzwerke

Generell gilt: Je höher die Transaktionskosten, umso enger sollte die optimale Einbindungs- bzw. Koordinationsform sein – und umgekehrt.[37] Beispielhaft ist in Abbildung 7 ein Alternativenspektrum mit möglichen Koordinationsformen dargestellt. Zwischen den Alternativen „reine Eigenfertigung" und „reiner Fremdbezug" gibt es eine Reihe für die Praxis interessanter Mischformen, die alle auf der Idee der vertikalen Partnerschaft beruhen.[38]

Abb. 7: Beispiele für alternative Koordinationsformen zwischen Eigenfertigung und Fremdbezug

Zwischen den Alternativen "reine Eigenerstellung" und "reiner Fremdbezug" gibt es noch eine Reihe partnerschaftlicher Kooperationsformen

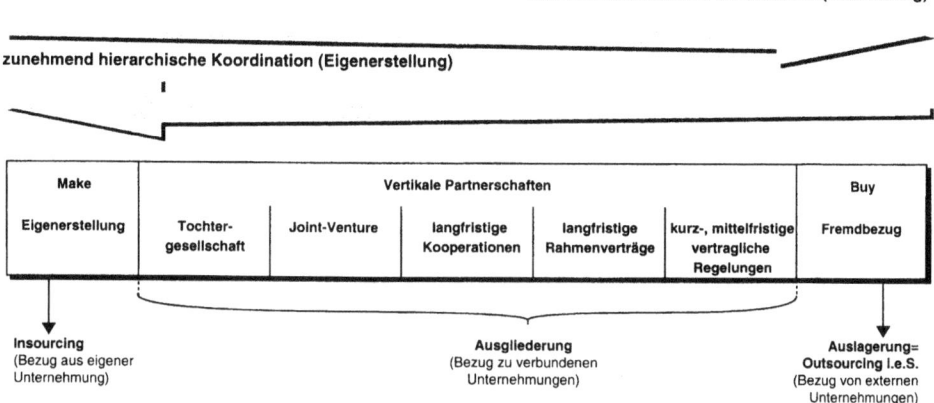

Abb. 8: Der evolutionäre Prozeß der internationalen Wettbewerbsfähigkeit der Unternehmung (modifiziert nach DeWoot, 1988)

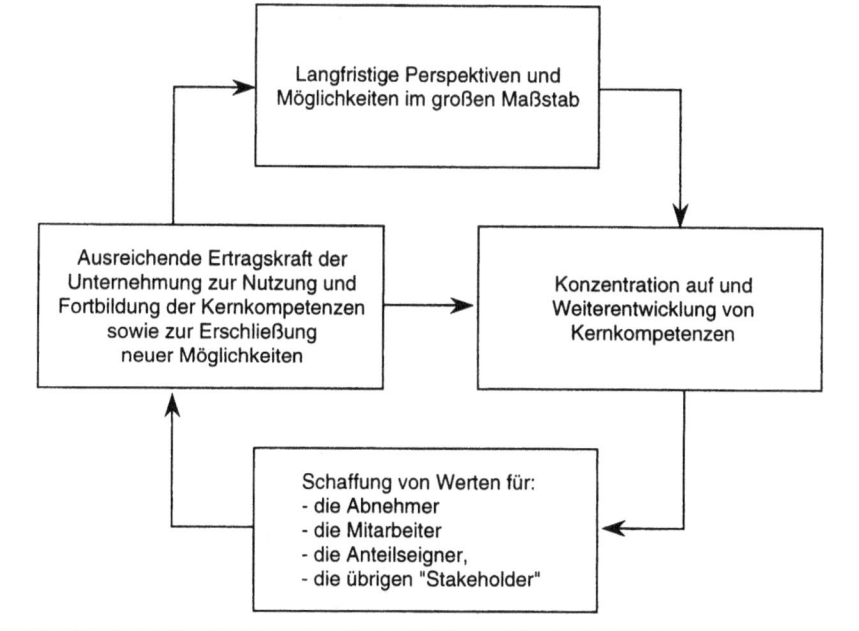

Abb. 9: Eine Vorgehensweise für ein strategisches In-/Outsourcing

Ziel: Kernkompetenzen sichern - Transaktionskosten reduzieren

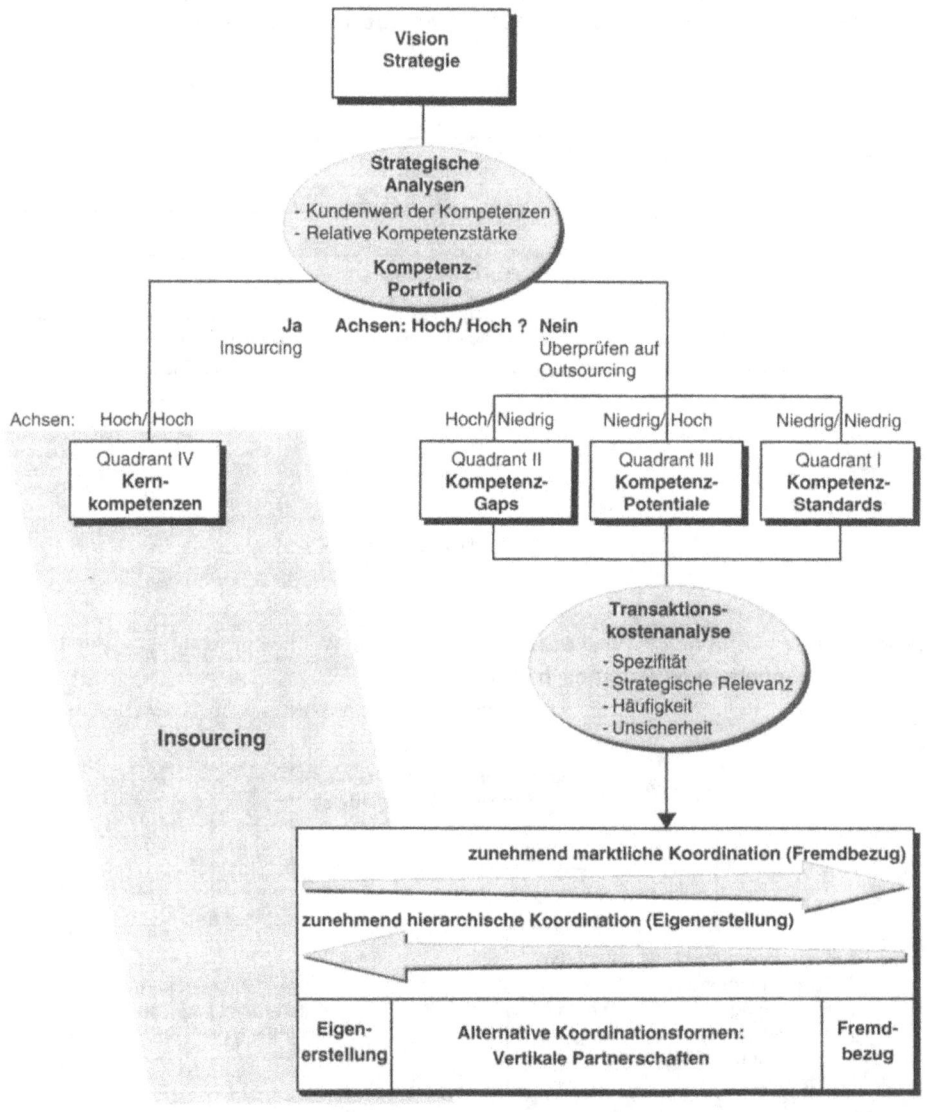

Wie bereits erwähnt, beschränken sich unter strategischen Gesichtspunkten die Transaktionen nicht ausschließlich auf produktbezogene Transfers, in die lediglich die Vertriebsabteilungen der Lieferunternehmung und die Einkaufsabteilungen des Abnehmers involviert sind. Es werden vielmehr langfristige Beziehungen im Sinne von strategischen

Netzwerken angestrebt, die durch eine spinnwebartige Vernetzung der Kompetenzen der Transaktionspartner verbunden sind.[39] Mit der Zusammenlegung und kollektiven Optimierung von Kompetenzen lassen sich aufeinanderfolgende (Unternehmungs-) Wertschöpfungsketten verflechten. Der Leitgedanke eines strategischen In-/ Outsourcing liegt nicht in der bloßen Abfolge von einzelnen Transaktionen, sondern in der fortdauernden Verbindung von Kompetenzen. Das vorrangige Ziel ist die evolutionäre Verbesserung der Wettbewerbsfähigkeit aller Partner in strategischen Netzwerken (Abb. 8).[40]

Abb. 9 faßt die Vorgehensweise für das strategische In-/Outsourcing in Form eines Entscheidungsbaumes zusammen.

E. Zusammenfassung und Ausblick

Die Arbeit hat gezeigt, daß die Identifizierung der Kernkompetenzen und die Beantwortung der Frage, welche Stufen der Wertschöpfungskette an Dritte vergeben werden können, eine Reihe von schwierigen Problemen aufwerfen. Lösungsvorschläge wurden sowohl hinsichtlich der Identifizierung der Kernkompetenzen als auch der Formulierung von Outsourcing-Entscheidungen entwickelt. Die wichtigsten Ergebnisse sind:

- Kernkompetenzen sind prozeßorientiert zu sehen und hängen in erheblichem Maß von Umfeldbedingungen ab.
- Der evolutionäre Prozeß der internationalen Wettbewerbsfähigkeit der Unternehmung hängt von der Konzentration auf und Weiterentwicklung von Kernkompetenzen ab.
- Mit den beiden Größen Kundenwert und relative Kompetenzstärke läßt sich ein Portfolio der Kompetenzen erstellen, mit dessen Hilfe Handlungsempfehlungen für das In- und Outsourcing abgeleitet werden können.
- Die relative Kompetenzstärke wird mit Hilfe eines Fähigkeitsprofils der Unternehmung bestimmt
- Für die Ermittlung des Kundenwertes wird in Anlehnung an das „Quality Function Deployment" eine zweistufige Korrelationskette mit der Kundenzufriedenheit verwendet.
- Die Handlungsempfehlungen für das strategische Outsourcing werden anhand der Transaktionskostentheorie überprüft.
- Das Ziel der Strategie ist, mit Hilfe der gegenwärtigen und erreichbaren Kernkompetenzen den Entwicklungskorridor der Unternehmung zu bestimmen, auf dem die wertsteigernden Wahlmöglichkeiten größer werden.
- Der vorgestellte Ansatz kann die Konstruktion einer gemeinsamen Sicht der Zukunft durch die Unternehmungsmitglieder unterstützen.

Eine goldene Regel, die sich bei allen großen Strategen in der Wirtschaft findet, lautet: Kenne dich selbst und deine Kunden, bevor du eine Entscheidung triffst. In dieser Einladung zur Selbsterkenntnis und zur Beobachtung auf einer höheren Ebene ist der Primat der Strategie eingeschlossen, die die ressourcen- und die marktorientierte Sicht der Unternehmung verbindet. In der Strategie führt der Umweg oft am schnellsten zum Ziel. Die Kunst und Wissenschaft der Strategie besteht darin, Kernkompetenzen zu entwickeln und ein Outsourcing zu betreiben, die sich nicht in ein Schema fassen lassen, die außerhalb abstrakter Regeln liegen und Entwicklungskorridore der Unternehmung erschließen, die mehr wertsteigernde Möglichkeiten eröffnen als heute bestehen. Die theoretische Vertiefung des Wissens um Kernkompetenzen, die erst am Anfang steht, kann beitragen, Elemente der Rationalisierung von Ausnahmen und der Reflexion in die Praxis zu tragen, in der alles in Bewegung ist.

Anmerkungen

* Die Autoren danken einem unbekannten Referee für wertvolle Hinweise.
1 Vgl. hierzu Hinterhuber/Levin (1994), S. 43 ff. u. Sydow/Windeler/u.a. (1995), S. 36 ff.
2 Die beschriebene Methode wurde im Rahmen von industrienahen Forschungsarbeiten von Ulrich Stuhec am Fraunhofer-Institut für Arbeitswissenschaft und Organisation an der Universität Stuttgart entwickelt. Sie wurde in verschiedenen Industrieprojekten bereits mehrfach erfolgreich angewandt (Stuhec 1993, vgl. auch IAO 1996). Im vorliegenden Artikel wird sie zu einem integrativen Konzept der strategischen Unternehmensführung weitergeführt. Ein herzlicher Dank gebührt auch Herrn Dipl.-Kfm. Herbert Hensle für die wertvollen Anregungen.
3 Vgl. hierzu Prahalad/Hamel (1990).
4 Vgl. Wernerfeldt (1984 u. 1995).
5 Vgl. Bain (1968), S. 54 ff.
6 Vgl. Knyphausen, zu (1995), S. 62 ff.
7 Der Begriff der Ressource wird in der Literatur in einem sehr weiten Sinne verstanden: „By a resource is meant everything which could be thought of as a strength or weakness of a given firm". Vgl. Wernerfelt (1984), S. 172.
8 Vgl. Rühli (1994), S. 32 und S. 51; Hinterhuber/Friedrich (1996).
9 Vgl. Prahalad/Hamel (1990).
10 Vgl. Stalk u.a. (1992).
11 Quinn (1992), S. 54.
12 Hamel (1995).
13 Vgl. Stuhec (1993).
14 Vgl. hierzu Stuckey/Doman/Thwaites (1992), S. 57–55.
15 Vgl. hierzu Stuckey/Doman/Thwaites (1992), S. 58; in ähnlicher Weise auch Gallon/Stillman/Coates (1995), S. 20–28.
16 Vgl. hierzu Gallon/Stillman/Coates (1995), S. 20–28.
17 Vgl. hierzu Stuckey/Doman/Thwaites (1992), S. 58 ff.
18 Vgl. hierzu Hinterhuber (1996), S. 68 ff.
19 Vgl. zur Kano-Methode Hinterhuber/Handlbauer/Matzler (1996).
20 Die QFD-Methode ist ausführlich bei Akao (1992) und bei Hauser/Clausing (1988) beschrieben; siehe auch Wildemann (1996), S. 62.
21 Der Begriff „deployment" stammt aus dem militärischen Bereich und bedeutet dort die zielgerichtete Aufstellung der Truppen bei einer militärischen Aktion.
22 Vgl. Y. Akao (1992), S. 15.
23 Vgl. Stuhec (1993).
24 Vgl. Stuhec (1993).
25 Vgl. Friedrich (1997).
26 Vgl. hierzu Brockhoff (1994), S. 36 ff.
27 Welch/Nayak (1992), S. 29.
28 Wildemann (1992), S. 87.
29 Vgl. hierzu Picot/Maier (1992), S. 14–27.
30 Vgl. Gerhardt u.a. (1992), S. 136.
31 Vgl. Picot (1991), S. 345.
32 Vgl. Schneider/Zieringer (1991), S. 61.
33 Vgl. Knyphausen, zu (1996), S. 83.

34 Vgl. Rasche (1993), S. 425.
35 Vgl. Picot (1991), S. 345.
36 Vgl. Picot (1991), S. 347.
37 Vgl. Gerhardt u.a. (1992), S. 138.
38 Vgl. hierzu Picto/Maier (1992), S. 17.
39 Vgl. hierzu Stahl (1996), S. 108 ff.
40 Vgl. hierzu Hinterhuber/Friedrich/Handlbauer/Stuhec (1996), S. 67–103; siehe auch DeWoot (1988), S. 24.

Literatur

Akao, Y. (1992): QFD – Quality Function Deployment, Landsberg/Lech.
Bain, J. (1968): Industrial Organization, 2. Auflage, New York.
Bettis, R. A.; Bradley, S. P.; Hamel, G. (1992): Outsourcing and Industrial Decline, in: Academy of Management Executive 8, Nr. 1, S. 7–22.
Brockhoff, K. (1994): Management organisatorischer Schnittstellen – Unter Berücksichtigung der Koordination von Marketingbereichen mit Forschung und Entwicklung, Göttingen.
DeWoot, Ph. (1988): Les entreprises de haute technologie et l'Europe. Paris.
Friedrich, St. A. (1997): Der Ressourcenansatz in der strategischen Unternehmungsführung, Wiesbaden (in Vorbereitung).
Gallon, M. R.; Stillman, H. M.; Coates, D. (1995): Putting Core Competences Thinking into Practice, in: Research Technology Management, Nr. 3, S. 20–28.
Gerhardt, T.; Nippa, U.; Picot, A. (1992): Die Optimierung der Leistungstiefe, in: Harvard Manager, Nr. 3, S. 134–142.
Hamel, G. (1995): Interview mit R. M. Randell: How to Reshape Your Business to Fit the Future, in: Planning Review 23, Nr. 1, S. 6–11.
Hamel, G.; Prahalad, C. K. (1994): Competing for the Future, Cambridge (MA).
Hauser, J.R.; Clausing, D. (1988): The House of Quality, in: Harvard Business Review 66, Nr. 3, S. 63–73.
Hinterhuber, H. H. (1996): Strategische Unternehmungsführung, Band I: Strategisches Denken, 6. Auflage, Berlin-New York.
Hinterhuber, H. H.; Friedrich, St. A. (1996): Markt- und ressourcenorientierte Sichtweise zur Steigerung des Unternehmungswertes, in: Hahn, B.; Taylor, B. (Hrsg.): Strategische Unternehmungsplanung/Strategische Unternehmungsführung, 7. Auflage, Heidelberg (im Druck).
Hinterhuber, H. H.; Friedrich, St. A.; Handlbauer G.; Stuhec, U. (1996): Die Unternehmung als kognitives System von Kernkompetenzen und strategischen Geschäftseinheiten, in: Wildemann, H. (Hrsg.): Produktions- und Zuliefernetzwerke, München, S. 67–103.
Hinterhuber, H. H.; Handlbauer, G.; Matzler, K. (1996): Kundenzufriedenheit durch Kernkompetenzen, München.
Hinterhuber, H. H.; Levin, B. M. (1994): Strategic Networks – The Organization of the Future, in: Long Range Planning 27, Nr. 3, S. 43–53.
Hinterhuber, H. H.; Stahl, H. K. (1996): Die Unternehmung als Deutungsgemeinschaft, in: Technologie und Management 45, Nr. 1, S. 8–13.
IAO (1996): Markt- und prozeßorientiertes Unternehmensmanagement, Fraunhofer-Institut für Arbeitswissenschaft und Organisation, Universität Stuttgart, S. 4.
Knyphausen, D. zu (1995): Theorie der strategischen Unternehmensführung – Zu dem State of the Art einer Forschungsdiszipin und den Perspektiven einer systemtheoretisch inspirierten Grundlagendiskussion, Wiesbaden.
Picot, A. (1991): Ein neuer Ansatz zur Gestaltung der Leistungstiefe, in: Zeitschrift für betriebswirtschaftliche Forschung, Nr. 4, S. 336–357.
Picot, A.; Maier, M. (1992): Analyse und Gestaltungskonzepte für das Outsourcing, in: Information Management, Nr. 4, S. 14–27.

Prahalad, C. K.; Hamel, G. (1990): The Core Competence of the Corporation, in: Harvard Business Review 68, Nr. 3, S. 79–91.
Quinn, J. B. (1992): Intelligent enterprise: a knowledge and service based paradigm for industry, New York.
Rasche, C. (1993): Kernkompetenzen, in: Die Betriebswirtschaft (DBW), Nr. 3, S. 425–427.
Rühli, E. (1994): Die Resource-based View of Strategy, in: Gomez, P.; Hahn, D.; Müller-Stewens, G.; Wunderer, R. (Hrsg.), Unternehmerischer Wandel, Wiesbaden, S. 31–57.
Schneider, D.; Zieringer, C. (1991): Make-or-Buy-Strategien für F&E: Transaktionskostenorientierte Überlegungen, Wiesbaden.
Stahl, H. K. (1996): Zero-Migration, Wiesbaden.
Stalk, G. P.; Evans, P.; Shulman, L. E. (1992): Competing on Capabilities, in: Harvard Business Review 70, Nr. 2, S. 57–61.
Stuckey, J.; Doman, A., Thwaites, P. (1992): Distinctive and Leverageable Competences, McKinsey Staff Paper, New York, S. 57–75.
Stuhec, U. (1993): Strategisches Outsourcing: Konzentration auf Kernkompetenzen, Diplomarbeit, Fraunhofer-Institut für Arbeitswissenschaften und Organisation, Universität Stuttgart.
Sydow, J.; Wundeler, A.; Krebs, M.; Loose, A.; van Well, B. (1995): Organisation von Netzwerken, Wiesbaden.
Welch, J. A.; Nayak, R. (1992): Strategic Sourcing: a progressive approach to the make-or-buy decision, In: Academy of Management Executive 6, Nr. 2, S. 23–31.
Wernerfelt, B. (1984): A Resource-based View of the Firm, in: Strategic Management Journal 5, Nr. 2, S. 171–180.
Wernerfelt, B. (1995): The Resource-based View of the Firm: Ten Years After, in: Strategic Management Journal 16, Nr. 5, S. 171–174.
Wildemann, H. (1996): Unter Herstellern und Zulieferern wird die Arbeit neu verteilt, in: Harvard Manager, Nr. 2, S. 82–93.
Wildemann, H. (1992): Produktivitätsmanagement, München.

Zusammenfassung

Die Arbeit stellt einen neuen Ansatz zur Identifizierung von Kernkompetenzen vor. Das Kompetenzenprofil kann die unternehmerischen Entscheidungen über In-/Outsourcing erleichtern. Mit Hilfe der Transaktionskostentheorie werden die Handlungsempfehlungen für das strategische Outsourcing überprüft.

Summary

The paper presents a new approach for identifying the core competences of a firm. A competence portfolio with a customer value and a competence strenght dimension helps visualizing core competences and possible areas for outsourcing. The importance of basing outsourcing decisions on transaction cost analysis is stressed.

21: *Unternehmensführung*
60: *Allgemeine Fragen des Absatzes*

Strategische Ressourcen und erhaltbare Wettbewerbsvorteile: Die ressourcenorientierte Sicht am Beispiel der Treasury[1]

Von Ulrich Bongartz

Überblick

- Ressourcenorientierte Ansätze leiten erhaltbare Wettbewerbsvorteile aus unternehmensspezifischen Ressourcen ab. Scheinbar im Gegensatz zur Produkt-/Marktsicht der Industrieökonomie wird damit die Bedeutung der unternehmensinternen Ressourcen hervorgehoben.

- Der Beitrag beschreibt überblickartig die Grundzüge und zentralen Prämissen der ressourcenorientierten Ansätze und verdeutlicht die Komplementarität von Industrieökonomie und ressourcenorientierten Ansätzen.

- Für die Praxis der strategischen Unternehmensführungen werden aus den theoretischen Erörterungen unmittelbare Handlungsempfehlungen abgeleitet und am Beispiel der Treasury von Finanzinstituten konkretisiert.

Eingegangen: 6. Juni 1996

Dipl. Volksw. Ulrich Bongartz, Meineckestr. 62, 40474 Düsseldorf, Associate, A.T. Kearney Management Consultants, Düsseldorf. Hauptforschungsgebiete: Ostasienwirtschaft, Strategische Unternehmensführung.

© Gabler-Verlag 1997

Ressourcenorientierte Ansätze der Strategischen Unternehmensführung leiten erhaltbare Wettbewerbsvorteile aus unternehmensspezifischen Ressourcen ab. Dabei sind die Charakteristika dieser Ressourcen von zentraler Bedeutung, denn nur wertvolle, knappe, unvollständig imitierbare und unvollständig substituierbare Ressourcen sind Quellen erhaltbarer Wettbewerbsvorteile. Diese schwer kopierbaren Ressourcen werden proaktiv geschaffen und durch die strategischen Entscheidungen und Aktionen der Unternehmensführung erhalten. Die vorliegende Arbeit beschreibt überblicksartig die Grundzüge und zentralen Prämissen der ressourcenorientierten Ansätze und veranschaulicht Implikationen für die Praxis der strategischen Unternehmensführung am Beispiel der Treasury von Finanzinstituten.

A. Einführung

Ressourcenorientierte Ansätze (*resource based models of competitive advantage*) erklären Wettbewerbsvorteile durch die originäre Ressourcenausstattung von Unternehmen im Vergleich zu ihren Wettbewerbern.[2] Forschungsschwerpunkte dieser Ansätze sind die Identifikation von Ressourcen mit dem Potential zur Generierung von Quasi-Renten (Ressourcen, deren Produktionswert den Kaufwert übersteigt) und die Beschreibung ihrer Charakteristika. Der vorliegende Beitrag arbeitet auf der Grundlage der entsprechenden angelsächsischen Literatur in fünf Abschnitten die wesentlichen Aspekte der ressourcenorientierten Ansätze und die Relevanz des Konzeptes für die Praxis der strategischen Unternehmensführung heraus. Nach der Einführung in Abschnitt (A) wird in Abschnitt (B) das ressourcenorientierte Konzept skizziert und vom traditionellen industrieökonomischen Bezugsrahmen abgegrenzt. Abschnitt (C) beschreibt die Beschaffenheit erfolgskritischer Ressourcen und Abschnitt (D) erläutert die Relevanz für die Praxis der strategischen Unternehmensführung in Finanzinstituten am Beispiel der Treasury. In Abschnitt (E) werden schließlich die wesentlichen Ergebnisse zusammengefaßt.

Die praktische Relevanz ressourcenorientierter Ansätze wird am Beispiel der *Treasury*-Aktivitäten von Finanzinstituten veranschaulicht, weil hier die Generierung erhaltbarer Wettbewerbsvorteile aus der Produkt-/Marktposition eingeschränkt ist. Auf den Finanzmärkten reflektieren Marktpreise zeitnah alle Informationen. Diese effizienten Märkte erlauben keine andauernden überdurchschnittlichen Erträge durch eine Produkt-/Marktposition, weil Umsätze und Preise jederzeit Informationsasymmetrien (z.B. Insideraktivitäten) signalisieren und andere Marktteilnehmer daraufhin ihre Strategien anpassen können (vgl. Grant, 1981, S. 124). Auch Neuproduktinnovationen wie z.B. *interest rate swaps, stripped bonds* oder Geldmarktfonds können leicht durch Wettbewerber imitiert werden. Während also in der *Treasury* auf der Produkt-/Marktseite das Potential zur Generierung erhaltbarer Wettbewerbsvorteile marginal ist, bietet die ressourcenorientierte Theorie mit Blick auf die unternehmensspezifische Gestaltung der *Treasury*-Prozesse einen theoretischen Bezugsrahmen, um durch den Einsatz privilegierter Ressourcen Wettbewerbsvorteile zu erschließen.

B. Theoretische Detaillierung ressourcenorientierter Ansätze

I. Abgrenzung ressourcenorientierter Ansätze von der Industrieökonomie

Innerhalb der Theorie zur strategischen Unternehmensführung existieren zwei Ansätze zur Erklärung von erhaltbaren Wettbewerbsvorteilen bzw. der sie konstituierenden Markteintritts- und Mobilitätsbarrieren. Der bekanntere Ansatz beruht auf der Neoklassik[3] und wird ausführlich in der industrieökonomischen Literatur behandelt (vgl. Bain, 1956, Hill, 1988, Porter, 1980, 1985).[4] Ein jüngerer Ansatz wurzelt in der ressourcenorientierten Sicht des Unternehmens und erklärt erhaltbare Wettbewerbsvorteile von Unternehmen durch einzigartige Ressourcenpositionen und die beschränkte Mobilität der unternehmensspezifischen Ressourcen in unvollständig effizienten Faktormärkten.[5] Faktormärkte umfassen in diesem Fall alle Arenen zum internen oder externen Aufbau von Ressourcen. Die Ineffizienz dieser Faktormärkte basiert auf einer asymmetrischen Erwartungshaltung zwischen den Unternehmen im Markt bezüglich des künftigen Wertes einer Ressource (Barney, 1986a).

Die Industrieökonomie (vgl. z.B. Porter, 1980, Schmalensee, 1985) hebt Produktmärkte, die Beschaffenheit der Unternehmensumwelt sowie die Positionierung von Unternehmen innerhalb der Branche als Quellen von Wettbewerbsvorteilen hervor. Die zugrundeliegende neoklassische Theorie gibt keine Erklärung des strategischen Verhaltens auf Unternehmensebene, denn Phänomene wie Transaktionskosten, irrationales Verhalten, technologische Ungewißheit, immobile Ressourcen, asymmetrische Informationsverteilung, Lernprozesse und Glück bei Entscheidungen werden in diesem Paradigma weitestgehend ausgeblendet. Auch in der Industrieökonomie wird typischerweise davon ausgegangen, daß ein Unternehmen weder die Branchenbedingungen noch seine Ergebnisse beeinflussen kann (Lado/Boyd/Wright, 1992, S. 79). Normative Implikationen für die strategische Unternehmensführung haben industrieökonomische Modelle bei der Analyse struktureller Parameter in der Branche, beispielsweise der Nachfragemacht von Konsumenten, der Angebotsmacht von Lieferanten sowie Markteintritts- und Mobilitätsbarrieren (Porter, 1980). Analog stellen die Maßnahmen zur Sicherung der Wettbewerbsposition in diesen Modellen nahezu ausschließlich auf Produkt-/Marktstrategien ab.[6]

In jüngerer Zeit ist die traditionelle, neoklassisch geprägte Industrieökonomie um spieltheoretisch orientierte Ansätze einer Neuen Industrieökonomie (vgl. Milgrom/Roberts, 1992 und Tirole, 1990) ergänzt worden. Im Mittelpunkt stehen hierbei strategische Investitionen in Sachkapital bzw. intangibles Kapital, strategisches Verhalten bei asymmetrischer Informationsverteilung und die Vertragstheorie (Vgl. Schwalbach, 1994). Die spieltheoretische Industrieökonomie zeichnet Handlungsstrategien von Individuen in bestimmten Situationen (z. B. Oligopolmodelle mit vollkommener und unvollkommener Information) und unter Berücksichtigung möglicher Reaktionen der Spielgegner nach, wobei die grundlegenden Marktbedingungen und das Gleichgewichtskonzept als exogene Größen betrachtet werden, während die Marktstruktur endogen bestimmt ist. Wichtige Ansätze der Neuen Industrieökonomie basieren auf der Signalfunktion von Preisen, Vergeltungsmaßnahmen und versunkenen Kosten.

Im Rahmen der *Signaling*-Ansätze bieten Salop (1979) ein reaktives Verhaltensmuster für Etablierte zur Verteidigung ihrer strategischen Position bei Neueintritten und Milgrom/Roberts (1982) ein Modell zur antizipativen Eintrittsverhinderung. Zentrale Prämisse dieser Modelle ist die perzipierte Indikatorfunktion von Preisen als Kostensignale bei unvollständiger, asymmetrischer Information. Bei den *Reputation*-Modellen üben etablierte Anbieter gegen neu eintretende Wettbewerber Vergeltung, um durch das Statuieren eines abschreckenden Beispiels weitere potentielle Konkurrenten vom Markt fernzuhalten (vgl. Kreps/Wilson, 1982). Versunkene Kosten sind irreversibel vordisponiert, weil die ihnen zugrundeliegenden Vermögensgegenstände nur in einer bestimmten Verwendung einen Wert haben (vgl. Sutton, 1991). Exogene versunkene Kosten müssen von allen Akteuren im Markt getragen werden und konstituieren daher Markteintrittsbarrieren. Endogene versunkene Kosten basieren auf strategischen Entscheidungen der etablierten Wettbewerber und bilden Mobilitätsbarrieren zwischen strategischen Gruppen.

Die ressourcenorientierte Sicht betrachtet Unternehmen als Bündel spezialisierter Ressourcen, die zur Erreichung von Wettbewerbsvorteilen eingesetzt werden (Rumelt, 1984, S. 561).[7] Amit/Shoemaker (1993, S. 35) verdeutlichen, daß Umfang und Beschaffenheit der unternehmensspezifischen Ressourcen wichtige Determinanten der Profitabilität eines Unternehmens sind.[8] Dabei können die Ressourcen und Kompetenzen nach Lado/Boyd/Wright (1992, S. 82) durch gezielte Entscheidungen und Aktionen der strategischen Führer systematisch entwickelt werden.[9]

Das Verhältnis von Industrieökonomie und ressourcenorientiertem Ansatz wird teilweise kontrovers diskutiert, insbesondere die Nähe bzw. Distanz zu Harvard- und Chicago-Schule ist in der Literatur strittig (Vgl. Mahoney, 1992; Peteraf, 1993). Conner (1991, S. 132f.) verdeutlicht die Nähe zur Harvard-Schule am Beispiel der in beiden Ansätzen unterstellten Wirkungsfähigkeit von Markteintritts- und Mobilitätsbarrieren, während Peteraf (1993, S. 180) die Nähe zur Chicago-Schule am Beispiel der aus Effizienzdifferentialen und nicht aus Monopolmacht generierten Rentenströme herausarbeitet.[10] Der Vergleich der Dimensionen Forschungsziel, Perspektive und zugrundeliegende Prämissen veranschaulicht jedoch die komplementäre Wirkung beider Ansätze auf der Meta-Ebene (vgl. Tab.1).

Erklärungsziel: Beide Ansätze erklären theoriegeleitet mögliche Ursachen anhaltender Rentabilitätsunterschiede. Lado/Boyd/Wright (1992, S. 78f.) und Henderson/Cockburn (1994, S. 63) unterstreichen die Komplementarität der Ansätze, weil Wettbewerbsvorteile in der Industrieökonomie aus der Unternehmensumwelt, im ressourcenorientierten Ansatz aus der Beschaffenheit des Unternehmens abgeleitet werden.[11]

Perspektive: Zajac (1992, S. 86) führt die verschiedenen Sichtweisen von Märkten als Differenzierungskriterium auf: Der ressourcenorientierte Ansatz beruht auf der Beschaffenheit der strategischen Faktormärkte, die Industrieökonomie betrachtet die Produktmärkte.

Zugrundeliegende Prämissen: Beide Ansätze laufen bezüglich der zugrundeliegenden Prämissen diametral auseinander. Anders als in der Industrieökonomie sind in ressourcenorientierten Ansätzen weder die Produktionsfunktionen und Faktorproportionen bekannt, noch sind die Ressourcen vollständig mobil und homogen verteilt (Conner, 1991, S. 133). In industrieökonomischen Ansätzen sind Markteintritts- bzw. Mobilitätsbarrieren auch bei vollständig homogener Ressourcenposition der Unternehmen durch monopolistische und kollusive Begrenzung der Ausbringungsmenge denkbar. Diese Eintritts- bzw. Mobilitätsbarrieren ermöglichen den Aufbau erhaltbarer Wettbewerbsvorteile gegenüber Neuein-

Tab. 1: Industrieökonomie und ressourcenorientierter Ansatz

	Industrieökonomie	ressourcenorientierter Ansatz
Forschungsziel	Theoriegeleitete Forschung zur Wechselwirkung von Marktstruktur und Unternehmenserfolg	Theoriegeleitete Forschung zur Wechselwirkung von Ressourcenausstattung und Unternehmenserfolg
Perspektive	Fokus auf Unternehmensumfeld: Wettbewerbsvorteil ist abhängig von Branchen-/Marktstruktur	Fokus auf unternehmensspezifischen Ressourcen: Wettbewerbsvorteil ist ressourcenabhängig
Zugrundeliegende Prämissen	Markt-Eintrittsbarrieren (barriers to entry) und Mobilitätsbarrieren (mobility barriers): Marktebene	Isoliermechanismen (barriers to imitation): Unternehmensebene
	Effiziente Faktormärkte: – homogene Ressourcenverteilung – vollständige Ressourcenmobilität – vollständige Informationsverteilung – rationales Verhalten	Ineffiziente Faktormärkte: – heterogene Ressourcenverteilung – unvollständige Ressourcenmobilität – asymm. Informationsverteilung

tretenden bzw. Unternehmen außerhalb der strategischen Gruppe. Erhaltbare Wettbewerbsvorteile und Eintrittsbarrieren lassen sich aus ressourcenorientierter Sicht nicht erklären, wenn die strategischen Ressourcen in der Branche gleich verteilt und mobil sind, denn in diesem Fall stehen sie allen Unternehmen zur Verfügung (Barney, 1991, S. 103ff). Erst bei heterogener Ressourcenverteilung können Ressourcenbarrieren aufgebaut und überdurchschnittliche Erträge erzielt werden, weil geschützte Unternehmen andere ressourcenbasierte Strategien umsetzen als ihre Konkurrenten (Wernerfelt, 1984). Überdurchschnittliche Erträge sind in ressourcenorientierten Ansätzen überwiegend vom Geschick oder Glück eines Unternehmens bei der Akquisition, der Kombination und dem Einsatz von Ressourcen abhängig und weniger von der spezifischen Struktur der Branche (Barney, 1986a, S. 1239; Conner, 1991, S. 132).

Zusammenfassend kann festgestellt werden, daß wechselseitige Erklärungszusammenhänge zwischen Industrieökonomie und ressourcenorientierten Ansätzen bestehen. Die externe Sicht zeigt beispielsweise, wie Ressourcenpositionen der Marktteilnehmer Marktbarrieren bestimmen können, und die interne Betrachtung verdeutlicht den strategischen Aktionsspielraum der Unternehmen, um auf Chancen und Risiken in ihrer Umwelt zu reagieren.

II. Ressourcen: Begriffsfassung und Klassifikation

Der Begriff „Ressourcen" ist innerhalb der ressourcenorientierten Ansätze sehr weit gefaßt: *„Firm resources include all assets, capabilities, organizational processes, firm at-*

Tab. 2: Klassifikation von Ressourcen

Ressourcenklasse	Beispiel	Quelle
Physische Ressourcen	Materielles Anlage- und Umlaufvermögen	Bettis (1981) Barton (1988)
Intangible Ressourcen	Unternehmenskultur	Nelson/Winter (1982) Smircich (1983) Tichy (1983) Iwai (1984) Fiol/Lyles (1985) Barney (1986b) Hansen/Wernerfelt (1989)
	Reputation	Weigelt/Camerer (1988)
	Markenimage	Lemelin (1982) Carleton/Harris/Stewart (1984) Lecraw (1984) Itami (1987) Montgomery/Hariharan (1991)
	Customer loyalty	Dierickx/Cool (1989)
	Unternehmertum	Rumelt (1987)
	Managementfähigkeiten/ Human Resource Management	Selznick (1957) Alchian/Demsetz (1972) Barney (1986a) Dutton/Jackson (1987) Hambrick (1987) Schoemaker (1990) Castanias/Helfat (1991) Wright/McMahan (1992) Lado/Boyd/Wright (1992) Hall (1992)
	Lernende Organisation	Itami/Roehl (1987) Prahalad/Hamel (1990) Teece/Pisano/Shuen (1990)
	Innovationskraft/ Know How	Williamson (1975) Winter (1988) Cool/Schendel (1987) Schoemaker (1992) Prahalad/Hamel (1990) Henderson/Cockburn (1994)
	Organisationsformen	Robins/Wiersema (1995) Henderson/Cockburn (1994) Bartlett/Ghoshal (1993)
Finanzielle Ressourcen	interne Fonds (Cash Flows)	Chatterjee/Wernerfelt (1991) Barney (1986a)
	externe Fonds z.B. Kapitalerhöhungen (EK) oder preiswerte Finanzierungsmöglichkeiten (FK)	Barney (1986a)

Strategische Ressourcen und erhaltbare Wettbewerbsvorteile

tributes, information, knowledge, etc. controlled by a firm that enable the firm to conceive of and implement strategies that improve its efficiency and effectiveness" (Barney, 1991, S. 101). In der Literatur finden sich darüber hinaus auch durchaus unterschiedliche Bezeichnungen wie *distinctive competencies*, (Snow/Hrebiniak, 1980; Hitt/Ireland, 1985), *invisible assets* (Itami/Roehl, 1987), *resource deployments* (Hofer/Schendel, 1987), *competencies* (Hamel/Prahalad, 1994) und *capabilities* (Stalk/Evans/Shulman, 1992), die im folgenden als Synonyme des Ressourcenbegriffs betrachtet werden.[12]

In der Literatur hat sich die Klassifizierung von physischen, intangiblen und finanziellen Ressourcen durchgesetzt (Chatterjee/Wernerfelt, 1991; Teece, 1982; Macdonald, 1984). Tabelle 2 veranschaulicht überblickartig bedeutende Beispiele und Quellen für die jeweilige Ressourcenklasse.

Physische Ressourcen beschreiben u.a. die eingesetzten Technologien, Betriebsstätten, Betriebs- und Geschäftsausstattung, die Rohstoffsituation und die geographische Lage eines Unternehmens (Barney, 1991, S. 101). Intangible Ressourcen umfassen Humankapital, Know how und Organisationscharakteristika. Unter Humankapital (Becker, 1964) werden Kenntnisse und Erfahrungen, informelle Netzwerke und Wertvorstellungen der Mitarbeiter in einem Unternehmen subsumiert, während Organisationscharakteristika (Tomer, 1987) formelle und informelle Planungs-, Koordinations- und Kommunikationssysteme eines Unternehmens beinhalten. Finanzielle Ressourcen stellen schließlich auf die Kapitalkraft von Unternehmen, die Fähigkeit zur Innen- bzw. Außenfinanzierung ab.

Im folgenden werden Ressourcen als schwer handelbare, unvollständig imitierbare, unternehmensspezifische Vermögensgegenstände verstanden, die den Wettbewerbsvorteil eines Unternehmens begründen. Generell korreliert der strategische Wert dieser Vermögensgegenstände positiv mit dem Schwierigkeitsgrad ihrer Beschaffung durch Kauf, Imitation oder Substitution (Amit/Shoemaker, 1993, S. 39). Beispielsweise können intangible Vermögensgegenstände wie das kumulierte Wissen von Organisationen oder Vertrauen zwischen Management und Mitarbeitern weder im Markt gehandelt noch ohne weiteres von Wettbewerbern imitiert werden, weil der Aufbau dieser Ressourcen pfadabhängig ist (Dierickx/Cool, 1989a, S. 1507).

III. Ressourcen und Wettbewerbsvorteile

Wettbewerbsvorteile beruhen auf einem Zeitvorsprung bei der Umsetzung von Strategien und zielen auf die Erreichung überdurchschnittlicher Renditen ab. Ein Unternehmen besitzt einen erhaltbaren Wettbewerbsvorteil, wenn es eine Strategie erfolgreich umsetzt, die weder ein aktueller noch ein potentieller Wettbewerber kopieren kann. Nach Lippmann/Rumelt (1982) und Rumelt (1984) ist ein Wettbewerbsvorteil erhaltbar, wenn er nach Beendigung aller Imitationsversuche durch die Wettbewerber weiterbesteht. Erhaltbare Wettbewerbsvorteile sind losgelöst von Kalenderzeiträumen zu betrachten (Barney, 1991, S. 102), sie können nicht durch Kopierversuche der Konkurrenz vernichtet werden. Unvorhergesehene Veränderungen der Branchenstruktur aber entwerten die Quellen erhaltbarer Wettbewerbsvorteile, denn diese Diskontinuitäten (Schumpetersche Schocks) redefinieren erfolgskritische Unternehmensressourcen (Barney, 1991, S. 103). Der folgende Abschnitt betrachtet die Anforderungen an die Beschaffenheit dieser Ressourcen.

C. Anforderungen an die Beschaffenheit rentengenerierender Ressourcen

I. Grundannahmen der ressourcenorientierten Ansätze

Die theoretische Herleitung erhaltbarer Wettbewerbsvorteile erfolgt in der Literatur über eine implizit unterstellte zweistufige Kausalkette (Vgl. Tab. 3): Stufe 1 bilden die notwendigen, jedoch nicht hinreichenden Annahmen heterogen verteilter, unvollständig mobiler, wertvoller und knapper Ressourcen. Damit dieser Zustand langfristig anhält, müssen ex ante und ex post Wettbewerbsbarrieren wirken (Peteraf, 1993, S. 182). In Stufe 2 werden diese hinreichenden Bedingungen der ressourcenorientierten Ansätze mit den Attributen unvollständig imitierbar und unvollständig substituierbar umschrieben (vgl. Barney, 1991, S. 99ff.).

(1) Heterogene Ressourcenverteilung: Die Annahme dauerhaft heterogen verteilter Ressourcen in der Branche impliziert, daß dieser Zustand auch im Gleichgewicht andauert (Barney, 1986a, 1986b und Lippmann/Rumelt, 1982). Langfristige Rentabilitätsunterschiede in einer Branche reflektieren in der Ressourcentheorie den Einsatz superiorer Produktionsfaktoren, die in begrenzter Anzahl vorhanden sind. Sie können ihre Nachfrage nicht erfüllen, so daß auch inferiore Ressourcen in den Produktionsprozeß eingebunden werden. Peteraf (1993, S. 180) bringt diese Konstellation in Verbindung mit dem klassischen ricardianischen Ansatz. Unternehmen mit superioren Ressourcen haben niedrigere Durchschnittskosten als andere Unternehmen und besitzen eine unelastische Angebotskurve. Bei hohen Preisen werden daher auch weniger effiziente Unternehmen in den Markt eintreten und solange produzieren, wie der Preis ihre Grenzkosten übersteigt. Im Gleichgewicht von Angebot und Nachfrage erreichen Unternehmen mit hohen Kosten die Gewinnschwelle, und Unternehmen mit niedrigen Kosten erwirtschaften überdurchschnittliche Gewinne.[13] Die Erträge oberhalb der Gewinnschwelle werden von Peteraf (1993, S. 181, S. 184) als Quasi-Renten bezeichnet, weil ihre Existenz keinen neuen Wettbewerb erzeugt (Dierickx/Cool, 1988, S. 2f; Varian, 1984, S. 92). Im Gegensatz zu frei handelbaren Ressourcen, deren rentenerzeugendes Potential im allgemeinen vollständig in ihrem Wert kapitalisiert wird (Caves, 1980, S. 65), können die Differenzierungseigenschaften nichthandelbarer Ressourcen nicht wertmäßig auf Faktormärkten abgebildet werden.[14]

Peteraf (1993, S. 180) präzisiert die Bedingungen, die zu einer heterogenen Ressourcenverteilung führen: Voraussetzung für den Aufbau einer privilegierten Ressourcenposition ist kein bzw. nur begrenzter Wettbewerb um diese Position, wie beispielsweise im

Tab. 3: Kausalkette zur Erklärung des rentengenerierenden Potentials von Ressourcen

Stufe 1: Notwendige Bedingungen	1. Heterogene Ressourcenverteilung 2. Unvollständige Ressourcenmobilität 3. Wert und Knappheit der Ressourcen
Stufe 2: Hinreichende Bedingungen	4. Unvollständige Imitierbarkeit 5. Unvollständige Substituierbarkeit

Strategische Ressourcen und erhaltbare Wettbewerbsvorteile

Fall einer strategischen Ressourcenakquisition durch First-Mover-Vorteile, bei der Unternehmen durch Glück, Geschick oder Informationsasymmetrien entscheidende Ressourcen vor ihren Wettbewerbern aufbauen. Zu diesem frühen Zeitpunkt besteht kaum Wettbewerb um die Ressourcen, so daß bei Pionierunternehmen niedrige Akquisitionskosten im Vergleich zu den Nachzüglern entstehen (Rumelt 1984, S. 567; Wernerfelt, 1984, S. 173). Ob eine Ressourcenposition privilegiert ist entscheiden demnach die Kosten ihrer Realisierung. Quasi-Renten werden möglich, wenn durch Marktunvollkommenheiten in den strategischen Faktormärkten bzw. Informationsasymmetrien beim internen Aufbau die Ex ante Kosten der Ressourcenakquisition niedriger sind als der Ex post Wert der Ressourcenposition.

(2) Unvollständige Ressourcenmobilität: Eine zweite Voraussetzung für erhaltbare Wettbewerbsvorteile ist die unvollständige Ressourcenmobilität (Barney, 1991, S. 101). Ressourcen sind unvollständig mobil, wenn sie nicht auf dem freien Markt gehandelt werden können, etwa weil Eigentumsrechte uneindeutig geregelt sind, eine buchhalterische Erfassung unmöglich (Dierickx/Cool, 1989a, Meade, 1952, Bator, 1958) oder ein Einsatz in alternativen Verwendungen außerhalb des aktuellen Nutzer-Unternehmens ausgeschlossen ist. Auch bei weniger strengen Bedingungen lassen sich erhaltbare Wettbewerbsvorteile realisieren, wenn die Ressourcenposition nur zu sehr hohen Kosten imitiert werden kann.

(3) Wert und Knappheit: Ressourcen sind wertvoll, wenn sie ein Unternehmen zur Erwirtschaftung überdurchschnittlicher Renditen befähigen. Diese Ressourcen ermöglichen die Reaktion auf Chancen und Risiken in der Unternehmensumwelt. Unternehmen im Besitz von knappen Ressourcen können ressourcenbasierte Strategien umsetzen, die nicht simultan von einer großen Anzahl weiterer Unternehmen umgesetzt werden können. Hambrick (1987) weist in diesem Zusammenhang auf die zentrale Bedeutung der knappen Ressource Management-Talent bei der Umsetzung von Strategien hin. Nach Barney (1991, S. 107) muß eine Ressource nicht notwendigerweise in den exklusiven Besitz eines Unternehmens fallen, um als Quelle von Wettbewerbsvorteilen zu fungieren. Solange die Zahl der Unternehmen in Besitz einer wertvollen Ressource geringer ist als die Gesamtzahl von Unternehmen im Wettbewerb, besitzt eine Ressource das Potential zur Generierung von Wettbewerbsvorteilen (Hirshliefer, 1980). Eine Begleiterscheinung ist der kontinuierliche Wertverlust einer Ressourcenbasis, analog zu physischen Vermögensgegenständen: So erodieren beispielsweise die Werte von FuE-*Know-how* und Markentreue durch technologische Innovationen und den Wechsel der Konsumentengeneration (Dierickx/Cool, 1989a, S. 1507-1509).

(4) Unvollständige Imitierbarkeit: Wertvolle und knappe Ressourcen stellen nur dann Quellen von erhaltbaren Wettbewerbsvorteilen dar, wenn sie unvollständig imitierbar sind (Lippmann/Rumelt, 1982; Barney, 1991, S. 107). Als rentenstromsichernde Isoliermechanismen (Rumelt, 1984, S. 567) wirken Eigentumsrechte an knappen Ressourcen, Informationsasymmetrien, Lernkurveneffekte der Produzenten, die Lieferantenwechselkosten der Kunden, der Ruf eines Unternehmens, Kundensuchkosten und Skaleneffekte. Die Isoliermechanismen beschreibt Rumelt (1984) in Analogie zu Mobilitätsbarrieren nach

Caves/Porter (1977) und dem grundsätzlichen Konzept der Markteintrittsbarrieren von Bain (1956). Die Ursachen unvollständiger Ressourcenimitierbarkeit lassen sich den den drei Kategorien Pfadabhängigkeit, kausale Mehrdeutigkeit und soziale Komplexität zuordnen (Barney, 1991, S. 107ff.).

(i) Pfadabhängigkeit läßt sich in einzigartige historische Bedingungen und Skalen- bzw. Verbundeffekte differenzieren: Im Fall einzigartiger historischer Bedingungen ist die Akquisition und Erschließung von Ressourcen von der Positionierung der Unternehmen in Raum und Zeit abhängig. Wettbewerbspositionen werden damit pfadabhängig, denn Nachzügler ohne diese raum- und zeitspezifischen Ressourcen können die relevanten Ressourcen zu einem späteren Zeitpunkt nicht mehr erwerben. Bei pfadabhängiger Generierung von Ressourcen sinken die Grenzerträge, wenn der Faktor Zeit konstant bleibt *(time compression diseconomies)*. Demnach ist die Erhaltbarkeit einer Wettbewerbsposition von dem Ausmaß abhängig, mit dem die Akkumulation von Ressourcen Gegenstand abnehmender Grenzerträge gegenüber dem konstanten Faktor Zeit ist. Beispielsweise leisten kontinuierliche FuE-Aufwendungen über einen längeren Zeitraum hinweg einen größeren Beitrag zum Technologiebestand als der doppelte Betrag in der Hälfte der Zeit. Eng verbunden mit der Pfadabhängigkeit ist der Gedanke der Skalen- und Verbundeffekte Dierickx/Cool (1989a, S. 1507–1509; 1988, S. 8ff.): Die Erhaltbarkeit der Wettbewerbsposition korreliert positiv mit dem Grad der Abhängigkeit inkrementaler Verbesserungen einer Ressourcenbestandsgröße von der kritischen Masse des Ressourcenbestandes. Beispielsweise stellen kumulierte Verkaufsergebnisse eines Unternehmens eine wichtige Determinante der aktuellen Verkaufserlöse dar, wenn eine positive Korrelation von Mundpropaganda oder Zahl der Konsumenten und Kaufverhalten existiert. Bei Verbundeffekten ist die Akkumulation einer bestimmten Ressource mit dem Bestand einer anderen Ressource interdependent verknüpft, etwa bei kundeninduzierten Neuproduktentwicklungen und Prozeßinnovationen. Die Akkumulation dieser Ressourcen wird vereinfacht, wenn der Bestand komplementärer Ressourcen hoch ist.

(ii) Im zweiten Fall der kausalen Mehrdeutigkeit läßt sich der Zusammenhang zwischen Ressourceneinsatz und dem Wettbewerbsvorteil eines Unternehmens nur unvollständig erklären. Damit die Ressourcen als Ursachen erhaltbarer Wettbewerbsvorteile wirken können, dürfen weder die Besitzer der Ressourcen noch die Imitatoren die Determinanten der Wettbewerbsvorteile eindeutig erklären können (Reed/DeFillippi, 1990; Lippmann/Rumelt, 1982; Nelson/Winter, 1982). Wenn das Unternehmen im Besitz der Ressource den Zusammenhang kennt, werden Imitatoren versuchen, ihren Informationsnachteil durch gezielte Wissens-Akquisition (Abwerben zentraler Kompetenzträger, systematische Analysen) zu reduzieren.

(iii) Ein dritter Grund für die unvollständige Imitierbarkeit von Unternehmensressourcen basiert auf der sozialen Dimension von Ressourcen. Unternehmensressourcen können komplexe soziale Phänomene umfassen, die weder systematisch kontrolliert noch beeinflußt werden können, wie beispielsweise interpersonelle Beziehungen von Managern (Hambrick, 1987), die Unternehmenskultur (Barney, 1986b) oder der Ruf eines Unternehmens unter den Lieferanten (Porter, 1980) und Kunden (Klein, Crawford und Alchian, 1978; Klein und Lefler, 1981). In den meisten dieser Fälle läßt sich erklären, wie diese sozial komplexen Ressourcen Wettbewerbsvorteile für das Unternehmen schaffen (d.h. es besteht keine kausale Mehrdeutigkeit). Das Beispiel Unternehmenskultur veranschaulicht jedoch, daß sich eine sozial komplexe Ressource nicht ohne weiteres künstlich aufbauen läßt, selbst wenn der Zusammenhang zum Wettbewerbsvorteil verstanden wird, weil „soziales Engineering" bislang jenseits der Fähigkeiten der meisten Unternehmen liegt (vgl. Barney, 1991, S. 107 und Porras und Berg, 1978). Solange komplexe Unternehmensressourcen nicht systematisch nachgebildet werden können, sind sie auch unvollständig imitierbar.

(5) Unvollständige Substituierbarkeit: Schließlich darf die Quelle erhaltbarer Wettbewerbsvorteile kein reichlich vorhandenes strategisches Äquivalent besitzen. Im Gegensatz zur Produktsubstitution, bei der der Einsatz der zugrundeliegenden Ressourcenbestände in alternativen Verwendungen noch möglich ist, eliminiert die Ressourcensubstitution den Quasi-Rentenstrom der Ressourcenbestände (Tushman und Anderson, 1986, S. 444). Durch Diskontinuitäten werden vormals bedeutende Ressourcen (z.B. Technologien) obsolet und neue Wettbewerber können in den Markt eintreten (Tushman und Anderson, 1986, S. 460ff).

II. Exkurs: Intangible Ressourcen

Ein nicht unwesentlicher Teil der ressourcenorientierten Ansätze behandelt die Bedeutung intangibler Ressourcen (vgl. Tab. 2). Reed/DeFillippi (1990) führen erhaltbare Wettbewerbsvorteile auf Investitionen in kausal mehrdeutige Unternehmensressourcen zurück, die intangibel, komplex und unternehmensspezifisch sind. Intangible Ressourcen sind nicht ohne weiteres kodifizierbare Kompetenzen (Polany, 1967), komplexe Ressourcen beschreiben interdependente Verflechtungen zwischen Kompetenzen (Winter, 1987). Der Grad der Spezifität von Ressourcen zeigt an, wie groß die Kosten einer alternativen Verwendung sind. Von zentraler Bedeutung ist der interne Akkumulationsprozeß von intangiblen Ressourcen (Dierickx/Cool, 1989a, S. 1505). Ein Ruf für hohe Fertigungsqualität kann nicht am Markt erworben werden, sondern muß durch entsprechendes Qualitätsmanagement geschaffen werden. Im Konzept von Dierickx/ Cool (1988, S. 6) dienen Stromgrößen *(flows)* wie Werbeausgaben, Forschungs- und Entwicklungsbudgets dem Aufbau von Ressourcenbeständen *(stocks)* wie Markentreue und Technologieniveau. Strategische Ressourcen sind alle Bestandsgrößen, weil sie im Gegensatz zu den Stromgrößen nicht kurzfristig angepaßt werden können.

Besondere Bedeutung wird dem Humankapital beigemessen. Im Vordergrund der Betrachtungen stehen dabei Management-Kompetenz, unternehmensspezifische Kenntnisse und unternehmenskulturelle Aspekte. Lado, Boyd, Wright (1992, S. 82) beschreiben Management-Kompetenzen, die den Einsatz spezialisierter Ressourcen strategisch steuern, um Wettbewerbsvorteile aufzubauen. Führende Unternehmen erzeugen Informations- und Qualitätsasymmetrien in den strategischen Faktormärkten, weil ihre kompetenten Manager die zu erwartenden Renten aus Investitionen in strategische Ressourcen richtig abschätzen können. Diese Manager generieren einzigartige Informationen über Chancen und Risiken in der Unternehmensumwelt (Barney, 1986a; Dutton/Jackson, 1987; Miles/Snow,

1978). Amit/Shoemaker (1993, S. 40) sehen die zentrale Managementaufgabe in der Erzielung erhaltbarer Wettbewerbsvorteile durch den Einsatz und Schutz eigenentwickelter Ressourcen und Fähigkeiten. Manager treffen diese Entscheidungen in einem Umfeld, das durch Ungewißheit über wirtschaftliche, branchenspezifische, soziale und technologische Bedingungen und Komplexität bezüglich der interdependenten Ursachen im Umfeld des Unternehmens sowie der wettbewerblichen Interaktionen, die von verschiedenen Wahrnehmungen des Umfelds ausgehen, geprägt ist. Prahalad/Hamel (1990, S. 82) und Teece, Pisano und Shuen (1990, S. 11) betonen in diesem Zusammenhang die Bedeutung kollektiver Lernprozesse, die die Innovationsdynamik eines Unternehmen sichern. Auch in der Literatur zum Reengineering von Geschäftsprozessen ist die Bedeutung des Humankapitals bereits erkannt worden (vgl. z.B. Davenport, 1993, S. 177ff). Lado, Boyd, Wright (1992, S. 85) bezeichnen in diesem Zusammenhang die Innovationskraft als transformationsorientierte Kompetenz, die die Umsetzung von neuen Produkt- und Prozeßvarianten lange vor den Wettbewerbern ermöglicht. Besondere Bedeutung wird dabei der Unternehmenskultur zugemessen, weil sie die Kreativität und Innovationskraft der Mitarbeiter fördert (Alberts, 1989). Neben der Unternehmenskultur sind auch die Dimensionen Service und Leistungsqualität von nicht unwesentlicher Bedeutung. Der Zusammenhang von ausgeprägtem Kundenservice und Wettbewerbsvorteilen ist sowohl in der akademischen (Buzzell/Gale, 1987) als auch in der populärwissenschaftlichen Literatur (Phillips/Dunkin/Treece, 1990) behandelt worden.[15] Unternehmen mit einzigartigen Kompetenzen zur Herstellung hochqualitativer Produkte und hoher Kundenorientierung verdienen durch diese Ressourcen kurzfristig überdurchschnittlich hohe Erträge und langfristig ein positives Image in der Wahrnehmung der Kunden.

Ein zweites Beispiel für Humankapital als strategische Ressource sind unternehmensspezifische Kenntnisse von Mitarbeitern (Winter, 1987). Generische Arbeitskräfte können auf dem Arbeitsmarkt akquiriert werden, unternehmensspezifische Kenntnisse und Werte werden durch Ausbildung und Lernprozesse im Unternehmen akkumuliert. Diese Mitarbeiter sind üblicherweise für ihre aktuellen Arbeitgeber wertvoller als für potentielle Arbeitgeber, so daß Gehaltsangebote bei Abwerbungsversuchen niedriger sind als der Wert des rentenerzeugenden Potentials dieser Ressourcen beim derzeitigen Besitzer. Die Restriktionen des Markt- oder Vertragspreises der unternehmensspezifischen Ressourcen können daher mobilitätshemmend wirken und die Ressourcen mittel- bis langfristig an das Unternehmen binden.

Ein drittes Beispiel für Humankapital als strategische Ressource sind unternehmenskulturelle Aspekte, wie etwa das interpersonelle Wertegefüge in der Unternehmung (Arrow, 1974, S. 23): (Vertrauen zwischen Mitarbeitern und Unternehmensführung sowie Kunden und Unternehmen) „(...) *is not a commodity which can be bought very easily. If you have to buy it, you already have some doubts about what you've bought.*" Die intangible Ressource Vertrauen ist das kumulierte Ergebnis von unternehmensspezifischen, historischen Ereignissen unter Einbindung bestimmter Individuen.

D. Implikationen für das Strategische Ressourcenmanagement

I. Ressourcenorientierte Ansätze und strategische Unternehmensführung

Die ressourcenorientierten Ansätze stellen das bisherige Vorgehen zur Ableitung überdurchschnittlich rentabler Strategien (vgl. z.B. Porter, 1980) in Frage. Aus der Anwendung der empirischen Methoden zur Umweltanalyse lassen sich keine Anhaltspunkte für überdurchschnittlich rentable Strategien gewinnen, da diese Techniken auch allen anderen Wettbewerbern im Markt zur Verfügung stehen (Barney, 1986a, S. 1238). Andererseits projizieren Managementinformationssysteme üblicherweise nur ein rudimentäres Bild der Ressourcenbasis eines Unternehmens, denn interne und externe Rechnungslegung blenden die Bedeutung intangibler Ressourcen vollständig aus, so daß die Identifizierung und Bewertung von Unternehmensressourcen erschwert wird (Grant, 1991, S. 119). Unternehmen müssen daher versuchen, durch ein internes Controlling-System die Wertentwicklung und insbesondere den Wertverlust ihrer internen Ressourcen zu verfolgen, um Rückschlüsse auf künftige strategische Positionen zu ermöglichen.[16] Solange die Ressourcen unvollständig mobil, nicht imitierbar und nicht substituierbar sind, wird der Wettbewerb um die vorhandenen Renten nicht erhöht, weil andere Unternehmen die Strategie des Unternehmens nicht kopieren können. Die praktische Relevanz der ressourcenorientierten Ansätze für die strategische Unternehmensführung spiegelt sich darauf aufbauend in vier Anwendungsbereichen wider:[17]

(1) Kontinuierliche Analyse der strategischen Ressourcenposition: Die Ressourcenposition des Unternehmens und die Ressourcen der Umwelt sollten kontinuierlich auf wertvolle, knappe, unvollständig imitierbare und unvollständig substituierbare Ressourcen untersucht werden. Dieses strategische Ressourcen-Scanning ermöglicht die Identifikation, die Erschließung und den Schutz erfolgskritischer Ressourcen. Eine privilegierte Ressourcenposition wird durch Imitation und Substitution bedroht, wobei die Imitierbarkeit der Ressourcen von den Charakteristika ihres Akkumulationsprozesses (Pfadabhängigkeit, Skalen- und Verbundeffekte, Wertverlust und kausale Mehrdeutigkeit) abhängt (Dierickx/Cool, 1989). Veränderungen der Beschaffenheit des Akkumulationsprozesses sollten ebenfalls überwacht werden, um Bedrohungen der Ressourcenposition frühzeitig zu erkennen.

(2) Strategisches Ressourcen-Accounting: Der Erfolgsbeitrag des Ressourceneinsatzes sollte genau identifiziert werden. Andernfalls werden überdurchschnittliche Erträge fälschlicherweise als Gewinne aus der Produkt-/Markt-Position betrachtet, obwohl es sich um Quasi-Renten aus dem Einsatz privilegierter Ressourcen handelt (Dierickx/Cool, 1988). Dies birgt die Gefahr, die Bedeutung der Ressourcenposition zu unterschätzen und sie sogar leichtfertig aufzugeben. Darüber hinaus muß der Wertverlust der Ressourcen zeitnah kalkulatorisch verfolgt werden, insbesondere bei Ressourcen mit geometrisch-degressivem Wertverlust. In frühen Stadien des Ressourceneinsatzes ist ein unzureichender Schutz kaum wahrnehmbar, in späteren Perioden verlieren diese Ressourcen schnell an Wert. Verläuft die Verfallsfunktion einer Ressource konkav, scheint eine Reduzierung der Schutzkosten (z.B. die Verringerung der FuE-Ausgaben) verlockend, weil kurzfristig die Unternehmenserträge erhöht werden.

In diesem Fall ist die Ressourcenerosion anfangs minimal und aufgrund der intangiblen Eigenschaft der Ressource nicht direkt zu beobachten. Ohne weitere Schutzmaßnahmen verliert die Ressourcenposition zu einem späteren Zeitpunkt jedoch abrupt und irreversibel ihren Wert (Dierickx/Cool, 1988, S. 11).

(3) Wettbewerberanalyse: Ressourcenorientierte Ansätze können auch herangezogen werden, um die Wechselwirkung zwischen Strategie und Performance zu erklären. Bedeutender als die Analyse der strategischen Ausgaben ist dabei die Analyse des Ressourcenbestandes, der die Wettbewerbsposition und damit das Rentabilitätspotential eines Unternehmens maßgeblich bestimmt (Dierickx/ Cool, 1988, S. 16). Bestandsgrößen wie etwa Serviceniveau, Qualitätsprodukte und Markenimage sind demnach wichtige Determinanten der strategischen Position von Wettbewerbern, die im Rahmen der Analyse strategischer Gruppen berücksichtigt werden sollten.

(4) Strategische Eintrittsverhinderung: Aus der Wertentwicklung strategischer Ressourcen lassen sich unmittelbare Handlungsanforderungen für das Ressourcenmanagement ableiten, denn es besteht ein Zusammenhang zwischen der Verfallszeit strategischer Ressourcen und strategischer Eintrittsverhinderung: Um glaubhaft den Eintritt anderer Unternehmen zu verhindern, muß ein Unternehmen willens sein, Neueintritte zu bestrafen. Folglich wirken die kurzfristig veränderbaren Stromgrößen wie Produktionsmenge und Werbeausgaben nicht als Bedrohungen für Neueintretende, während die Bestandsgrößen Kapazität und Markentreue eintrittsverhindernd wirken. Generell stellen nur Bestandsgrößen Indikatoren glaubhafter Vergeltungsmaßnahmen dar. Bei schnellem Wertverlust der Ressourcen im Zeitverlauf erscheinen Vergeltungsmaßnahmen weniger wahrscheinlich (Eaton und Lipsey, 1980).[18]

II. Praktische Relevanz für die Treasury-Aktivitäten

Welche Implikationen haben ressourcenorientierte Ansätze für das strategische Ressourcenmanagement in der *Treasury* von Finanzinstituten? *Treasury* bezeichnet den Managementbereich des Bankbetriebes, dem Geld-, Devisen- und Wertpapierhandel sowie die Liquiditätssteuerung zugeordnet sind (vgl. Grill/Gramlich/Eller, 1995, S. 1523). Die Hauptaufgaben der *Treasury* umfassen den Eigen- und Kundenhandel von Geld, Devisen und Wertpapieren bzw. deren Derivaten, die Messung und Begrenzung von Marktrisiken durch Limite sowie die optimale Steuerung der Risiken durch Eigenhandelsaktivitäten. Die Geschäfte werden über Telekommunikationsmittel oder Online-Dienste durch die Händler im *Front Office* abgeschlossen und im *Back Office* abgewickelt. Die Anforderungen an die strategische Unternehmensführung der *Treasury*-Prozesse in *Front-* und *Back Office* sind groß: Enge Margen und komplexe Portfolien erfordern subtile Handels- und Risikomanagementmethoden, zunehmend kürzere Produktlebenszyklen erfordern eine hohe Flexibilität der Prozesse und Strukturen in der Treasury. Zudem sind bei steigendem Geschäftsvolumen und wachsender Globalisierung der Märkte die Finanzgeschäfte schnell und fehlerfrei abzuwickeln.

Angesichts vollkommener Transparenz auf den Produktmärkten können Pioniervorteile aus Neuproduktinnovationen am Markt nicht lange gehalten werden. Die hohe Fluktuationsrate von Händlern zwischen den Instituten erschwert den Aufbau einer erhaltbaren

Strategische Ressourcen und erhaltbare Wettbewerbsvorteile

Kompetenzposition im Handel. Die ressourcenorientierte Sicht eröffnet eine neue Perspektive auf das strategische Management der *Treasury*, denn sie erklärt Möglichkeit zur Generierung erhaltbarer Wettbewerbsvorteile aufgrund unternehmensspezifischer Charakteristika der Produktionsfaktoren Human- und Sachkapital. Dadurch revolutionieren die ressourcenorientierten Ansätze die strategische Unternehmensführung in der *Treasury*. Bislang dominierte oftmals die Auswahl attraktiver Produkt-/Marktsegmente die Ressourcenentscheidungen: Fehlte zum Aufbau eines Handelstisches die entsprechende Produktexpertise, wurden kurzerhand erfahrene Händler anderer Institute abgeworben. Dabei wurde die Gestaltung der internen Abläufe und Strukturen als Wettbewerbsfaktor vernachlässigt. Die ressourcenorientierte Theorie zeigt, daß die eingesetzten Ressourcen durch kausale Mehrdeutigkeit oder soziale Komplexität strategische Bedeutung erhalten. Von besonderer Relevanz für die *Treasury* sind die bereits beschriebenen Ausprägungen der intangiblen Ressource Humankapital. Einzelne Mitarbeiter der *Treasury* begründen keine Quelle erhaltbarer Wettbewerbsvorteile, weil sie zwar wertvolle und knappe, nicht aber unvollständig imitierbare oder unvollständig substituierbare Ressourcen darstellen. Die Abwerbungspraxis von Händlern unter Finanzinstituten veranschaulicht, daß die Mobilität dieser Ressourcen nur schwer gehemmt werden kann.[19] Talentierte Derivate- oder Wertpapierhändler verfügen über einzigartiges Handelswissen und/oder wichtige Kunden- und Marktkontakte[20], doch solange sie nicht in unternehmensspezifische Bindungen integriert werden, stellen sie eine vollständig mobile Ressource dar.

Andererseits kann das Humankapital Effizienz und Sicherheit als Schlüsselerfolgsfaktoren der *Treasury*-Geschäftsprozesse positiv beeinflussen und auf diesem Wege erhaltbare Wettbewerbsvorteile erzeugen. Hier greifen die oben bereits erläuterten Beispiele Management-Kompetenz, unternehmensspezifische Kenntnisse und Unternehmenskultur. So kann über *High Performance*-Teamkulturen ein Bewußtseinswandel in der Mitarbeiterschaft herbeigeführt werden, fortan bei hoher Produktivität risikosensibel zu arbeiten. Die reine Abfolge der Aktivitäten in einem Geschäftsprozeß läßt sich jederzeit kopieren, nur intangible Komponenten von *Treasury*-Prozessen, z.B. eingespielte Teams in Handel, Geschäftserfassung oder Bestätigungskontrolle, können einen Wettbewerbsvorteil begründen. Je größer die Zahl der in die Prozesse involvierten Personen mit diesem Bewußtsein und diesen Fähigkeiten ist (Hamel/Prahalad, 1994, S. 206), desto eher handelt es sich um eine unternehmensspezifische Ressource, da Wettbewerber zur Replikation dieser Ressource ganze Einheiten abwerben müßten. Der anhaltende Erfolg des Kleinwort Benson Arbitrage Fund wird beispielsweise auf das Zusammenspiel talentierter Händler, innovativer Systeme und effektiver Risikokontrollen zurückgeführt (Brooks, 1995). Weder durch die Abwerbung einzelner Personen noch durch den Kauf der gleichen Systemunterstützung läßt sich dieser Erfolg kopieren.

Für das Sachkapital als zweiten Produktionsfaktor in der *Treasury* gilt diese Argumentationslinie analog. Sachkapital in Form von DV-Systemen kann keine erhaltbaren Wettbewerbsvorteile generieren (Hayes/Wheelwright, 1984, Howell/Fleishman, 1982), weil diese Systeme üblicherweise im Markt erworben und damit imitiert werden können.[21] Möglicherweise besitzen jedoch nur wenige Unternehmen die Unternehmenskultur, um die Technologie vollständig zu erschließen (Wilkins, 1989). In diesem Fall gewinnen einige Unternehmen erhaltbare Wettbewerbsvorteile aus der relativ besseren Erschließung der branchenweit eingesetzten Technologien (Barney, 1991, S. 111). Der wesentliche Treiber ist in jedem Fall die intangible Ressource Humankapital. Ähnlich verhält es sich bei innovativen Eigenentwicklungen und einem intelligenten Technologieeinsatz in den *Treasury*-Prozessen, wie beispielsweise der geschickten Nutzung von *Front Office* Systemen zur Aggregation von Risikopositionen über alle Handelseinheiten. Die Dauer eines Wettbewerbsvorteils ist dann von der Komplexität dieser Systeme sowie den zugrundeliegenden Datenmodellen und den angewandten Methoden abhängig.[22] Beispielsweise kann operative Sicherheit in den Prozessen durch den Einsatz moderner *Front* oder *Back Office* Systeme per se, durch intelligente manuelle Kontrollsysteme oder durch eine entsprechend sicherheits- und risikobewußte Unternehmenskultur entstehen, die Ursachen sind nicht eindeutig identifizierbar.

In der Praxis richten strategisch geführte Finanzinstitute ihre *Treasury*-Prozesse an dem Ziel aus, durch Kombination von Human- und Sachkapital erhaltbare Wettbewerbsvorteile aus den Erfolgsdimensionen Flexibilität, Risikokontrolle und Kundenorientierung zu generieren.

(1) Flexibilität: Um der wachsenden Dynamik der Finanzmärkte gerecht zu werden, müssen die Strukturen und Prozesse flexibel auf neue Anforderungen reagieren können. Die Fähigkeit, auch komplexe Transaktionen schnell und sicher abzubilden, die Ertrags- und Risikokomponenten zu identifizieren und zu verbuchen, kennzeichnet die *Treasury* führender Finanzinstitute. Die Investmentbank Salomon Brothers hat die Flexibilität des *Back Office* durch flache Strukturen, *High Performance* Arbeitsgruppen, komplementäre Incentivesysteme, prozeßweite Trainingsmaßnahmen und neue Technologieplattformen signifikant erhöhen können. Der Einführungszeitraum neuer Produkte konnte um 80 Prozent gesenkt werden (Drew, 1995, S. 15). Dieser Vorteil kann nicht durch die Abwerbung einzelner Mitarbeiter des *Back Office* repliziert werden. Andere Finanzinstitute setzen *Process Champions* als zentrale Anprechpartner und Problemlöser mit fachlichem Entscheidungs- und Weisungsrecht ein, um ihre *Treasury*-Prozesse kurzfristig flexibel an kundenseitige und aufsichtsrechtliche Anforderungen anzupassen. Diese Struktur gewährleistet eine hohe Anpassungsflexibilität und ermöglicht dadurch eher die Erfüllung der gesetzlichen, aufsichtsrechtlichen und freiwilligen Vorschriften, denen das Handelsgeschäft der Finanzinstitute unterliegt. Die höhere Flexibilität beruht zu einem Großteil auf der Akzeptanz der *Process Champions* im Unternehmen sowie der Einrichtung vielfältiger Interaktions- und Koordinationsmechanismen, so daß aus Sicht der Wettbewerber die Abwerbung der *Process Champions* zur Imitation der höheren Flexibilität wenig sinnvoll erscheint. Folglich müssen sich Kopierversuche der Wettbewerber auf die pfadabhängige interne Ressourcenakkumulation beschränken, die einen zeit- und kostenintensiven Wandel der Unternehmenskultur voraussetzt.

(2) Risikokontrolle: Die Störfälle bei Kidder Peabody, Barings und Daiwa Securities verdeutlichen, daß Ineffizienzen im *Back Office* den Erfolg des *Front Office* konterkarieren, insbesondere wenn Geschäftsabschlüsse nicht zeitnah abgewickelt oder Positionen nicht abgestimmt bzw. marktgerecht bewertet werden können (Mayer, 1995). Während die Verarbeitung der Transaktionen selber wenig Differenzierungsspielraum bietet, veranschaulichen die proprietären Risikomanagement-Ansätze von Bankers Trust und J.P. Morgan die Bedeutung unternehmensspezifischer Ressourcen als Quelle

von Wettbewerbsvorteilen. Eine zentrale Rolle spielt dabei die Validität der Risikomanagementmodelle: Je realistischer Ertrags- und Risikopositionen abgebildet werden können, desto besser können risikoadjustierte Kapitalverzinsungen dargestellt werden und Portfolien verwaltet werden. Die Komplexität der Risikomanagementsysteme mit ihren Auswirkungen auf Strukturen, Prozesse und Systeme bringt es mit sich, daß ein effektives Risikomanagement nur pfadabhängig aufgebaut werden kann (Essinger, 1995, S. 67) und wesentlich durch die Unternehmenskultur getragen werden muß.

(3) Kundenorientierung: Führende Finanzinstitute veranschaulichen die Bedeutung der Kundenorientierung beim Aufbau anhaltender Wettbewerbsvorteile: Im Geschäft mit der Abwicklung und Verwahrung von Wertpapieren wird die Marktführerschaft von Chase Manhattan auf langfristig orientierte Investitionen in proprietäre DV-Systeme und das weitreichende Vertriebsnetz zurückgeführt (Euromoney, 1995b, S. 80). Im asiatischen Devisenmarkt nehmen drei westliche Marktteilnehmer aufgrund ihrer Ressourcenposition eine dominante Stellung ein: Citibank verfügt über ein weitreichendes Netzwerk in der Region, HSBC dominiert die Achse London – Hong Kong und Standard Chartered ist für ausgezeichnete *Emerging markets*-Expertise bekannt (Euromoney, 1995a). Die Akquisition von Neugeschäft hängt oftmals von der Reaktion auf Kundenanforderungen ab. Im Devisengeschäft dominiert die Schnelligkeit der Abwicklung beispielsweise alle anderen kaufentscheidenden Kriterien (Crowe, 1995). Über kurze *Back Office* Durchlaufzeiten und schnelle Verbuchungs- und Reportingprozesse können sich Finanzinstitute daher positiv von ihren Wettbewerbern differenzieren. Der Schlüssel des Erfolges liegt jedoch auch in diesem Fall bei den intangiblen Ressourcen, insbesondere dem perfekten Zusammenspiel der in die Prozesse eingebundenen Mitarbeiter.

Anmerkungen

1 Ich danke den anonymen Gutachtern für wertvolle Hinweise zu einer früheren Version.
2 Zu den ressourcenorientierten Ansätzen vgl. z.B. Penrose (1959), Teece (1980, 1982), Nelson/Winter (1982), Lippmann/Rumelt (1982), Rumelt (1984, 1987), Wernerfelt (1984), Barney (1986a, 1986, 1991), Dierickx/Cool (1988, 1989a), Reed/DeFillippi (1990), Connor (1991), Peteraf (1993).
3 Vgl. z.B. Chamberlin (1933) und Friedman (1953).
4 Industrieökonomie bezeichnet die theoriegeleitete empirische Forschung zur Organisation und Struktur der Branche.
5 Vgl. z.B. Barney (1991), Conner (1991), Dierickx/Cool (1988, 1989a), Ghemawat (1991b), Peteraf (1993) und Teece/Pisano/Shuen (1990).
6 Vgl. z.B. die Ausführungen zur Etablierung von Eintrittsbarrieren bei Caves (1984), Caves/Porter (1977) sowie Porter (1980).
7 „The firm is a bundle of linked and idiosyncratic resources and resource conversion activities", Rumelt (1984, S. 561). Damit bietet die ressourcenorientierte Theorie eine alternative Erklärung der Existenz von Unternehmen: Die unternehmensspezifischen Ressourcen entfalten innerhalb eines Unternehmens eine höhere Produktivität als außerhalb. Ihr Marktwert liegt daher unter dem Wert im Unternehmen, so daß sie langfristig im Unternehmen gehalten werden.Vgl. auch Barney (1991), Dierickx /Cool (1988, 1989a) und Wernerfelt (1984).
8 Vgl. hierzu Barney (1986b, 1986c), Day/Wensley (1988), Fahey (1989), Ghemawat (1986), Lippmann/Rumelt (1982), Reed/DeFillippi (1990).

9 Die Bedeutung der Management-Kompetenz von Unternehmen wird z.B. bei Bourgeois (1984), Child (1972), Smircich und Stubbart (1985) und Weick (1979) behandelt. Ansoff (1965) und (1976) diskutiert diesen Ansatz als integralen Bestandteil der corporate strategy und argumentiert, daß diese Unternehmenskompetenzen kritischer Erfolgsfaktor bei der Identifikation schwacher Umweltsignale sind.
10 Diese Interpretation von Peteraf wird von Porter (1991, S. 107) in Frage gestellt.
11 Die Komplementarität der Ansätze wird auch von Bamberger/Wrona (1996) und Amit/Schoemaker (1993) hervorgehoben.
12 In jüngerer Zeit werden häufig die Begriffe Fähigkeiten (capabilities) und Kompetenzen (competencies) verwendet. Capabilities umfassen unternehmensspezifische, tangible oder intangible Prozesse und informelle Strukturen, die im Zeitverlauf durch komplexe Interaktionen zwischen Personen und den Ressourcen eines Unternehmens entwickelt worden sind (Amit/Schoemaker, 1993, S. 35; Stalk/Evans/Shulman, 1992, S. 57f.). Hamel/Prahalad (1994, S. 202ff) bezeichnen ein Fähigkeiten- bzw. Technologiebündel von Unternehmen mit dem Begriff „Kernkompetenz". Eine Kernkompetenz repräsentiert das kumulierte Wissen von Personen und Organisationseinheiten und besteht aus drei konstituierenden Eigenschaften: Dem wesentlichen Beitrag zur vom Kunden wahrgenommenen Wertschöpfung, der Funktion als Basis einer überdurchschnittlichen Kompetenzposition und der Eignung für Diversifikationsstrategien. Die Abgrenzung von Fähigkeiten und Kompetenzen ist strittig: Während Stalk/Evans/Shulman (1992, S. 66) Fähigkeiten als den Sammelbegriff für versprengte Kompetenzen entlang der Wertschöpfungskette betrachten, bilden Kompetenzen für Hamel/Prahalad (1994) den Oberbegriff über einzelne Fähigkeiten.
13 Heterogene Wettbewerbspositionen finden sich bei Marktmacht- und Monopolmodellen ebenso wie in dem ricardianischen Ansatz. In Monopol-Modellen entstehen Renten durch Restriktionen der Ausbringungsmenge und nicht durch knappe superiore Ressourcen (Peteraf, S. 182).
14 Für frei handelbare Ressourcen gilt: „Firms may as well realize the value of their asset bundles through the relevant factor markets instead of deploying them in product markets" (Dierickx/Cool 1989a, S. 1505).
15 Als gängige Beispiele werden die überdurchschnittlichen Erträge von American Express, American Airlines und 3M gennant, die auf die ausgeprägte Kunden- und Serviceorientierung dieser Unternehmen zurückgeführt werden.
16 Vgl. z.B. Hall (1992) und Collings/Montgomery (1996) zur Operationalisierung der Ressourcenanalyse.
17 Eine weitere Alternative findet sich bei Conner (1991): Während ein nicht unwesentlicher Teil der ressourcenorientierten Ansätze das rentengenerierende Potential nichthandelbarer Ressourcen beschreibt, zeigt Conner (1991, S. 137) den Sonderfall, bei dem handelbare Ressourcen Renten generieren können. Zentraler Gedanke dabei ist ein Wertschöpfungsgefälle derselben Ressource in verschiedenen Unternehmen. Wenn die unternehmensspezifische Wertschöpfung den zu zahlenden Einkaufspreis übersteigt, werden Renten verdient. Aus der Sicht des Besitzers würde der Verkaufspreis der Ressource ihre Wertschöpfung im Unternehmen unterschreiten. Praktische Relevanz erhält diese Beziehung bei Verhandlungsstrategien auf dem Ressourcenmarkt: Wenn der Verkäufer der Ressource erkennt, daß der potentielle Käufer das Wertschöpfungspotential höher bewertet, kann er durch geschickte Verhandlungen versuchen, die höhere Wertschöpfung im Marktpreis abzubilden.
18 Dierickx/Cool zeigen den Sonderfall auf, in dem Unternehmen ihre dominante Position auch dann erhalten können, wenn die zugrundeliegenden Ressourcen schnell an Wert verlieren: Voraussetzung dabei sind niedrige Wartungskosten. Dies ist beispielsweise der Fall, wenn ein Unternehmen effiziente Ressourcen akkumulieren kann, etwa bedingt durch Masseneffekte oder Interdependenzen zwischen bestehenden Ressourcen. Eine Ressourcenposition ist jedoch doppelt bedroht, wenn time compression diseconomies zusätzlich zu einer rapiden Ressourcenerosion auftreten.
19 Beispielsweise hat die Deutsche Bank in den vergangenen Jahren aggressiv Kapitalmarktspezialisten zum Aufbau ihrer globalen Investmentbankingaktivitäten bei führenden Häusern abgeworben (Zweig, 1995, S. 46f).

20 Der Blick ins Investmentbanking zeigt, daß große M&A - und Emissionsgeschäfte häufig über wenige Top Manager akquiriert werden (Vgl. Frankfurter Allgemeine Zeitung v. 2.1.96). Die negativen Effekte des Abganges bedeutender Mitarbeiter veranschaulicht das Beispiel des Austritts von Jeffrey Vinik bei Fidelity Investments (Financial Times v. 24.5.96).
21 Zur zentralen Bedeutung von DV-Systemen in Finanzinstituten (Financial Times v. 5.7.95, Supplement: IT focus: computers in finance, S. 3).
22 Ein Beispiel hierfür ist das komplexe Risk Management System von Nassos Pittaras bei Daiwa Securities in London (Financial Times v. 5.7.95, Supplement: IT focus: computers in finance, S. 4).

Literatur

Alberts, W. W. (1989): The experience curve doctrine reconsidered, in: Journal of Marketing, 53, S. 36–49.
Alchian, A. A. (1950): Uncertainty, evolution, and economic theory, in: American Economic Review, 58, S. 388–401.
Alchian, A. A.; Demsetz, H. (1972): Production, Information Costs, and Economic Organization, in: American Economic Review, 62, S. 777–795.
Amit, R., Fershtman, C. (1989): Avoiding some pitfalls in cost leadership strategies, in: L. Fahey (Hrsg.) The strategic planning management reader, S. 171–177, Englewood Cliffs, NJ.
Amit, R., Shoemaker, P. J. H. (1993): Strategic assets and organizational rent, in: Strategic Management Journal, 14, S. 33–46.
Anderson, P. F. (1983): Marketing, strategic planning und the theory of the firm, in: Journal of Marketing, 46 (Spring), S. 15–26.
Andrews, K. R. (1971): The Concept of Corporate Strategy, Irwin, Homewood, IL.
Ansoff, H. I. (1965): Corporate strategy, New York.
Ansoff, H. I. (1976): Managing strategic surprice by response to weak signals, in: California Management Review 18(2), S. 21–33.
Arrow, K. (1974): Limits of Organization, New York.
Arthur, W. B. (1983): Competing technologies and lock-in by historical small events: The dynamics of allocation under increasing returns. Unveröffentlichtes Arbeitspapier. Center for Economic Policy Research, Stanford University.
Bain, J. (1956): Barriers to new competition, Cambridge.
Barney, J. B. (1986a): Strategic factor markets: Expectations, luck, and business strategy, in: Management Science, 42, S. 1231–1241.
Barney, J. B. (1986b): Organizational culture: Can it be a source of sustained competitive advantage?, in: Academy of Mangement Review, 11, S. 656–665.
Barney, J. B. (1986c): Types of competition and the theory of strategy: Toward an integrative framework, in: Academy of Management Review, 11 (4), S. 791–800.
Barney, J. B. (1988): Returns to bidding firms in mergers and akquisitions: Reconsidering the relatedness hypothesis, in: Strategic Management Journal, 9, S. 71–78.
Barney, J. B. (1989) Asset stocks and sustained competitive advantage: A comment, in: Management Science, 35, S. 1511–1513.
Barney, J. B. (1991): Firm Resources and Sustained Competitive Advantage, in: Journal of Management, Vol. 17, 1, S. 99–120.
Bartlett, C. A.; Ghoshal, S. (1993): Beyond the M-Form: Toward a managerial theory of the firm, in: Strategic Management Journal, 14, S. 23–46.
Barton, S. L. (1988): Diversification strategy and systematic risk: Another look, in: Academy of Management Journal, Vol. 31, 1, S. 166–175.
Bator, F. (1958): The anatomy of market failure, in Quarterly Journal of Economics, S. 351–379.
Baumol, W. J., Panzar, J. C., Willig, R. P. (1982): Contestable markets and the theory of industry structure, New York.

Becker, G. S. (1964): Human capital, New York.
Bettis, R. A. (1981): Performance differences in related and unrelated diversified firms, in: Strategic Management Journal, Vol. 2, 4, S. 379–393.
Boston Consulting Group, Inc. (1976): Perspectives on experience, Boston.
Bourgeois, L. J. (1984): Strategic management and determinism, in: Academy of Management Review, 9 (4) S. 586–596.
Brooks, A. (1995): A British bank, a hedge fund, and a story of success, in: International Securities Lending, 2, S. 39–40.
Buzzell, R., Gale, B. (1987): The PIMS principles, New York.
Carleton, W. T.; Harris, R. S.; Stewart, J. F. (1984): The role of market structure in merger behaviour, in: Journal of Industrial Economics, 32, S. 293–312.
Castanias, R. P.; Helfat, C. E. (1991): Managerial Resources and Rents, in: Journal of Management, Vol. 17, 1, S. 155–171.
Caves, R. E., Porter, M. (1977): From entry barriers to mobility barriers: Conjectural decisions and contrived deterrence to new competition, in: Quarterly Journal of Economics, 91, S. 241-262.
Collins, D. J.; Montgomery, C. A. (1996): Wettbewerbsstärke durch hervorragende Ressourcen, in: Harvard Business manager, 2.
Conner, K. (1991): A historical comparison of resource-based theory and five schools of thought within industrial organization economics: Do we have a new theory of the firm?, in: Journal of Management, 17, S. 121–154.
Cool, K.; Schendel, D. (1987): Strategic Group Formation and Performance: The Case of the U.S. Pharmaceutical Industry 1963-1982, in: Management Science, 33, 9, S. 1102–1124.
Crowe, C. (1995): Treasurers put their views on banks, in: Euromoney, May, S. 65–72.
Dierickx, I., Cool, K. (1988): Competitive advantage: A Resource based Perspective, unveröffentlichtes Arbeitspapier, INSEAD, Fontainebleau.
Dierickx, I., Cool, K. (1989a): Asset stock accumulation and sustainability of competitive advantage, in: Mangement Science, 35, S. 1504–1511.
Dierickx, I., Cool, K. (1989b): Asset stock accumulation and sustainability of competitive advantage: Reply, in: Mangement Science, 35, S. 1514.
Drew, S. A. W. (1995): Accelerating Innovation in Financial Services, in: Long Range Planning, Vol. 28, 4, S. 11–21.
Dutton, J. E.; Jackson, S. E. (1987): Categorizing strategic issues: Links to organizational action, in: Academy of Management Review, Vol. 12, 1, S. 76–90.
Essinger, J. (1995): Decisions on the information edge, in: Euromoney, December 1995, S. 64–70.
Euromoney (Hrsg.) (1995a): Size and Service are the keys, in: Euromoney, May 1995, S. 72–84.
Euromoney (Hrsg.) (1995b): Euromoney Awards for Excellence 1995, in: Euromoney, July 1995, S. 67–108.
Fiol, C. M.; Lyles, M. A. (1985): Organizational learning, in: Academy of Management Review, Vol. 10, 4, S. 803–813.
Grant, R. B. (1991): A recource based theory of competitive advantage: Implications for strategy formulation, in: California Management Review, 33, S. 114–135.
Grill, W.; Gramlich, L., Eller, R. (Hrsg.) (1995): Gabler Bank Lexikon, 11. Aufl., Wiesbaden.
Hall, R. (1992): The Strategic Analysis of intangible resources, in: Strategic Management Journal, 13, S. 135–144.
Hansen, G. S., Wernerfelt, B. (1989): Determinants of firm performance: The relative importance of economic and organizational factors, in: Strategic Management Journal, 10, S. 399–411.
Henderson, R.; Cockburn, I. (1994): Measuring Competence? Exploring Firm Effects in Pharmaceutical Research, in: Strategic Management Journal, 15, S. 63–84.
Hitt, M.; Ireland, R.D. (1985): Corporate distinctive competence, strategy, industry and performance, in: Strategic Management Journal, 6, S. 273–293.
Hofer, C. W.; Schendel, D. (1978): Strategy Formulation: Analytical Concepts, St. Paul, MN.
Itami, H.; Roehl, T. (1987): Mobilizing Invisible Assets, Cambridge, MA.
Kreps, D. M.; Wilson, R. (1982): Reputation and imperfect information, in: Journal of Economic Theory, 27, S. 253–279.

Lado, A. A.; Boyd, N. G., Wright, P. (1992): A Competency-Based Model of Sustainable Competitive Advantage: Toward a Conceptual Integration, in: Journal of Management, Vol. 18, No. 1, S. 77–91.
Lecraw, D. J. (1984): Diversification strategy and performance, in: Journal of Industrial Economics, 33, S. 179–198.
Lemelin, A. (1982): Relatedness in the patterns of interindustry diversification, in: Review of Economics and Statistics, 64, S. 646–647.
Macdonald, J. M. (1984): Diversification, market growth and concentration in U.S. manufacturing, in: Southern Economic Journal, 50, S. 1098–1111.
Mahoney, J. (1992): Organizational Economics within the conversation of strategic management, in: Advances in Strategic Management, 8, S. 103–155.
Mahoney, J., Pandian, J. R. (1992): The resource-based view within the conversation of strategic management, in: Strategic Management Journal, 13, S. 363–380.
Mancke, R. (1974): Causes of interfirm profitability differences: A new interpretation of the evidence. in: Quarterly Journal of Economics, 88, S. 181–193.
Mansfield, E. (1968): The Economics of Technological Change, New York.
Mayer, M. (1995): Joe Jett: Did the computer make him do it?, in: Institutional Investor, Vol. 29, 3, S. 7–12.
McGee, J., Thomas, H. (1986): Strategic groups: Theory, research and taxonomy, in: Strategic Management Journal, 7, S. 141–160.
Meade, J. (1952): External economics and diseconomies in a competitive situation, in: Economic Journal, S. 56–67.
Miles, R. E., Snow, C. C. (1978): Organizational strategy, structure, and process, New York.
Milgrom, P.; Roberts, J.: (1982): Limit pricing and entry under encomplete information: An equilibrium analysis, in: Econometrica 50, S. 443–459.
Milgrom, P.; Roberts, J. (1992): Economics, Organization and Management, Englewood Cliffs, New York.
Montgomery, C. A.; Hariharan, S. (1991): Diversified entry by established firms, in: Journal of Economic Behaviour and Organization, 15, S. 71–89.
Nelson, R., Winter, S. (1982): An evolutionary theory of economic change, Cambridge, Mass.
Oster, S. M. (1990): Modern competitive analysis, New York.
Pearce, J. A., Freeman, A. B., Robinson, R. A. (1987): The tenuous link between formal strategic planning and financial performance, in: Academy of Management Review, 12, S. 658–675.
Penrose, E. T. (1959): The Theory of Growth of the Firm, London.
Peteraf, M. A. (1993): The Cornerstones of competitive advantage: A resource-based view, in: Strategic Management Journal, 14, S. 179–191.
Phillips, S., Dunkin, A., Treece, J.B. (1990): King customer: At companies that listen hard and respond fast, bottom lines thrive, in: Business Week, March 12, S. 88–94.
Polany, M. (1962): Personal knowledge: towards a post critical philosophy, London.
Polany, M. (1967): The tacit dimension, in: Garden City, NY.
Porras, J., Berg, P. O. (1978): The impact of organizational development, in: Academy of Management Review, 3, S. 249–266.
Porter, M. (1980): Competitive strategy: Techniques for Analyzing Industries Competitors, New York.
Porter, M. (1985): Competitive advantage, New York.
Porter, M. (1991): Towards a Dynamic Theory of Strategy, in: Strategic Management Journal, 12, S. 95–117.
Prahalad, C. K., Hamel, G. (1990): The core competence of corporation, in: Harvard Business Review, 79–91.
Reed, R., DeFillippi, R. (1990): Causal ambiguity, barriers to imitation, and sustainable competitive advantage, in: Academy of Management Review, 15, S. 88–102.
Robins, J.; Wiersema, M. (1995): A Resource-based approach to the multibusiness firm: Empirical analysis of portfolio interrelationships and corporate financial performance, in: Strategic Management Journal, Vol. 16, S. 277–299.

Rumelt, R. P. (1974): Strategy, structure and economic performance, Cambridge, Mass.
Rumelt, R. P. (1984): Towards a strategic theory of the firm, in: R. Lamb (Ed.), Competitive Strategic Management, S. 556–570, Englewood Cliffs, NJ.
Rumelt, R. P. (1987): Theory, strategy, and entrepreneurship, in: D.J. Teece (Ed.) The competitive challenge, S. 139–158, Cambridge, Mass.
Salop, S.: (1979): Strategic Entry Deterrence, in: American Economic Review, Vol. 69, S. 335–338.
Scherer, F.M. (1980): Industrial market structure and economic performance, in: (2nd ed.) Boston, Mass.
Schmalensee, R. (1978): Entry deterrence in the ready-to-eat breakfast cereal industry, in: Bell Journal of Economics, 9, S. 305–327.
Schmalensee, R. (1985): Do markets differ much?, in: American Economic Review, 75, S. 341-351.
Schoemaker, P. J. H. (1990): Strategy, complexity and economic rent, in: Management Science, 36(10), S. 1178-1192.
Schoemaker, P. J. H. (1992): How to link Strategic Vision to Core Capabilities, in: Sloan Management Review, Vol. 34, 1, S. 67–81.
Selznick, P. (1957): Leadership in administration: A sociological interpretation, New York.
Smircich, L. (1983): Concepts of culture an organizational analysis, in: Administrative Science Quarterly, 28, S. 339–358.
Smircich, L. Stubbart, C. (1985): Strategic management in an enacted world, in: Academy of Management Review, 10, S. 724–736.
Snow, C. C.; Hrebiniak, L. G. (1980): Strategy, distinctive competence, and organizational performance, in: Administrative Science Quarterly, 25, S. 317–335.
Stalk, G., Evans, P., Shulman, L. E. (1992): Competing on Capabilities: The New Rules of Corporate Strategy, in: Harvard Business Review, March/April, S. 57–69.
Sutton, J.: (1991): Sunk Costs and Market Structure, Price Competition, Advertising, and the Evolution of Concentration, Cambridge, MA, London.
Teece, D. J. (1980): Economies of scope and the scope of the enterprise, in: Journal of Economic Behavior and Organization, 1, S. 223–247.
Teece, D. J. (1982): Towards an economic theory of the multiproduct firm, in: Journal of Economic Behavior and Organization, 3, S. 39–63.
Teece, D. J., Pisano, G., Shuen, A. (1990): Firm capabilities, resources, and the concept of strategy, unveröffentlichtes Arbeitspapier, Haas School of Management, University of California, Berkeley.
Tichy, N. (1983): Managing strategic change: Technical, political, and cultural dynamics, New York.
Tirole, J. (1990): The theory of Industrial Organization, Boston.
Tomer, J. F. (1987): Organizational capital: The path to higher productivity and well-being, New York.
Tushman, M., Anderson, Ph. (1986): Technological Discontinuities and Organizational Environments, in: Administrative Science Quarterly.
Varian, H. (1984): Microeconomic Analysis, New York.
Weick, K. E. (1979): The social psychology of organizing, Reading, Mass.
Weigelt, K., Camerer, C. (1988): Reputation and corporate strategy: A review of recent theory and applications, in: Strategic Management Journal, 9, S. 443–454.
Wernerfelt, B. (1984): A resource-based view of the firm, in: Strategic Management Journal, 5, S. 171–180.
Wernerfelt, B. (1989): From critical resources to corporate strategy, in: Journal of Management, 14, S. 4–12.
Wilkins, A. (1989): Developing corporate character, San Francisco.
Williamson, O. E. (1975): Markets and Hierachies: Analysis and Antitrust Implications, New York.
Winter, S. (1988): Knowledge and competence as strategic assets, in: D. Teece (Ed.) The Competitive Challenge, Cambridge: Ballinger, S. 159–184.
Wright, P. M.; McMahan, G. C. (1992): Theoretical Perspectives for Strategic Human Resource Management, in: Journal of Management, Vol. 18, 2, S. 295–320.
Zajac, E. J. (1992): Relating Economic and Behavioral Perspectives in Strategic Research, in: Advances in Strategic Management, 8, S. 69–96.
Zweig, P. L. (1995): A cozy world comes to an end, in: Business Week, July 24, S. 46–48.

Strategische Ressourcen und erhaltbare Wettbewerbsvorteile

Zusammenfassung

Ressourcenorientierte Ansätze führen erhaltbare Wettbewerbsvorteile auf unternehmensspezifische Ressourcen zurück. Die Beschaffenheit der eingesetzten Ressourcen in einem Unternehmen determiniert die Möglichkeiten zur Generierung erhaltbarer Wettbewerbsvorteile. Aus der Perspektive der ressourcenorientierten Ansätze sind erhaltbare Wettbewerbsvorteile nur denkbar, wenn die eingesetzten Ressourcen die Bedingungen der heterogenen Verteilung und unvollständigen Mobilität erfüllen und sie zudem wertvoll, knapp, unvollständig imitierbar und unvollständig substituierbar sind. Diese Charakteristika erschweren die Imitation der Ressourcenposition und wirken als Eintrittsbarrieren. Aus den theoretischen Erörterungen ergeben sich Handlungsempfehlungen für die Praxis der strategischen Unternehmensführung, denn die Eignung der Umweltanalyse für die Identifikation überdurchschnittlich rentabler Strategien wird in Frage gestellt. Hierin liegt der wesentliche Beitrag der ressourcenorientierten Ansätze, die den Schwerpunkt des Interesses auf die Analyse der internen Ressourcen lenken. Am Beispiel der Treasury bedeutet dies, daß die Suche nach erhaltbaren Wettbewerbsvorteilen weniger von der Produkt/Marktseite, sondern eher von der internen Sicht ausgehen sollte. Innerhalb der Organisation können entlang der Erfolgsdimensionen Flexibilität, Risikokontrolle und Kundenorientierung zahlreiche Möglichkeiten genutzt werden, durch den Einsatz unternehmensspezifischer Ressourcen erhaltbare Wettbewerbsvorteile zu erzielen.

Summary

The most recent entry into the theoretical discussions of sustainable competitive advantage in strategic management approaches comes from the resource-based view of the firm which focuses attention on the role of heterogenous organizational competence in competition. Building on the assumptions that resources are heterogenously distributed across firms and that they are imperfectly mobile, this article introduces the preconditions for resources to generate sustained competitive advantage: value, rareness, imperfect imitability and imperfect substitutability. The article concludes by examining practical implications of resource-based models for the strategic management of Treasury acitivities in financial institutions.

60: Allgemeine Fragen des Absatzes
68: Produktqualität, Produktplanung

GABLER-Fachliteratur zum Thema „Marketing"

L. Berekoven / W. Eckert /
P. Ellenrieder
Marktforschung
Methodische Grundlagen
und praktische Anwendung
7., vollständig überarbeitete und
erweiterte Auflage 1996
449 Seiten
Broschur DM 89,–
ISBN 3-409-36988-0

R. Berndt / A. Hermanns (Hrsg.)
**Handbuch
Marketing-Kommunikation**
Grundlagen, Instrumente,
Perspektiven
1993, 1044 Seiten,
gebunden mit Schutzumschlag
DM 398,–
ISBN 3-409-13660-6

M. Bruhn
Marketing
Grundlagen für Studium
und Praxis
3., überarbeitete Auflage 1997,
ca. 300 Seiten,
Broschur ca. DM 49,80
ISBN 3-409-33646-X

M. Bruhn (Hrsg.)
Internes Marketing
Integration der Kunden- und
Mitarbeiterorientierung
Grundlagen – Implementierung –
Praxisbeispiele
1995, 713 Seiten,
gebunden DM 148,–
ISBN 3-409-13241-4

M. Bruhn / B. Stauss (Hrsg.)
Dienstleistungsqualität
Konzepte – Methoden – Erfahrungen
2., überarbeitete und erweiterte
Auflage 1995, 604 Seiten
gebunden DM 168,–
ISBN 3-409-23655-4

R. Busch / R. Dögl / F. Unger
Integriertes Marketing
Strategie – Organisation –
Instrumente
1995, XV, 646 Seiten,
Broschur DM 74,–
ISBN 3-409-13664-9

H. Dallmer (Hrsg.)
Handbuch Direct Marketing
6., völlig überarbeitete Auflage
1990, XII, 884 Seiten,
gebunden DM 289,–
ISBN 3-409-36700-4

GABLER

BETRIEBSWIRTSCHAFTLICHER VERLAG DR. TH. GABLER GMBH, ABRAHAM-LINCOLN-STR. 46, 65189 WIESBADEN

Großveranstaltungen als Elemente des Stadtmarketings

Effizienzmessung am Beispiel des Hamburger Kirchentages 1995

Von Andreas Pfnür

Überblick

- Ob es um die Bewerbung deutscher Großstädte für die Olympischen Spiele ging oder Christos Verhüllung des Berliner Reichstages, immer wurde die Wirtschaftlichkeit von Großveranstaltungen in jüngerer Zeit angesichts allgemein angespannter Haushaltssituationen öffentlich kontrovers diskutiert.

- Die Effizienz von Großveranstaltungen als Instrument des Stadtmarketings wird in diesem Aufsatz am Beispiel des Hamburger Kirchentages 1995 untersucht. Zur Prüfung der Wirtschaftlichkeit des Kirchentages wurde das in der öffentlichen Betriebswirtschaft gängige Verfahren der Kosten-Nutzen-Analyse herangezogen.

- Gegenstand der Arbeit sind sowohl die Darstellung der empirischen Ergebnisse über die Wirtschaftlichkeit der Großveranstaltung als auch ein Erfahrungsbericht über die Leistungsfähigkeit der Kosten-Nutzen-Analyse.

Eingegangen: 3. August 1996

Dr. Andreas Pfnür, Hochschulassistent am Institut für Öffentliche Wirtschaft und Personalwirtschaft der Universität Hamburg, Von-Melle-Park 5, 20146 Hamburg. Forschungsschwerpunkte: Betriebliches Umweltmanagement, Informationswirtschaft, Immobilienmanagement.

© Gabler-Verlag 1997

A. Einleitung

Die regionale Konkurrenz von Städten als Lebens- und Wirtschaftsraum nimmt zu. Gleichzeitig bekommt auch die Durchführung von Großveranstaltungen als Instrument des Stadtmarketings große Bedeutung, da die Möglichkeiten der Städte, sich einer breiten Bevölkerung zu präsentieren, eng begrenzt sind.[1] Die Durchführung von Großveranstaltungen ist für die gastgebende Region mit bedeutenden ökonomischen Konsequenzen verbunden. In der Regel ist ein Zuschuß der Stadt die Voraussetzung für eine positive Vergabeentscheidung durch den Veranstalter. So hat sich auch die Freie und Hansestadt Hamburg an den Kosten der Durchführung des 26. Evangelischen Kirchentages 1995 beteiligt. In letzter Zeit hat sich die Haushaltssituation der öffentlichen Hand in den letzten Jahren zunehmend angespannt. Eine Kontrolle der Ausgaben, insbesondere, wenn sie wie bei Großveranstaltungen noch disponibel sind und nicht der Wahrung kommunaler Verpflichtungen dienen, wird somit unabdingbar. Vor allem bei Großveranstaltungen, denen in besonderem Maße das öffentliche Interesse gilt, ist der Rechtfertigungsdruck auf die Entscheidungsträger groß. Die Wirtschaftlichkeit der Durchführung von Großveranstaltungen ist deshalb in zahlreichen Studien überprüft worden[2], obwohl der Stellenwert von Wirtschaftlichkeitskontrollen im öffentlichen Sektor allgemein (vgl. Spannowsky, 1995, S. 42 f.) und im Stadtmarketing im besonderen (vgl. Meffert, 1989, S. 279 f.) als gering beurteilt wird. Die Ursachen dieser Einschätzung liegen vor allem in zwei Problemen, die bei der Wirtschaftlichkeitskontrolle im öffentlichen Sektor grundsätzlich auftreten:

1) Sie erfordert die Erstellung einer gemeinwirtschaftlichen Zielfunktion für die Kommunen, die sich inhaltlich wesentlich von den einzelwirtschaftlichen Zielfunktionen unterscheidet (vgl. Rürup/Hansmeyer, 1988, S. 105).
2) Die verursachungsgerechte Erkennung und Bewertung aller Kosten und Nutzen der Marketingmaßnahmen ist ein äußerst komplexes Informationsproblem.

Inwieweit sich diese beiden Probleme bei der praktischen Durchführung der Wirtschaftlichkeitskontrolle von Stadtmarketingmaßnahmen bewältigen lassen, wird am Beispiel des Kirchentages 1995 in Hamburg untersucht.

B. Großveranstaltungen als Instrumente des Stadtmarketings

I. Konzeption des Stadtmarketings und Großveranstaltungen als deren Bestandteil

Mit der Ausweitung des Dienstleistungssektors und den Veränderungen der industriellen Produktionsstruktur geht die Bedeutung traditioneller Standortfaktoren zurück (vgl. Helbrecht, 1994, S. 79). Die klassischen Standortfaktoren wie Lohnniveau, Infrastruktur etc. werden zunehmend durch nichtökonomische und psychologische Einflüsse, sogenannte „weiche Standortfaktoren", die sich unter dem Begriff Lebensqualität widerspiegeln, ergänzt (vgl. Eick, 1994, S. 243 ff.). Angesichts dieser Tatsache polarisiert sich das bun-

Großveranstaltungen als Elemente des Stadtmarketings

desdeutsche Städtesystem zunehmend in Gewinner- und Verliererregionen, wie eine Studie des RWI zeigt (vgl. Kampmann, 1991, S. 220ff.). Der Konkurrenzkampf der Städte um die Ansiedlung von Unternehmen in zukunftsorientierten, entwicklungsfähigen Branchen, um qualifizierte Arbeitnehmer, Touristen, Kongresse und Sportveranstaltungen sowie Fördergelder für Wissenschaft und Technologie nimmt zu (vgl. Meffert, 1989, S. 273f., ebenso Presseausschuß des Deutschen Städtetages, 1989, S. 526.). Um in diesem Konkurrenzkampf zu bestehen, werden die Erkenntnisse des Marketings unter Berücksichtigung der Besonderheiten der kommunalen Rahmenbedingungen auf die Stadt übertragen.

Allgemeines Ziel des Stadtmarketings ist es, die stadtenwicklungspolitischen Vorgaben aus Politik und Verwaltung unter Beachtung der kommunalen Leistungsziele durchzusetzen (vgl. Töpfer, 1994, S. 154.). Dabei geht es darum, „... die Stadt als Wirtschaftsstandort, als Wohnort und als Ziel für Besucher attraktiver zu machen" (Schlegel, 1993, S. 1). Zur Durchsetzung dieser Ziele ist eine strategische Positionierung erforderlich, die mittel- und langfristig die Präferenzen der unterschiedlichen Zielgruppen für die Stadt erhöht. Die Schaffung von Präferenzen wird erreicht, indem der subjektiv wahrgenommene Nutzen der Stadt erhöht wird. Da der Nutzen einer Stadt zunehmend an den weichen Standortfaktoren gemessen wird, ist die Profilierung des Stadtimages die Hauptstoßrichtung des Stadtmarketings (vgl. Meffert, 1989, S. 277). Unter Stadtimage wird das Bild verstanden, das Außenstehende (Imagewirkung nach außen), aber auch die Bewohner selbst (Imagewirkung nach innen) von einer Stadt haben. Das Stadtimage wird maßgeblich geprägt durch das Selbstverständnis der Stadt, das als City Identität (vgl. Töpfer, 1991, S. 342) oder Corporate Identity (CI) (vgl. Antonoff, 1989, S. 1ff.; ebenso Horn, 1993, S. 267) bezeichnet wird. Ein wichtiges Element des Stadtmarketings ist demnach die Schaffung einer einheitlichen City Identity und deren Kommunikation.

Auf der instrumentellen Ebene stehen den Kommunen grundsätzlich Maßnahmen aus allen Bereichen des klassischen Marketing-Mix zur Verfügung (vgl. Manschwetus, 1995, S. 284 ff.). Der Kernbereich der Stadtmarketinginstrumente wird in Maßnahmen der Produkt- und Preispolitik gesehen, die vor allem auf die Verbesserung der Standortqualität abzielen (vgl. z.B. Meffert, 1989, S. 278). Solche Maßnahmen, wie beispielsweise der Städtebau oder die Ermäßigungen innerhalb der Gebührenpolitik, sind in der Regel sehr kostenintensiv. Sie werden deshalb gegenwärtig eher nach haushaltspolitischen denn nach Marketinggesichtspunkten getroffen und können deshalb nur selten als gezielte Stadtmarketingmaßnahme durchgeführt werden. Maßnahmen der Kommunikationspolitik sind dementgegen eindeutig marketingorientierte Entscheidungen. Ihnen kommt deshalb im Kanon der Stadtmarketinginstrumente besondere Bedeutung zu. Außerdem sind kommunikationspolitische Maßnahmen zur Verbesserung des Stadtimages unerläßlich, indem sie der Schaffung einer City Identity dienen und für deren Kommunikation sorgen. Die kommunikationspolitischen Maßnahmen des Stadtmarketings umfassen neben Werbung und Public Relations auch den Bereich der Promotions, dem die Durchführung von Großveranstaltungen zugerechnet wird (vgl. Meffert, 1989, S. 278).[3] Welche Bedeutung der Durchführung von Großveranstaltungen im Rahmen des Stadtmarketings zukommt, ist nachfolgend am Beispiel der Durchführung des Kirchentages näher zu untersuchen.

II. Der Kirchentag als Großveranstaltung und seine Bedeutung im Rahmen des Stadtmarketings

Nachfolgend soll die Bedeutung des Kirchentages im Rahmen des Stadtmarketings verdeutlicht werden. Ein vergleichender Überblick über Formen und Bedeutung von Großveranstaltungen im Rahmen des Stadtmarketings findet sich bei Schneider (vgl. Schneider, 1993, S. 115 ff.). Großveranstaltungen zeichnen sich durch die Merkmale Größe, zeitliche Befristung und Einmaligkeit aus. Einen Eindruck der Dimensionen verschafft Tabelle 1. Wie die Tabelle 1 zeigt, ist der Kirchentag im Vergleich zu anderen Großveranstaltungen von geringerer Dimension. Das soll aber nicht darüber hinwegtäuschen, daß auch er in Vorbereitungsaufwand, Besucherzahlen und Medienpräsenz eine beachtliche Größe erlangt.

Tab. 1: Besucherinteresse und Dauer von ausgewählten Großveranstaltungen

Veranstaltung	Jahr	Besucher (Tsd.)	Dauer (Tage)
„CeBIT" Messe Hannover	1991	580	8
Expo 1992 Sevilla	1992	1600	177
Sommerolympiade Barcelona	1992	350	15
Marathon Berlin	1991	1000	1
Bundesgartenschau Dortmund	1991	4000	180
Oktoberfest München	1991	6400	16
24. ev. Kirchentag Ruhrgebiet	1991	104	5
Truppenparade Washington	1991	200–500	1

Quelle: Schneider, 1993, S. 121

Der Deutsche Evangelische Kirchentag (DEKT) ist unabhängiger Teil der Evangelischen Kirchen Deutschlands. Es handelt sich um eine seit 1949 bestehende Organisation, die die Veranstaltung des Kirchentages seit 1959 alle zwei Jahre an wechselnden Veranstaltungsorten durchführt. Der Kirchentag dient dem Austausch und der Kommunikation der verschiedensten kirchlichen und gesellschaftlichen Richtungen und Gruppen. Die Vielzahl der Themen und Veranstaltungen – in Hamburg waren es über 2000 Veranstaltungen an ca. 250 Veranstaltungsorten – zu aktuellen kirchlichen, ökonomischen, ökologischen und sozialen Fragestellungen sowie die Teilnehmerzahlen von täglich 100 000 setzen sowohl eine umfangreiche Organisation seitens des Veranstalters als auch eine entsprechende Infrastruktur der gastgebenden Stadt voraus. So stellte die Stadt Hamburg mehr als 70 000 Unterkünfte in Schulen, Turnhallen und anderen öffentlichen Einrichtungen zur Verfügung. Der Deutsche Evangelische Kirchentag hat für die Veranstaltungsleitung vor Ort eine Geschäftstelle mit bis zu 80 Mitarbeitern unterhalten (vgl. Tormin & Partner, 1995, S. 7).

C. Vorgehensweise der empirischen Studie

I. Das Verfahren der Kosten-Nutzen-Analyse zur Effizienzmessung von Großveranstaltungen als Element des Stadtmarketings

Bei der Auswahl eines geeigneten Verfahrens zur Effizienzmessung von Großveranstaltungen ist von entscheidender Bedeutung, daß es sich hier um Budgetentscheidungen handelt, bei denen die den Haushalt belastenden Kosten dem resultierenden Nutzen einer Maßnahme gegenübergestellt werden sollen. Die Bewertung von Kosten und Nutzen muß dabei an den gemeinwirtschaftlichen Zielsetzungen des Stadtmarketings vorgenommen werden. Ein Verfahren, welches dies ermöglich, ist die Kosten-Nutzen-Analyse (KNA) (vgl. Rürup/Hansmeyer, 1984, S. 107ff.). Die KNA ist ein Verfahren, bei dem alle Bewertungen in einer monetären Dimension vorgenommen werden. Da die KNA die Kosten und Nutzen saldierbar macht, erlaubt sie im Gegensatz zu den alternativen Verfahren aber auch, die Wirtschaftlichkeit einer einzigen Veranstaltung zu ermitteln.[4] Neben den monetarisierbaren Kosten und Nutzen werden bei der Durchführung der KNA nicht – monetäre Wirkungen in verbalen Beschreibungen offengelegt und diskutiert.

Bei der Anwendung der KNA zur Messung der Effizienz von Großveranstaltungen werden folgende Schritte durchgeführt:

1. Schritt: Aufstellen eines Zielkatalogs aus Sicht des Stadtmarketings
2. Schritt: Ermittlung der Umweltdaten
3. Schritt: Berechnung der Kosten und Nutzen
4. Schritt: Offenlegung der nicht – monetären Image – Wirkungen der Veranstaltung

Die Durchführung der KNA und die dabei aufgetretenen methodischen Probleme werden im folgenden Kapitel erläutert.

II. Aufstellung eines Zielkatalogs aus Sicht des Stadtmarketings

Mit der Durchführung von Stadtmarketingmaßnahmen im Allgemeinen und Großveranstaltungen im Besonderen werden von den kommunalpolitischen Entscheidern eine Reihe von zum Teil sehr heterogenen Zielen verbunden. Neben der gemeinwirtschaftlich formulierten Zielsetzung aus Sicht des Stadtmarketings verfolgen die regierenden Fraktionsmitglieder mit der Durchführung des Kirchentages natürlich auch ihre individuellen parteipolitischen und persönlichen Ziele, die sich vor allem auf ihre Wiederwahl richten.[5] So dürften sich die Hamburger Senatsmitglieder von ihrer Entscheidung zur Durchführung des Kirchentages auch starke persönliche Medienpräsenz in einem positiven redaktionellen Umfeld versprochen haben. Die dritte Zielebene betrifft die Haushaltssituation der Kommune. Unter haushaltspolitischen Zielen sollen hier die ökonomischen Ziele im engeren Sinne verstanden werden, die mit einer Großveranstaltung verfolgt werden. Der Blick richtet sich vor allem auf die verursachten Einzahlungen und Auszahlungen. Finales Ziel wird es in der Regel sein, die Veranstaltung zumindest kostendeckend durchzuführen. Gelingt dies in Anbetracht der oben geschilderten notwendigen Unterstützungsleistungen durch die Stadt Hamburg nicht, so ist die Budgetbelastung in Zeiten defizitärer Haushaltslagen zu minimieren. Dabei besteht eine enge Wechselwirkung zwischen der Erreichung politischer und ökonomischer Ziele. Problematisch gestaltet sich diese Beziehung dann, wenn politische Ziele mit ökonomischen Zielen konkurrieren.

III. Ermittlung der Umweltdaten

Während der Dauer des 26. Deutschen Evangelischen Kirchentages vom 14. bis 18. Juni 1995 wurde im Auftrag der Freien und Hansestadt Hamburg eine Befragung von 2256 Teilnehmern vorgenommen, die nach einem geschichteten Quotenverfahren ausgewählt wurden.[6] Ziel der Umfrage war es, den durch Ausgaben der Teilnehmer und Imagetransfers entstandenen Nutzen für die Stadt Hamburg zu ermitteln.[7] Neben den Ausgaben der Teilnehmer wurden in der gastgebenden Region zusätzliche Umsätze verursacht durch kirchliche Organisationen (Kirchengemeinden, Organisationsstelle des DEKT), die Stadt Hamburg und ihre Bürger. Die Teilnehmerbefragung wurde zur Erfassung aller durch den Kirchentag entstandenen Umsätze durch Informationen aus schriftlichen Mitteilungen und Befragungen der folgenden, am Kirchentag beteiligten Institutionen, ergänzt:

- Zur Ermittlung von Kosten und Nutzen der Stadt Hamburg:
  Senatskanzlei der Freien und Hansestadt Hamburg, Wirtschaftsbehörde Hamburg, Tourismus – Zentrale Hamburg, Handelskammer Hamburg.
- Zur Berechnung des zusätzlichen Steueraufkommens der Stadt Hamburg:
  Oberfinanzdirektion Hamburg.
- Zur Ermittlung der regionalwirksamen Ausgaben und zur Presseberichterstattung über den Kirchentag:
  Geschäftsstelle des 26. Deutschen Evangelischen Kirchetages in Hamburg, Hamburger Arbeitsstelle Kirchentag der Nordelbischen Evangelisch-Lutherischen Kirche (NAST).

Ferner wurden die ermittelten Daten über die erfragten regionalwirksamen Ausgaben der Kirchentagsteilnehmer durch Gespräche mit Vertretern der Hamburger Einzelhandels- und der Gastronomieverbände verifiziert.

IV. Berechnung der monetären Kosten und Nutzen

Um den Erfolg der Veranstaltung zu bewerten, werden die der Stadt Hamburg entstandenen Kosten zunächst den Umsatz-, Wertschöpfungs- und Steuereffekten gegenübergestellt. Grundsätzlich sind mit der Durchführung von Großveranstaltungen auch infrastrukturelle Verbesserungen zu erwarten (vgl. Schneider, 1993, S. 127), diese sind jedoch im Zuge der Durchführung des Kirchentages in der Stadt Hamburg nicht aufgetreten. Investitionskosten und Rückbaukosten, vor allem für Grundstücke und Gebäude, sind weder im öffentlichen noch privaten Bereich in nennenswerter Größenordnung durch den Kirchentag entstanden. Damit sind auch keine überregionalen Finanzzuweisungen nach Hamburg geflossen.

Großveranstaltungen als Elemente des Stadtmarketings

1. Kosten der Stadt Hamburg

Zur Ermittlung der Kosten der Stadt Hamburg sind die Ausgaben für die direkte finanzielle Unterstützung durch die Stadt zu ermitteln. Zusätzlich sind der Stadt Hamburg aufgrund der Durchführung der Veranstaltung eine Reihe an Verwaltungskosten, beispielsweise für Absperrungen und Reinigungsmaßnahmen, entstanden, die üblicherweise den Veranstaltern in Rechnung gestellt werden. Neben diesen haushaltswirksamen Kosten sind der Stadt Hamburg und ihren Bürgern durch die Veranstaltung Kosten für unentgeltlich erbrachte Leistungen und psychologische Beanspruchungen entstanden.

Probleme bei der Ermittlung der Kosten des Kirchentages in der Region Hamburg entstehen vor allem bei der Quantifizierung von unentgeltlich erbrachten Leistungen der Hamburger Bürger.

Z. B. kam es durch die Unterbringung von Kirchentagsteilnehmern in Schulräumen zu Unterrichtsausfällen an Hamburger Schulen. Durch die große Anzahl der Teilnehmer sind ferner psychologische Kosten der Bürger beispielsweise in Form von Staukosten und Überfüllungen des ÖPNV entstanden, die wenn überhaupt, dann nur mit großem Aufwand quantifizierbar sind. Schließlich entstehen Zurechnungsprobleme bei der Quantifizierung der Mehrbelastung der öffentlichen Einrichtungen wie Feuerwehr und Polizei. Da diese nichtmonetären Kosten des Kirchentages im Vergleich zu anderen Großveranstaltungen wie vor allem Olympiaden nur geringe Bedeutung haben, wurde von ihrer Erfassung abgesehen.

2. Umsatzeffekte

Um den Nutzen des Kirchentages für die Stadt zu ermitteln, ist zunächst eine vollständige Übersicht über die durch den Kirchentag in der Region Hamburg verursachten Umsätze zu erstellen. Die Einnahmen des DEKT, z. B. aus Eintrittsgeldern, sind in der Untersuchung nicht berücksichtigt worden, da sie vollständig zur Durchführung des Kirchentages verausgabt worden sind. Eine Doppelerfassung der ökonomischen Effekte wird dadurch vermieden. Die aus den Reisekosten auswärtiger Teilnehmer entstandenen Umsätze wurden ebenfalls nicht berücksichtigt, da sie zum großen Teil nicht in der Region Hamburg angefallen sind. Zahlungsströme in der gastgebenden Region wurden letztendlich verursacht durch die Organisation des Kirchentages und die Teilnehmer.

Methodische Probleme bei der Ermittlung der Umsatzeffekte traten vor allem an zwei Punkten auf:

Regionale Abgrenzung
Die regionale Abgrenzung der Umsätze bereitete Probleme, weil viele Teilnehmer Pauschalarrangements gebucht hatten, die nur zu einem Teil zu Umsätzen in Hamburg führten. Es wurde deshalb nach Rücksprache mit dem Kirchentagsbüro angenommen, daß 25% der Ausgaben für Pauschalarrangements auf Verpflegung und Unterkunft in Hamburg entfallen. Auf dem Gelände des Kirchentages wurden, außer von einer großen Anzahl regionaler Anbieter, auch von auswärtigen Unternehmen Waren verkauft. Die Umsätze der auswärtigen Unternehmen wurden zwar zum großen Teil der Hamburger Wirtschaftsregion entzogen, sie wurden aber aufgrund ihrer geringfügigen Höhe vernachlässigt.

Die Ermittlung der Opportunitätskosten
Wäre der Kirchentag nicht in Hamburg durchgeführt worden, hätte es Reisen von den Hamburger Teilnehmern zum alternativen Veranstaltungsort gegeben. Beispielsweise kamen nach einer Studie des DWIF 2611 (2,1 %) der insgesamt 124 338 Dauerteilnehmer des Kirchentages 1993 in München aus Hamburg (vgl. DWIF, 1994, S. 23). Auch dieser Aspekt wurde aufgrund der geringen Umsatzwirkung im Hamburger Wirtschaftsraum nicht berücksichtigt. Auch ein möglicherweise durch den Kirchentag verändertes Ausgabeverhalten der Hamburger Bevölkerung wurde vernachlässigt, da es keine Anhaltspunkt für Richtung und Höhe von Veränderungen gab.

3. Einkommenseffekte

In einer vollständigen Erfassung aller vom Kirchentag ausgelösten Einkommenseffekte sind die Multiplikatoreffekte der Einkommensentstehung zu berücksichtigen. Es genügt nicht, die aus den Umsätzen entstehende Wertschöpfung herauszurechnen, vielmehr werden Vorleistungen aus der Region Hamburg bezogen, die zu weiterem Einkommen führen. Ebenso führt die regionale Verwendung von Einkommen zu Einkommen in nachfolgenden Umsatzstufen. Grundsätzlich eignet sich zur Ermittlung der Multiplikatoren die von Leontief entwickelte Input-Output-Analyse, die bereits mehrfach zur Berechnung der Einkommenseffekte von Großveranstaltungen eingesetzt worden ist (vgl. Schneider, 1993, S. 163). Das Problem bei der praktischen Durchführung ist die Beschaffung der nötigen Informationen über die Zulieferer- und Absatzverflechtungen. Besonders die Frage, welcher Teil des Einkommens in nachgelagerten Wertschöpfungsstufen wieder in der gastgebenden Region ausgegeben wird und damit auch zu neuem Einkommen führt, ist nur selten zu beantworten. Für Hamburg liegen keine Daten der volkswirtschaftlichen Gesamtrechnung vor, aus denen sich verläßliche Wertschöpfungsmultiplikatoren ermitteln lassen. Deshalb war in dieser Untersuchung die Verwendung der Input-Output-Analyse unmöglich.

Um aber trotzdem den grundsätzlichen Wirkungsmechanismus des Multiplikatoreffektes nach Art und Dimension zu verdeutlichen, wurden in der Hamburger Studie die Wertschöpfungseffekte auf den ersten zwei Umsatzstufen betrachtet. Zur Ermittlung der Bruttowertschöpfung wurden alle durch die Kirchentagsteilnehmer getätigten Umsätze mit den für Hamburg ermittelten Wertschöpfungsquoten einzelner Branchen multipliziert.[8] Da für den Hamburger Kirchentag nicht vollständig aufgeklärt werden konnte, zu welchen Umsatzsteigerungen die primären Ausgaben der Organisation in den einzelnen Branchen geführt haben, werden die Berechnungen der Wertschöpfung in der zweiten Umsatzstufe nur noch für die Umsätze, die durch die Teilnehmer ausgelöst wurden, durchgeführt. Aber auch hier mußten aufgrund der mangelnden Verfügbarkeit von genaueren Informationen vereinfachend zwei Annahmen gemacht werden:

1) Die Vorleistungen der Güter und Dienstleistungen, die von den Teilnehmern erworben worden sind, wurden aus dem Produzierenden Gewerbe Hamburgs bezogen.
2) Die Wertschöpfung der ersten Umsatzstufe setzt sich nur aus Löhnen und Gehältern zusammen, die wieder in Hamburg ausgegeben werden. Zinsen und Unternehmensgewinne sowie Einkommensverwendung außerhalb Hamburgs werden vernachlässigt.

Die bei der Berechnung der Wertschöpfung vorgenommenen Vereinfachungen führen zu einer Verzerrung der tatsächlich entstandenen Wertschöpfung. Ein tendenziell zu hoher Ansatz der Wertschöpfung könnte verursacht worden sein durch:

1) mangelnde regionale Differenzierung der Einkommensverwendung.
2) die Verwendung von durchschnittlichen Wertschöpfungsquoten insbesondere für den Erwerb von Vorleistungen in der zweiten Wertschöpfungsstufe.

Ein zu geringer Ansatz der Wertschöpfung könnte verursacht worden sein durch:

1) eine Begrenzung der Berechnung auf zwei Umsatzstufen.
2) Vernachlässigung der Betrachtung von Zinsen und Gewinnen.
3) Vernachlässigung der Organisationsausgaben in der zweiten Wertschöpfungsstufe.

Insgesamt gesehen ist die Ermittlung der durch den Kirchentag verursachten Wertschöpfungssteigerung in Hamburg eher vorsichtig durchgeführt worden, weil die Prämissen, die zu einem niedrigeren Ausweis der Wertschöpfung führen, in ihrem Effekt die Prämissen, die zu einem zu hohen Ausweis führen, überkompensieren. Damit dürften auch die Haushaltseffekte höher ausfallen.

4. Haushaltseffekte

Nachdem die vom Kirchentag induzierten Umsatz- und Einkommenseffekte betrachtet worden sind, stellt sich nun die Frage, welche fiskalischen Wirkungen der Kirchentag auf den Haushalt der Stadt Hamburg hatte. Dazu sind alle vom Kirchentag verursachten Ein- und Auszahlungen des Hamburger Haushalts zu saldieren. Betrachtet man die Einnahmenseite, so lassen sich nur zwei Steuerarten finden, über die sich die Einnahmen des Hamburger Haushalts spürbar erhöhen. Hierbei handelt es sich um die Umsatzsteuer sowie die Lohn- und Einkommenssteuer.

V. Offenlegung der nicht – monetären Image – Wirkungen der Veranstaltung

Auf die große Bedeutung der Verbesserung des Images als Hauptstoßrichtung des Stadtmarketings ist bereits hingewiesen worden. Die Veränderung des Images der Stadt wird über die von der Veranstaltung ausgehende prägende Wirkungen auf die City Identity und die Kommunikation dieser Identität bewirkt. Der Kirchentag als Kommunikationsmaßnahme im Stadtmarketing-Mix hat damit folgende Aufgaben (vgl. Antonoff, 1989, S. 5):

1) Identifikation mit der Stadt durch Bürger, Besucher, potentielle Ansiedler und Veranstalter.
2) Zutrauen zur Stadt und ihren entwicklungspolitischen Perspektiven.
3) Bekanntheit der Stadt und Sympathie.
4) Erzeugung eines einzigartigen Profils.

Prüft man die Imagewirkung der Veranstaltung, lassen sich grob zwei Wirkungsrichtungen unterscheiden: die Imagewirkung auf Auswärtige und auf Hamburger.

1. Imagewirkung nach außen

Der Kirchentag hat das Image der Stadt Hamburg sowohl direkt als auch mittelbar beeinflußt. Eine unmittelbare Imagewirkung ist dadurch eingetreten, daß die Teilnehmer sich durch persönliches Erleben mit der Kultur und der Identität der Stadt auseinandersetzen mußten. Dem Problem, wie die Stadt Hamburg auf die Kirchentagsbesucher gewirkt hat, wurden in der Befragung der Teilnehmer ca. 20% der Fragen gewidmet. Diese hohe Aufmerksamkeit ist damit zu begründen, daß ein erheblicher Teil des Nutzens aus der Veranstaltung durch zukünftige Besuche der Stadt resultieren. Deshalb wurde nach dem Eindruck von der Stadt und den Wiederbesuchsabsichten gefragt.

Eine mittelbare Imagewirkung ist eingetreten, wenn diese Auseinandersetzung über Medien stattgefunden hat. Die Medienberichterstattung über den Kirchentag wurde von der Pressestelle des Kirchentagsbüros protokolliert. Zur Quantifizierung des entstandenen Nutzens gibt es theoretisch zwei Möglichkeiten: die direkte Ermittlung des entstandenen Nutzens auf dem Weg der Befragung von Konsumenten über Wirkung der Kirchentagsberichterstattung und die Berechnung der Opportunitätskosten zur Erzielung einer vergleichbaren Medienpräsenz der Stadt. Gegen die direkte Ermittlung des Nutzens sprechen vor allem zwei Gründe:

1) Die Trennung der Medienwirksamkeit der gastgebenden Stadt Hamburg vom Medienereignis „Kirchentag". Auch wenn der Kirchentag von den Konsumenten positiv aufgenommen wird, so bleibt fraglich, welche Wirkung die Informationen zur gastgebenden Stadt haben.
2) Die Ermittlung der Kontaktqualität. Ist die Reichweite der Medienberichterstattung über die Veranstaltung bekannt, steht man vor dem Problem der Bewertung der einzelnen Kontakte. Dazu wäre zu ermitteln, welcher Nutzen der gastgebenden Stadt z. B. in Form von zusätzlichen Besuchen in der Zukunft entsteht.

Bei der alternativen Methode zur Quantifizierung der Medienwirkung der Veranstaltung über die Ermittlung der Opportunitätskosten werden alle Medienberichte auf ihre Reichweite, deren Kumulation und ihre Kontaktqualität hin untersucht. Über Multiplikation mit branchenüblichen Tausenderkontaktpreisen läßt sich anschließend der Wert der Großveranstaltung als Medienereignis errechnen. Dieses Vorgehen ist jedoch aufgrund der hohen Anzahl an Berichten und der Trennung der Stadt Hamburg als Medienereignis von der Kirchentagsberichterstattung nicht praktikabel. Auch wäre es nicht zweckmäßig, da der ermittelte Wert den Etat der Hamburg-Werbung um ein vielfaches übersteigen dürfte, so daß niemand auf die Idee käme, in äquivalentem Umfang alternative Werbung zu treiben. Da beide Verfahren aufgrund der geschilderten Probleme nicht durchgeführt wurden, kann die Hamburger Studie nur Aussagen nach Art, Umfang und Themenschwerpunkten der Medienberichterstattung machen.

2. Imagewirkung nach innen

Die Messung der sozialen Nutzen und auch der sozialen Kosten von Großveranstaltungen ist aufgrund der komplexen Wirkungsbündel ein äußerst schwieriges Unterfangen. Der soziale Nutzen des Kirchentages drückt sich z. B. aus in neuen Bekanntschaften der Hamburger mit Kirchentagsbesuchern und der Identifikationswirkung, die vom Kirchentag auf die Hamburger Bürger ausgeht. Auch bei denjenigen Hamburgern, die nicht am Kirchentagsgeschehen teilgenommen haben, ist ein sozialer Nutzen aus der positiven Berichterstattung über „ihre" Stadt in den Medien entstanden. Der Nutzen entsteht vor allem aus einer Stärkung der o. a. CI-Ziele „Identifikation" und „Zutrauen", welches die Bürger in ihre Stadt setzen. Beide Ziele dienen in ökonomischer Hinsicht der Standortsicherung, indem sie Abwanderungen vorbeugen und die Investitionsbereitschaft erhöhen. Aber die Hamburger haben durch den Kirchentag auch soziale Kosten zu tragen. Diese sind vor allem durch ein erhöhtes Verkehrsaufkommen in öffentlichen Verkehrsmitteln entstanden. Die sonst bei Großveranstaltungen häufigen Preiserhöhungen in Gastronomie und Einzelhandel blieben im Zusammenhang mit dem Kirchentag weitgehend aus.[9] Für den Kirchentag reichen die verfügbaren Informationen bei weitem nicht aus, um den „sozialen Nettoeffekt" zu ermitteln. Im anschließenden Bericht über die empirischen Ergebnisse können folglich keine Aussagen zur Identitätswirkung des Kirchentages nach innen gemacht werden.

D. Ergebnisse

I. Zielvorstellungen der Stadt Hamburg

Die gemeinwirtschaftlichen Ziele der Durchführung des Kirchentages wurden von der Bürgerschaft der Stadt Hamburg wie folgt formuliert: „Die in zweijährigem Rhythmus stattfindenden Kirchentage ... geben den gastgebenden Regionen und Städten durch ihre Ausstrahlungskraft anderweitig kaum erzielbare Möglichkeiten der Selbstdarstellung weit über den kirchlichen Raum hinaus..." (Drucksache 15/1202 der Bürgerschaft der Freien und Hansestadt Hamburg v. 10.05.94). Aus dieser Stellungnahme wird deutlich, daß die Bürgerschaft dem Kirchentag als Maßnahme zur Prägung der City Identity große Bedeutung beimißt. Konkret ist mit der Durchführung des Kirchentages das Ziel verbunden, folgendes Bild Hamburgs zu vermitteln: „Die Veranstaltung des 26. Evangelischen Kirchentages in Hamburg bietet der Stadt die Gelegenheit, ihre Weltoffenheit, Liberalität und anerkannte Rolle als Mittlerin eines friedlichen Zusammenlebens verschiedener Nationalitäten deutlich sichtbar auszufüllen" (Drucksache 15/1202 der Bürgerschaft der Freien und Hansestadt Hamburg v. 10.05.94). Damit wird der Kirchentag als geeignetes Instrument angesehen, das angestrebte Erscheinungsbild der Stadt zu kommunizieren. Eine explizite Einbindung in die Marketingstrategie der Stadt Hamburg und deren Zielvorgaben war nicht erkennbar.

Die mit dem Kirchentag verbundenen Ziele sind insgesamt wenig operational. Vor allem die gemeinwirtschaftlich formulierten Ziele sind auf ihren Zielerreichungsgrad hin kaum kontrollierbar. Es fehlen Aussagen zur erwarteten Haushaltswirkung, zu den umworbenen Zielgruppen und der erwarteten Wirkungsstärke. Häufig dominiert eine verteilungspolitische Diskussion die Entscheidung um die Durchführung von Großveranstaltungen[10], denn in der Regel sind soziale oder sektorale Einkommensverschiebungen die Folge. Die Durchführung des Kirchentages hingegen hat diese Diskussion aufgrund des sozialen Kontextes und der geringen Verteilungswirkung nicht ausgelöst.

II. Monetäre Effekte der Durchführung des Hamburger Kirchentages

Wesentlicher Bestandteil der Studie war es, den Leistungen der Stadt Hamburg die vom Kirchentag ausgelösten Umsatz- und Einkommenssteigerungen sowie die Erhöhung der Steuereinnahmen gegenüberzustellen. So wird Transparenz bezüglich der monetären ökonomischen Effekte der Veranstaltung geschaffen.

1. Kosten der Stadt Hamburg

Im Haushaltsplan 1994 der Freien und Hansestadt Hamburg[11] wurden Zuschüsse der Stadt in Höhe von 9300 TDM veranschlagt (vgl. Drucksache 15/1202 der Bürgerschaft der Freien und Hansestadt Hamburg v. 10.05.94). Darüber hinaus sind dem Kirchentag Entgelte für Gebäudenutzung und Gebühren in Höhe von 4373 TDM erlassen worden. Da ein Großteil der zur Verfügung gestellten Räume, z. B. in Schulen, ohne den Kirchentag nicht vermietet worden wäre, entstanden der Stadt jedoch nur Einkommenseinbußen in Höhe von 360 TDM.[12] Insgesamt hat sich die Stadt Hamburg somit in Höhe von 9660 TDM an der Durchführung des Kirchentages beteiligt. Die Durchführung des Kirchentages ist im Verhältnis zu anderen Großveranstaltungen für die gastgebende Region damit relativ kostengünstig. Die Ausgaben für den Kirchentag entsprechen in etwa dem jährlichen Etat des Hamburger Stadtmarketings für Werbung und PR.[13]

2. Umsatzeffekte

Insgesamt beträgt die Summe aller durch die Vorbereitung und Durchführung des Kirchentages in der Region Hamburg zusätzlich entstandener Umsätze 69 032 TDM. Die Umsätze lassen sich nach ihren Verursachern in durch die Organisation induzierte Umsätze und durch die Teilnehmer induzierte Umsätze trennen. Die Umsätze im Zusammenhang mit der Organisation des Kirchentages wurden durch die in der Tabelle 2 genannten Institutionen getätigt.

Tab. 2: Durch die Organisation des Kirchentages verursachte Umsätze

Verursacher der Umsätze	TDM
Geschäftsstelle des DEKT in Hamburg	19 422
Ausgaben der Kirchengemeinden und der Arbeitsstelle Kirchentag der Nordelbischen Kirche	3 000
Ausgaben der Hamburger Kirchengemeinden für Veranstaltungen	150
Kostenlose Unterbringung der Kirchentagsbesucher in Privatquartieren zog Ausgaben der Gastgeber nach sich. (DM 10,- pro Gast und Nacht)	778
Summe	23 350

Quelle: Selbstauskünfte der beteiligten Organisationen

Tab. 3: nach Branchen gegliederte Umsätze durch die Ausgaben der Teilnehmer

Branche	Brutto-Umsatz (TDM)	Prozent
Einzelhandel	25 168	55,1
davon:		
Lebensmitteleinzelhandel	2 967	6,5
Medien	11 195	24,5
Textilien	6 438	14,1
sonstige	4 567	10,0
Gastgewerbe	15 485	33,9
davon:		
Gastronomie	9 672	21,2
Verpflegung in der Unterkunft	494	1,1
Unterkunft	3 170	6,9
anteilige Pauschalpreise (für Verpflegung und Unterkunft)	2 150	
Verkehrsmittel	976	2,1
Kulturelles (Hafen-/Stadtrundfahrten, Kino, Konzerte, Museen, Theater)	3 141	6,9
Ausgaben für Aufenthaltsverlängerungen über die Zeitdauer des Kirchentages hinaus	911	2,0
Summe	45 682	100,0

Quelle: Tormin & Pertner, 1995, S. 13

Der größte Anteil der Umsatzsteigerung durch den Kirchentag wurde jedoch nicht durch die Organisation verursacht, sondern von den Teilnehmern. Die auswärtigen Teilnehmer haben während ihres Besuches auf dem Hamburger Kirchentag insgesamt 45 682 TDM in der gastgebenden Region ausgegeben.

Wie aus Tabelle 3 zu entnehmen ist, entfiel der größte Anteil in Höhe von 25 168 TDM auf den Einzelhandel. Vor allem Bücher, Tonträger und sonstige Medien wurden gekauft, was sich durch die starke kulturelle Prägung des Kirchentages erklären läßt. Im Durchschnitt hat jeder Teilnehmer während seines Kirchentagbesuches mit Ausgaben in Höhe von 371,34 DM zur Umsatzsteigerung in der Stadt beigetragen.

In der Tabelle 4 wurden die regionalwirksamen Umsätze des Kirchentages denen von zum Teil weitaus aufwendigeren Großveranstaltungen gegenübergestellt. Betrachtet man die absoluten Umsätze im Vergleich, erscheint die regionalwirtschaftliche Auswirkung des Kirchentages relativ unbedeutend. Berücksichtigt man jedoch auch den Aufwand, der mit der jeweiligen Veranstaltung verbunden ist, wird vor allem im Vergleich zum Milliardenprojekt der Olympiade deutlich, daß mit dem Kirchentag relativ große regional wirksame Umsätze verbunden sind.

Tab. 4: Regionale Umsätze aus Veranstaltungstourismus im Vergleich

Veranstaltung	Termin	Regionalwirksame Umsätze (in Mio. DM)
Bundesgartenschau, Berlin	1985	150
Expo, Vancouver	1986	280
Umweltgipfel, Rio de Janeiro	1992	20
Olympiade, Atlanta	1996	200 (geplant, nur ausl. Besucher)
Kirchentag, München	1993	71,8
Kirchentag, Hamburg	1995	69

Quellen: Schneider, 1993, S. 157; DWIF, 1994; S. 98, Tormin & Partner, 1995, S. 20

3. Einkommenseffekte

Die Einkommenseffekte der ersten Umsatzstufe werden aus der folgenden Tabelle 5 deutlich. Es fällt auf, daß die Wertschöpfung im Gastgewerbe aufgrund der ca. doppelt so hohen Wertschöpfungsquote mit 6432 TDM wesentlich höher ausfällt als im Einzelhandel (4330 TDM), obwohl im Einzelhandelsbereich vergleichsweise höhere Umsatzzuwächse durch den Kirchentag verursacht wurden.

Zu der von den Teilnehmern verursachten Wertschöpfung ist die aus den Ausgaben der Organisatoren, der Kirchengemeinden und der privaten Gastgeber resultierende Wertschöpfung in Höhe von 7633 TDM zu addieren. Da für diese letztgenannten Umsätze nicht bekannt ist, welchen Branchen sie zugute kamen, wurde dieser Anteil mit der für Hamburg durschnittlichen Bruttowertschöpfungsquote von 32,69% multipliziert. Insgesamt hat der Kirchentag eine Wertschöpfung auf der ersten Umsatzstufe von 21 560 TDM hervorgerufen (siehe auch Tabelle 6).

Den durch die Teilnehmer getätigten Umsätzen lagen Vorleistungen in Höhe von 31 755 TDM zugrunde. Multipliziert mit der Wertschöpfungsquote des Produzierenden Gewerbes von 36,42% ergibt sich eine Wertschöpfung von 11 565 TDM. Die Verwendung von Einkommen führt bei einer durchschnittlichen Wertschöpfungsquote von 32,69% zu einer Wertschöpfung auf der zweiten Umsatzstufe in Höhe von 4553 TDM.

Tab. 5: Wertschöpfung nach Branchen gegliedert (Ausgaben der Teilnehmer in der ersten Umsatzstufe)

Branche	Umsatz (TDM)	Wertschöpfungsquote (%)	Wertschöpfung 1. Stufe (TDM)
Einzelhandel	20 600	21,02	4 330
Gastgewerbe	15 486	40,95	6 342
Verkehr	976	44,83	438
Kulturelles oder nicht zurechenbar	8 619	32,69	2 818
Summe	45 682	–	13 927

Quelle: Tormin & Partner, 1995, S. 17

Tab. 6: Wertschöpfungseffekte des Hamburger Kirchentages

Gruppe/ Institution	Umsätze (TDM)	Bruttowert- schöpfung in der 1. Stufe (TDM)	Bruttowert- schöpfung in der 2. Stufe (TDM)	Summe Wertschöpfung (TDM)
Teilnehmer	45 682	13 927	16 118	30 045
DEKT	19 422	6 349	nicht quantifizierbar	6 349
Nordelbische Kirche & Gemeinden	3 150	1 030	nicht quantifizierbar	1 030
private Gastgeber	778	254	nicht quantifizierbar	254
Summe	69 032	21 560	16 118	37 678

Quelle: Tormin & Partner, 1995, S. 20

Bezogen auf die Umsätze durch Teilnehmer beträgt die Wertschöpfung der zweiten Umsatzstufe 16 118 TDM. Wie die Summe der Wertschöpfung aus Tabelle 6 ergibt, resultierte aus den Umsätzen der ersten beiden Stufen eine Wertschöpfung von insgesamt 37 678 TDM.

4. Haushaltseffekte

Wie Tabelle 7 zeigt, betragen die Steuereinnahmen der Stadt Hamburg 3425 TDM. Subtrahiert man die Steuereinnahmen von den Ausgaben der Stadt in Höhe von 9660 TDM, belastet die Durchführung des Kirchentages den Haushalt der Stadt Hamburg mit 6235 TDM.

Tab. 7: Übersicht über die Steuereinnahmen der Stadt Hamburg

Steuerart	Bemessungsgrundlage (TDM)	Steuersatz	Steuer- einnahmen (TDM)
Umsatzsteuer	45 682 (differenziert nach jeweiligen Branchensätzen)	HH erhält 1,8% des Länderanteils von 44% an 15% bzw. 7% des Umsatzes	38
Lohn- und Einkommens- steuer	32 763 (Nettowertschöpfung)	HH erhält 45% des durchschnittlichen Steuersatzes von 22,97%	3387
Summe			3425

Quelle: Steueranteile der Stadt nach Auskunft der Oberfinanzdirektion Hamburg

III. Nicht-monetäre Image-Effekte der Durchführung des Hamburger Kirchentages

1. Unmittelbare Image-Wirkung auf die Besucher

Die ca. 154 000 Teilnehmer, 92,2% davon von außerhalb, haben ein unmittelbares Bild der Stadt bekommen, das im folgenden näher zu untersuchen ist. Bedenkt man, daß 76,7% der Besucher ausschließlich wegen des Kirchentages nach Hamburg gekommen sind, so zeigt die Tabelle 8, daß der Kirchentag dazu beigetragen hat, das Interesse an der Stadt zu wecken, das Bild Hamburgs in der Öffentlichkeit positiv zu beeinflussen und die Kirchentagsbesucher zu Folgebesuchen anzuregen. Bei der näheren Auswertung der Befragung hat sich ein sehr enger Zusammenhang zwischen Interesse-/Imagesteigerung und Wiederkommensabsichten ergeben. So wollen 98% derjenigen, die das erste mal in Hamburg waren und die angaben, daß ihr Interesse an der Stadt durch den Kirchentag teilweise oder sehr geweckt worden ist, die Stadt erneut besuchen. Insgesamt wollen 88,0% der auswärtigen Teilnehmer (125 247) Hamburg erneut besuchen. Diejenigen Besucher, deren Bild von Hamburg positiv beeinflußt worden ist, wollen zu 100% die Stadt erneut besuchen. Auch wenn nicht jeder, der einen Wiederbesuch beabsichtigt, tatsächlich auch er-

Tab. 8: Das Bild von Hamburg bei den auswärtigen Besuchern

	Erstbesucher	Mehrfach-besucher	Gesamt ohne Hamburger
Anzahl	42 698	99 059	142 326
Sie sind in Hamburg auf dem Kirchentag…			
• ausschließlich wegen des Kirchentages	65,8%	81,4%	76,7%
• um Hamburg kennenzulernen	31,0%	7,0%	14,2%
• um Freunde zu besuchen	2,7%	9,5%	7,5%
Hat der Kirchentag dazu beigetragen, Ihr Interesse an HH zu wecken?			
• Ja, sehr	41,1%	18,0%	24,9%
• Ja, teilweise	33,7%	16,7%	21,8%
• Nein, war schon da	16,9%	53,5%	42,5%
• Nein, kein Interesse	6,3%	9,3%	8,4%
Hat der Kirchentag Ihr Bild von Hamburg beeinflußt?			
• Ja, positiv	49,6%	42,8%	44,9%
• Ja, negativ	3,2%	3,7%	3,6%
• hatte kein Bild	23,1%	33,7%	30,5%
Haben Sie die Absicht, in Zukunft wieder nach HH zu kommen?			
• nein	3,2%	2,2%	2,5%
• ja	79,5%	91,8%	88,0%
• vielleicht/weiß nicht	17,0%	5,5%	8,9%

Quelle: Tormin & Partner, 1995, S. 23

neut nach Hamburg kommt, wurde die touristische Attraktivität der Stadt Hamburg durch den Kirchentag stark gefördert.

Untersucht man die Wirkungen auf das Stadtimage differenziert nach soziodemografischen Zielgruppen, so ergibt die Auswertung keine signifikanten Unterschiede der Stadtbewertung und der Wiederkommensabsichten für verschiedene Altersgruppen, Einkommensschichten und Tätigkeitsfelder. Ein interessantes Ergebnis erbringt aber die Betrachtung der Altersstruktur des Kirchentages im Allgemeinen. 59,4% der Besucher des Kirchentages sind unter 26 Jahren alt. Für diese Gruppe wie auch für viele Ältere wird der Kirchentag in Hamburg, nach den direkten Eindrücken während der Befragung auf dem Kirchentagsgelände zu urteilen, in ihrer Entwicklung ein Schlüsselerlebnis gewesen sein, so daß auch die durchschnittliche Kontaktqualität als sehr hoch beurteilt werden muß.

Auch wenn es nicht möglich ist, die durch direkte Wahrnehmung der Stadt entstandenen Imageeffekte in Geldeinheiten zu bewerten, soll doch veranschaulicht werden, um welche Dimensionen es geht. Bei durchschnittlichen Tagesausgaben von DM 100 und einer mittleren Aufenthaltsdauer von drei Tagen errechnen sich Umsätze in Höhe von 37 574 TDM. Diese Ausgaben müßten natürlich diskontiert werden, da die Besucher nicht unmittelbar nach dem Kirchentag ihre Wiederbesuche antreten. Auch wird ein Teil dieser Besucher unabhängig vom Kirchentag einen Aufenthalt in Hamburg planen. Trotzdem ist die Größenordnung der im Touristikbereich nur durch Folgebesuche der Teilnehmer entstehenden Umsätze in Relation zu den während des Kirchentages entstandenen Umsätzen in Höhe von 69 032 TDM beachtlich.

2. Mittelbare Image-Wirkung durch die Medien

Die Intensität der Medienberichterstattung läßt sich anhand folgender Fakten abschätzen: Es waren 1200 Journalisten beim Kirchentag akkreditiert. Das Fernsehen berichtete insgesamt in 22 Stunden Sendezeit über die Veranstaltungen, der Hörfunk in über 130 Stunden. In den Printmedien wurden mehr als 3000 Berichte über den Kirchentag veröffentlicht. Hamburg wurde dabei sehr positiv mit Attributen wie „freundlich", „weltoffen" und „attraktiv" versehen. Besonders häufig wurde in den Medien die Gastfreundschaft der Hamburger sowie das finanzielle und organisatorische Engagement der Stadt Hamburg genannt.[14] Auch über die friedliche Situation während der Veranstaltungsdauer wurde ausführlich berichtet, so zum Beispiel über die friedliche Beteiligung der Hafenstraßenbewohner. Selbst wenn die Stadt Hamburg nicht konkret Gegenstand der Berichterstattung war, sondern der Kirchentag, wurde der Veranstaltungsort stets genannt, so daß ein Transfer der Kirchentagsthemen auf das Image der Stadt stattgefunden hat. Die Themen der Medienberichterstattung orientierten sich hauptsächlich am Veranstaltungsprogramm und an den Personen, die auf dem Kirchentag öffentliche Auftritte hatten. Thematisch dominierten das postmoderne Lebensgefühl von Jugendlichen, Ausländerhaß, die Sexualität und Homosexualität von Jugendlichen, neben rein kirchlichen Themen wie dem Mitgliederschwund der Kirchen, die Berichterstattung. Die Auswertung der Medienberichte hat ergeben, daß mit dem Kirchentag eine sehr starke, auf Hamburg abstrahlende Medienwirkung verbunden gewesen ist, die inhaltlich Friedlichkeit, Weltoffenheit und Liberalität symbolisiert.

IV. Kritische Würdigung der Ergebnisse

1. Effizienz der Durchführung des Kirchentages als Marketinginvestition

Ist die Kosten-Nutzen-Analyse vollzogen, bleibt die Frage offen, welches Entscheidungskriteriums man sich bedient, um die Vorteilhaftigkeit der Veranstaltung aus Sicht des Stadtmarketings festzustellen. Am naheliegendsten ist das Kriterium der Haushaltswirkung der Marketingmaßnahme. Fiskalisch ist entsprechend obiger Ausführungen keine Vorteilhaftigkeit feststellbar. Vielmehr entsteht durch den Kirchentag eine Belastung des Hamburger Haushalts 1995 in Höhe von 6235 TDM. Wie am Beispiel der Olympischen Spiele deutlich wird, ist eine Belastung des Haushalts durch Großveranstaltungen nicht zwingend notwendig. Seit den Olympischen Spielen 1984 in Los Angeles konnten diese Veranstaltungen regelmäßig mit einem Überschuß abgeschlossen werden (vgl. Schneider, 1993, S. 130).[15]

Tab. 9: Wirkung des Kirchentages auf unterschiedliche Entscheidungsebenen

Betrachtungsebene	Ergebnis (TDM)	
Haushalt 1995 der Stadt Hamburg	Ausgaben: 9 660	Einnahmen: 3 425
Monetäre Konsequenzen für die Hamburger Wirtschaft	Haushaltsbelastung: 6 235	Wertschöpfung: 37 678
Stadt Hamburg	s. o., zusätzlich qualitative Imagewirkungen und sozialer Nutzen	

Quelle: Eigene Darstellung, Zahlen: Tormin & Partner, 1995

Der Fehlbetrag aus der Durchführung des Kirchentages kann als Marketinginvestition der Stadt Hamburg gewertet werden, der eine Reihe positiver Marketing-Wirkungen entgegenstehen, die in der Einnahmen-Ausgaben-Rechnung aus Sicht der Stadt keinen Niederschlag finden. Als Entscheidungskriterium muß demzufolge die ökonomische Wirkung des Kirchentages auf die Stadt Hamburg insgesamt herangezogen werden: Wie die Ermittlung der Einkommenseffekte gezeigt hat, profitierte die Hamburger Wirtschaft von der Ausrichtung der Großveranstaltung in erheblichem Maße. Betrachtet man die monetären Auswirkungen auf die Hamburger Wirtschaft, so stehen den durch die Marketingmaßnahme verursachten Kosten in Höhe von 6235 TDM direkte Umsatzerhöhungen in Höhe von 69 032 TDM und eine Steigerung der Bruttowertschöpfung der ersten beiden Wertschöpfungsstufen von 37 678 TDM gegenüber.

Aber auch wenn alle direkten, monetären Wirkungen des Kirchentages erfaßt worden sind, ist noch keine vollständige Bewertung des Kirchentages aus Sicht des Stadtmarketings möglich, da die nicht-monetären Wirkungen in Form von Imageeffekten der Veranstaltung für die Stadt Hamburg bislang unberücksichtigt blieben. Eine Bewertung dieser Wirkungen muß vor dem Hintergrund des im Konzept des Stadtmarketings formulierten

Imageprofils erfolgen. Dieses richtet sich auf die Schaffung eines positiven, liberalen, weltoffenen Bildes der Stadt Hamburg. Die Auswertung der Medienberichterstattung hat ergeben, daß dieses Profil sehr gut getroffen worden ist und daß der Umfang der Berichterstattung den Erwartungen der Entscheidungsträger entsprach.

In der Studie zum Hamburger Kirchentag kann nicht abschließend geklärt werden, ob sich die Marketinginvestition in die Durchführung des Kirchentages in langfristiger Betrachtung durch ein erhöhtes Steueraufkommen in späteren Perioden zumindest haushaltsneutral darstellen wird (vgl. Tormin & Partner, 1995, S. 26). In Anbetracht der Tatsache, daß der Kirchentag in der laufenden Periode fiskalisch nur ein Drittel der Ausgaben durch Einnahmen gedeckt hat, erscheint dies sehr zweifelhaft. Betrachtet man den Kirchentag aus Sicht des Stadtmarketings, ist deren ökonomischer Erfolg für die Stadt in Anbetracht der beachtlichen Wertschöpfungs- und Imageergebnisse positiv zu bewerten. Ob dieser Erfolg jedoch die aufgewendeten Haushaltsmittel rechtfertigt, ist eine Frage der politischen Prioritätensetzung. Hier sind nicht nur die absoluten Ergebnisse zu betrachten, sondern auch die Verteilungswirkungen des Kirchentages.[16] Es bleibt festzuhalten, daß die hier erzielten Ergebnisse im Rahmen von haushaltspolitischen Entscheidungen kaum vergleichbar sind, z. B. mit Erweiterungsinvestition im ÖPNV, da der politische Willensbildungsprozeß nicht komplett ökonomisch abbildbar ist.

2. Leistungsfähigkeit der KNA als Verfahren zur Effizienzmessung von Großveranstaltungen

Im konkreten Anwendungsfall „Hamburger Kirchentag 1995" haben sich bei der Durchführung der KNA die in der Literatur aufgeführten methodischen Probleme der Informationsbeschaffung und -aufbereitung bestätigt (vgl. Rürup/Hansmeyer, 1984, S. 123 ff.). Trotz aller Schwierigkeiten bei der Informationsbeschaffung und -aufbereitung liegen die eigentlichen Probleme der KNA nicht in diesem ökonomischen Verfahren selbst, sondern in der Formulierung gemeinwirtschaftlicher Vorgaben aus der Politik für das Stadtmarketing. Die KNA kann nur eine ökonomische Betrachtung von Großveranstaltungen ermöglichen. Um über die Effizienz der Veranstaltungsdurchführung aus Sicht des Stadtmarketings zu urteilen, bedarf es jedoch konkreter politischer Zielvorstellungen als Bewertungsmaßstab. In den politischen Vorgaben ist neben dem Veranstaltungsbudget und dem angestrebten Nutzen auch die erwünschte Verteilungswirkung der Großveranstaltung zu präzisieren. Die Operationalisierung dieser Ziele erfordert bei den politischen Entscheidungsträgern eine Informationsgrundlage, die, wie im Fall des Hamburger Kirchentages, häufig nicht vorhanden ist. Hilfreich ist es deshalb, zusätzlich eine KNA vor Beginn der Veranstaltung durchzuführen. Um sich eine doppelte Durchführung der KNA zu ersparen (ex ante und ex post), kann man häufig auf bereits vorliegende KNAs vergleichbarer Großveranstaltungen zurückgreifen. Diese reichen als Diskussionsgrundlage im politischen Zielbildungsprozeß entweder in der vorliegenden Form bereits aus oder sie sind auf den jeweiligen Fall zu modifizieren. Beispielsweise hat die Studie zu den regionalwirtschaftlichen Auswirkungen des vorangegangenen Kirchentages 1993 in München sehr ähnliche Ergebnisse erbracht.

E. Schlußbemerkung

Die Wertschöpfung in Hamburg ist durch die Ausrichtung der Großveranstaltung Kirchentag deutlich gestiegen und die Corporate-Identity der Stadt hat einen einzigartigen Impuls bekommen. Die Veranstaltung des Kirchentages hat somit als Instrument des Stadtmarketings große Wirksamkeit gezeigt. Auf den Hamburger Haushalt wirkte der Kirchentag nicht ausgaben-neutral, vielmehr überstiegen die Ausgaben die Einnahmen. Dieses Defizit ist als Marketinginvestition interpretierbar. Über den Erfolg dieser Investition aus der Sicht des Marketings der Stadt Hamburg ist letztendlich kein Urteil möglich. Zwar konnten die ökonomischen Wirkungen der Durchführung des Kirchentages mit Hilfe einer KNA ausreichend genau erfaßt werden. Es fehlt aber an einer präzise formulierten Zielvorgabe, die als Wertmaßstab zur Messung des Veranstaltungserfolgs nötig gewesen wäre. Eine ex ante durchgeführte KNA könnte hier als Informationsgrundlage für den Zielbildungsprozeß dienen und Planung und Kontrolle von Großveranstaltungen integrieren. Sie könnte Fakten über die zu erwartenden ökomischen Effekte der zur Disposition stehenden Großveranstaltung liefern, die in eine genauere Fixierung der Zielvorstellungen einfließen können und damit auch zur Transparenz im politischen Willensbildungsprozeß beitragen.

Anmerkungen

1 Vgl. Presseausschuß des Deutschen Städtetages, 1989, S. 526. Siehe zu Zielsetzung, Ansatzpunkten und Umsetzung des Stadtmarketings: Töpfer, 1991, S. 339ff.
2 Vgl. zu einer Übersicht Schneider, 1993, S. 115ff.. Untersuchungen liegen z. B. vor für Messen (vgl. Hugger, 1986), Weltausstellungen (vgl. Smeral, 1989), Olympiaden (vgl. Maennig, 1991), Bundesgartenschauen (vgl. Dallmann, 1988).
3 Auch wenn Großveranstaltungen hier als kommuniaktionspolitische Maßnahme angesehen werden, erfolgt die Zuordnung zu den Bereichen des Marketing-Mix nicht einheitlich. Die Durchführung von Veranstaltung findet man beispielsweise sowohl unter der Rubrik Kommunikationspolitik als auch unter der Rubrik Produktpolitik (vgl. Manschwetus, 1995, S. 354ff.). Die genaue Einordnung ist an dieser Stelle nicht weiter relevant.
4 Grundsätzlich werden in der Literatur neben der Kosten-Nutzen-Analyse die Relevanzbaummethode und die Nutzwertanalyse zur Beurteilung der Effizienz öffentlicher Maßnahmen genannt (vgl. hierzu Rürup/Hansmeyer, 1984, S. 105ff.). Beide Verfahren sind im vorliegenden Anwendungsfall nicht einsetzbar, da sie auf die Prioritätenermittlung zwischen alternativen Maßnahmen ausgerichtet sind. Eine Beurteilung der Vorteilhaftigkeit einer einzigen Handlungsmöglichkeit mit diesen Methoden ist vor allem deshalb unzweckmäßig, weil sie nicht in monetärer Dimension arbeiten.
5 Theoretisch erklärbar ist dieses opportunistische Verhalten durch die ökonomische Theorie organisierter Gruppen und die Bürokratie- und Politiktheorie. Beide Ansätze sind auch zur Erklärung der Planungsabläufe von Großveranstaltungen herangezogen worden (vgl. Schneider, 1993, S.195ff.).
6 Die Untersuchung erfolgte durch die Unternehmensberatung Tormin & Partner Hamburg in enger Zusammenarbeit mit dem Lehrstuhl für Öffentliche Betriebswirtschaft, Prof. Dr. L. Streitferdt, der Universität Hamburg.
7 Auch wenn die Stichprobe im statistischen Sinne nicht repräsentativ ist, kann in Anbetracht der absoluten Anzahl der Befragungen und der relativen Größe der Stichprobe (1,5% der Teilnehmer) davon ausgegangen werden, daß sie ein recht valides Bild des Ausgabeverhaltens aller Teilnehmer widerspiegelt.

8 Die Ermittlung der Wertschöpfungsquote erfolgte anhand von Daten der Volkswirtschaftlichen Gesamtrechnung des Statistischen Landesamtes (vgl. Tormin & Partner, 1995, S. 17).
9 Exorbitante Preiserhöhungen sind z.b. bei Olympiaden und Messen aufgetreten.
10 Z.B. bei Olympiaden.
11 Unter dem Haushaltstitel 1100.684.05.
12 Diese Summe enthält Einnahmeverluste für alternativ tatsächlich vermietete Räume, Entgeldverzichte für Erlaubnisse und Genehmigungen sowie Ausgaben für Reinigungsarbeiten (vgl. Tormin & Partner, 1995, S. 21).
13 Die jährlichen Werbe- und PR-Etats der Stadt Hamburg verteilen sich laut Selbstauskunft wie folgt: 8.000 TDM Hamburgwerbung zuzüglich 1.200 TDM Touristik Zentrale Hamburg.
14 Die Angaben zur Medienwirksamkeit basieren auf Informationen der Pressestelle der Geschäftstelle des 26. DEKT in Hamburg.
15 Allerdings belasten Rückbauten und Nutzungsanpassungen der errichteten Anlagen in erheblicher Höhe in den Folgejahren die regionalen Budgets.
16 Nach der Hamburger Studie profitierten vor allem das Niedrigpreissegment des Gastgewerbes und des Einzelhandels vom Kirchentag.

Literatur

Antonoff, R., Corporate Identity für Städte, in: Schriftfassung zum Symposium „Stadtvisionen", 2/3. März 1989 in Münster, Arbeitsgemeinschaft Stadtvisionen, Münster 1989, S. 1–7.
Dallmann, B., Nutzen-Kosten-Untersuchung einer kommunalen Großveranstaltung dargestellt am Beispiel der Landesgartenschau Freiburg 1986 Freiburg/Br.
DWIF, Regionalwirtschaftliche Effekte von Großveranstaltungen. Das Beispiel 25. Deutscher Evangelischer Kirchentag München 1993, München 1994.
Eick, G., Die nichtökonomischen und psychologischen Einflüsse auf Standortentscheidungen, in: Wirtschaftsförderung Berlin GmbH. Iglhaut, J. (Hrsg.), Wirtschaftsstandort Deutschland mit Zukunft, Wiesbaden 1994, S. 243–249.
Helbrecht, I., Stadtmarketing – Konturen einer kommunikativen Stadtentwicklungspolitik, Basel 1994.
Hugger, P. F., Nutzen-Kosten-Analyse der regionalwirtschaftlichen Auswirkungen von Messen und Ausstellungen. Eine empirische Untersuchung am Beispiel Friedrichshafen, München 1986.
Horn, H.-T., Auf dem Weg zu einem CI-Konzept, in: Töpfer, A. (Hrsg.), Stadtmarketing – Herausforderung und Chance für Kommunen, Baden Baden 1993, S. 265–275.
Kampmann, R., Großstädte im Wandel – eine Analyse der Auswirkungen regionaler und sektoraler Entwicklungstendenzen, in: RWI-Mitteilungen, 42. Jg., 1991, S. 215–248.
Maennig, W., Kosten-Nutzen-Analysen Olympischer Spiele in Deutschland, in: List-Forum für Wirtschafts- und Finanzpolitik, 17. Jg., 1991, H. 4, S. 336–362.
Manschwetus, U., Regionalmarketing – Marketing als Instrument der Wirtschaftsentwicklung, Wiesbaden 1995.
Meffert, H., Städtemarketing – Pflicht oder Kür? in: Planung und Analyse, 16. Jg., 1989, H. 8, S. 273–278.
o. V., Drucksache 15/1202 der Bürgerschaft der Freien und Hansestadt Hamburg v. 10.05.94.
Presseausschuß des Deutschen Städtetages, Kommunales Marketing, in: Der Städtetag, H. 8, 1989, S. 526–527.
Rürup, B. u. Hansmeyer, K.-H., Staatswirtschaftliche Planungsinstrumente, 3. Auflg., Düsseldorf 1984.
Schlegel, T. F., Stadtmarketing – Strategien und Instrumente, in: Goller, J., Maack, H. u. Müller-Hedrich, B. W. (Hrsg.), Verwaltungsmanagement – Handbuch für öffentliche Betriebe, Stuttgart, Loseblattsammlung, Stand 04/1993, Abschnitt G. 1.2.
Schneider, U., Stadtmarketing und Großveranstaltungen, Berlin 1993.
Singer, C., Kommunale Imagearbeit, in: Archiv für Kommunalwissenschaften, H. 2, 1988, S. 271–279.

Smeral, E., Ökonomische Aspekte der Weltausstellung Wien-Budapest 1995. Studie des österreichischen Instituts für Wirtschaftsforschung im Auftrag des Vereins „Weltausstellung 1995". Wien 1989.

Spannowsky, W., Die Leistungsfähigkeit von Effizienzkontrollen am Beispiel der regionalen Wirtschaftsförderung, in: DÖV, 48. Jg., 1995, H. 2, S. 41–49.

Töpfer, A., Stadtmarketing – Eine neue Anforderung an Kommunen? in: VOP, 13. Jg., 1991, H. 6, S. 339–344 (Teil I) + VOP, 14. Jg., 1992, H. 1, S. 22–26 (Teil II).

Töpfer, A (Hrsg.), Stadtmarketing – Herausforderung und Chance für Kommunen, Baden-Baden, 1993.

Töpfer, A., Stadtmarketing: Unterschiede in Kommunen der alten und der neuen Bundesländer, in:Wirtschaftsförderung Berlin GmbH. Iglhaut, J. (Hrsg.), Wirtschaftsstandort Deutschland mit Zukunft, Wiesbaden 1994, S. 154–168.

Tormin & Partner, Regionalwirtschaftliche Effekte des 26. Deutschen Evangelischen Kirchentages, unveröffentlichtes Gutachten im Auftrag der Senatskanzlei der Freien und Hansestadt Hamburg, Hamburg 1995.

Zusammenfassung

Die Durchführung von Großveranstaltungen ist wichtiger Bestandteil des Stadtmarketings. Angesichts zunehmend angespannter Haushaltssituationen der Kommunen wächst der Rechtfertigungsdruck für die Aufwendung öffentlicher Mittel, mit denen solche Veranstaltungen erst möglich werden. Um den Erfolg der Veranstaltung des Kirchentages 1995 für die Stadt Hamburg zu ermitteln, wurde eine Kosten-Nutzen-Analyse durchgeführt. Es wurde festgestellt, daß durch den Kirchentag große Steigerungen der Umsätze und der Wertschöpfung erzielt wurden. Aufgrund des hohen Zuschusses der Stadt wirkte der Kirchentag auf den Hamburger Haushalt nicht ausgaben-neutral, vielmehr überstiegen die Ausgaben die Mehreinnahmen aus einem erhöhten Steueraufkommen. Dieses Defizit ist als Marketinginvestition interpretierbar, durch die beachtliche Imagegewinne erzielt wurden. Aus methodischer Sicht hat es sich gezeigt, daß das Verfahren der KNA, trotz einer Reihe von Schwächen, grundsätzlich in der Lage ist, ausreichende Informationen zu liefern, um den ökonomischen Erfolg der Veranstaltung zu bewerten. Letztendlich ist die Beurteilung des Ergebnisses von Großveranstaltungen wie dem Kirchentag, insbesondere der Verteilungswirkung, aber nur unter Berücksichtigung politischer Zielsetzungen möglich.

Summary

Organizing big public events is an important element of urban marketing. Due to the burden on urban budgets, there is a growing pressure to justify such public expenditure. A cost-benefit-analyses was conducted/carried out to evaluate the success of the Church Congress/Convention 1995 (the "Kirchentag" is the most important public event of the German Protestant Church) from the point of view of the city of Hamburg who sponsored the event. It was found that the Church Congress led to a significant increase in sales and value added in Hamburg. But as the large amount of money provided by the city to finance the event exceeded the additional tax receipts, the overall financial result for the city was an increase in public spending and a negative cash flow. This expenditure can be interpreted as a marketing investment by the city of Hamburg, resulting in extraordinary image benefits. From the methodical point of view it can be shown that the cost-benefit-analyses is able to provide sufficient information to evaluate the economic success of the event. In the final analyses, the evaluation of big events like the Church Congress, and especially of their allocational effects, is only possible if political objectives are also taken into account.

60: *Allgemeine Fragen des Absatzes*
64: *Werbung*

GABLER-Fachliteratur zum Thema „Marketing"

M. Kleinaltenkamp / S. Fließ / F. Jacob (Hrsg.)
Customer Integration
Von der Kundenorientierung zur Kundenintegration
1996, 293 Seiten
gebunden DM 98,–
ISBN 3-409-12906-5

A. Kuß
Ablauf einer Marktforschungsstudie
1990, 63 Min. VHS-Video mit Begleitheft
DM 198,–*
ISBN 3-409-13934-6

H. Meffert
Marketing
Grundlagen der Absatzpolitik
7., überarbeitete und erw. Auflage
1986, 740 Seiten,
gebunden DM 59,–
ISBN 3-409-69014-X

H. Meffert
Marketing
Arbeitsbuch
Aufgaben – Fallstudien – Lösungen
6., vollständig überarbeitete Auflage 1997, ca. 450 Seiten,
Broschur ca. DM 54,–
ISBN 3-409-69086-7

H. Meffert
Marketing-Management
Analyse – Strategie – Implementierung
1994, XXII, 486 Seiten,
Broschur DM 68,–
ISBN 3-409-23613-9

H. Meffert
Marketingforschung und Käuferverhalten
2., vollständig überarbeitete und erweiterte Auflage 1992,
XVIII, 474 Seiten,
Broschur DM 89,–
ISBN 3-409-23606-6

H. Meffert / M. Bruhn
Dienstleistungsmarketing
Grundlagen – Konzepte – Methoden
Mit Fallbeispielen
2., überarbeitete und erweiterte Auflage 1997, XXV, 792 Seiten,
gebunden DM 84,–
ISBN 3-409-23688-0

H. Meffert / M. Bruhn
Marketing
Fallstudien
Fallbeispiele – Aufgaben – Lösungen
2., vollständig überarbeitete und erweiterte Auflage 1993, IX,
363 Seiten, Broschur DM 68,–
ISBN 3-409-23610-4

GABLER
BETRIEBSWIRTSCHAFTLICHER VERLAG DR. TH. GABLER GMBH, ABRAHAM-LINCOLN-STR. 46, 65189 WIESBADEN

Regionale Reichweite und Organisationsstruktur

Einfluß der Wettbewerbsstrategie und der Organisationsstruktur auf die regionale Reichweite mittelständischer Unternehmungsaktivitäten

Von Erich Frese und Peter Blies

Überblick

- Die auf den europäischen Wirtschaftsraum konzentrierte Geschäftstätigkeit der in hohem Maße mittelständisch geprägten deutschen Maschinen- und Anlagenbaubranche steht gegenwärtig im Mittelpunkt der Kritik.

- Der vorliegende Beitrag geht der Frage nach, inwieweit die Ursachen dieses Phänomens in der von der Unternehmung jeweils verfolgten Wettbewerbsstrategie, insbesondere in dem Ausmaß an externer Kundenorientierung, liegen.

- Hierzu wird unter Rückgriff auf eine entscheidungstheoretische Analyse des Zusammenhangs zwischen Strategie und Organisationsstruktur ein Gestaltungsrahmen für international tätige Unternehmungen entwickelt, der den spezifischen Anforderungsgehalt der Abstimmung länder- und regionenübergreifender Schnittstellen im Auftragsabwicklungsprozeß erfaßt.

- Abschließend soll das innovative Konzept der „Deutschen Häuser" in Ostasien kurz dargestellt und dessen Leistungsfähigkeit zur Förderung der globalen Marktpräsenz kundenorientierter Unternehmungen des Maschinen- und Anlagenbaus kritisch beurteilt werden.

Eingegangen: 1. März 1996

Prof. Dr. Erich Frese, Direktor des Seminars für Allgemeine Betriebswirtschaftslehre und Organisationslehre der Universität zu Köln, Albertus-Magnus-Platz, 50923 Köln.
Dipl.-Volkswirt Peter Blies, zur Zeit der Abfassung des Artikels wissenschaftlicher Mitarbeiter am Seminar für Allgemeine Betriebswirtschaftslehre und Organisationslehre der Universität zu Köln, seit Oktober 1996 Seminar Professor Hiroyuki Hami, Faculty of Commerce, Hitotsubashi Universität Tokyo.

A. Regionale Marktpräsenz des deutschen Maschinen- und Anlagenbaus

In der Diskussion um den „Standort Deutschland" wird als eines der zentralen Krisensymptome die (zu) hohe regionale Konzentration bedeutender deutscher Schlüsselindustrien auf den europäischen Wirtschaftsraum und die gleichzeitige Vernachlässigung zukunftsträchtiger Märkte in Ostasien und Amerika gesehen. Dies gilt in ganz besonderem Maße für die überwiegend mittelständisch geprägte Maschinenbaubranche, die nach Beschäftigungsstand, Wertschöpfung, Umsatz und Exportvolumen eine Spitzenstellung in der deutschen Volkswirtschaft einnimmt.[1]

Zwar ist die Bezeichnung Deutschlands als „Exportweltmeister" für einige Segmente des Maschinen- und Anlagenbaus, in denen deutsche Anbieter Weltmarktanteile von 30–40% innehaben, absolut gesehen zutreffend (1994 20,2% der weltweiten Maschinenausfuhren). Auf den Plätzen 2 und 3 folgten Japan und die USA mit Welthandelsanteilen von 17,7 bzw. 15,9%.[2] Doch für sich allein genommen sind diese Zahlen wenig aussagekräftig. Von den deutschen Maschinenausfuhren[3] gingen 1994 über 50% nach Westeuropa und nur jeweils gut 10% in die USA und nach Ostasien. Auf den ostasiatischen Schlüsselmarkt Japan entfiehlen sogar nur weniger als 2% der deutschen Maschinenausfuhren. Die Maschinenbauexporte der USA waren demgegenüber zu 25% für die EU und zu 8% für Japan bestimmt. Japan lieferte 17% seiner Maschinenausfuhren in die Europäische Union und 32% in die USA.

Die international herausragende Stellung des deutschen Maschinenbaus ergibt sich im wesentlichen aus seinen Marktaktivitäten in der Europäischen Union und in Osteuropa.[4] In den USA kamen deutsche Maschinenbauerzeugnisse 1994 gerade einmal auf 2% Marktanteil, in Japan sogar nur auf knapp 1%. Demgegenüber hielten japanische Maschinenbauerzeugnisse in Japan einen überragenden Anteil von 95%, in den USA von 8% und in der EU von 5%. Der US-amerikanische Maschinenbau konnte wiederum 74% seines Heimatmarktes, 2% des japanischen Marktes und 6% des EU-Marktes auf sich vereinen.

Im Vergleich zu den Hauptkonkurrenten USA und Japan, die in allen drei Schwerpunktregionen der Weltwirtschaft ein Standbein haben, läßt sich für die deutschen Maschinen- und Anlagenbauer somit eine stärkere räumliche Konzentration ihrer Marktpräsenz auf Europa konstatieren. Zwar konnte der deutsche Maschinenbau in den vergangenen Jahren bei seinen Exporten in die ostasiatischen und amerikanischen Wachstumsmärkte zum Teil zweistellige Zuwachsraten verzeichnen und auf diese Weise die Nachfrageschwäche in Europa weitgehend ausgleichen. Dennoch hat sich an dem Grundtatbestand der ungleichgewichtigen Marktpräsenz – dies zeigt die Analyse der jüngsten Marktdaten – nur wenig geändert. Die wissenschaftliche Auseinandersetzung mit den Ursachen dieses Phänomens ist methodisch sehr stark durch die Analyse und Gewichtung institutioneller, marktverhaltensbedingter und unternehmungsinterner Marktzutrittsbarrieren geprägt.[5] Eine solche Vorgehensweise soll in dem vorliegenden Beitrag nicht gewählt werden. Vielmehr wird unter Rückgriff auf eine entscheidungstheoretische Analyse des Zusammenhangs zwischen Strategie und Organisationsstruktur die Hypothese aufgegriffen, daß die europäische Fokussierung der Wertschöpfungsaktivitäten maßgeblich in der von der Unternehmung jeweils verfolgten Wettbewerbsstrategie, insbesondere in dem Ausmaß an externer Kundenorientierung, begründet liegt.

B. Kernelemente des organisatorischen Gestaltungsrahmens im internationalen Wettbewerb

Die fortschreitende Globalisierung der Märkte und der damit verbundene Zwang zur Intensivierung der grenzüberschreitenden Tätigkeiten stellen für die Unternehmungspraxis sicher die größten organisatorischen Herausforderungen der 90er Jahre dar. Seit der Pionierarbeit von Perlmutter, der sich als einer der ersten mit organisatorischen Fragestellungen international tätiger Unternehmungen auseinandersetzte[6], hat die Betriebswirtschaftslehre eine kaum noch zu überblickende Vielzahl von Beiträgen zur Internationalisierung hervorgebracht. Es kann schon angesichts der vielfältigen und heterogenen organisationstheoretischen Ansätze kaum überraschen, daß ein geschlossenes theoretisches Konzept zur strategiebezogenen Erfassung der organisatorischen Dimension des globalen Wettbewerbs bislang nicht existiert. Im Grunde wird jede organisationstheoretische Richtung auf den Bereich des internationalen Wettbewerbs angewendet und setzt sich aus der durch die Konzeption fixierten Sicht mit Teilaspekten des komplexen Phänomens auseinander.

Unter diesen Umständen erscheint der Versuch geboten, durch Rückgriff auf eine einheitliche, dem „Organization Design" verpflichtete Konzeption, einen gleichermaßen organisationstheoretisch fundierten wie empirisch relevanten Gestaltungsrahmen für den internationalen Wettbewerb zu entwickeln, der einerseits unabhängig von speziellen Probleminhalten einen ausreichend hohen Abstraktionsgrad besitzt, sich z. B. nicht nur auf eine bestimmte Branche bezieht, andererseits jedoch die spezifische Situation der einzelnen Unternehmung, insbesondere ihre strategische Ausrichtung[7] im internationalen Wettbewerb, berücksichtigen kann. Bei der Konzipierung des Gestaltungsrahmens ist darauf zu achten, daß dessen Kernelemente nicht nur sequentiell, sondern auch durch zahlreiche Rekursionen miteinander in Beziehung stehen. Mit der „Wettbewerbs- und Internationalisierungsstrategie", der „regionalen Konfiguration und Standortstruktur" und dem „Organisationssystem" seien im folgenden die drei Kernelemente des Gestaltungsrahmens kurz charakterisiert, bevor im nächsten Hauptabschnitt anhand des Prozesses der strategiekonformen Organisationsgestaltung für die international tätige Unternehmung der Zusammenhang zwischen strategischer Positionierung und regionaler Reichweite der Marktaktivitäten präzisiert und konzeptionell ausgearbeitet werden kann.

I. Wettbewerbs- und Internationalisierungsstrategie

Basis jeder Strategie bilden die Gestaltung von Ressourcenpotentialen, die Abgrenzung des relevanten Marktes und die Bestimmung des Marktverhaltens.[8] Die Wettbewerbsstrategie skizziert die Art und Weise, *wie* die Unternehmung die durch die Unternehmungsstrategie abgegrenzten Produkt-Markt-Kombinationen bearbeiten will. In Erweiterung des wettbewerbsstrategischen Grundkonzeptes von Porter[9] können in Abhängigkeit von unterschiedlichen Ausprägungen einer internen und einer externen Strategiedimension zunächst drei alternative Wettbewerbsstrategien systematisiert werden: die *Kostenführerschaft*, die *Differenzierung bei Marktproduktion* und die *Differenzierung bei Kundenproduktion*.[10]

Im Zusammenhang mit der internen Strategiedimension wird der Frage nachgegangen, ob die relativen Wettbewerbsvorteile der Unternehmung in erster Linie auf einem ausgeprägten Lieferservice und hoher Produktqualität oder auf der Realisierung von Kostenvorteilen beruhen sollen. Die Betonung des Lieferservices erfordert die Realisierung von kurzen Lieferzeiten und eine hohe Lieferzuverlässigkeit. Die Qualitätsorientierung manifestiert sich in der kundenbezogenen Definition und Umsetzung von bestimmten Anforderungen an die das Erzeugnis unmittelbar charakterisierenden Eigenschaften.[11] Die interne Dimension ist dadurch gekennzeichnet, daß die Wettbewerbsparameter von der Unternehmung weitgehend variierbar sind.

Bei der externen Dimension wird das Ausmaß an Kundenorientierung, definiert über den Einfluß des Kunden auf den Leistungserstellungsprozeß, zur Systematisierung herangezogen. Der Grad der Einflußnahme wird dabei operationalisiert über die Typisierung nach den drei Merkmalen „Erzeugnisspektrum", „Auftragsauslösungsart" und „Änderungseinflüsse während der Produktion". In dem Merkmal „Erzeugnisspektrum" spiegelt sich der Standardisierungsgrad der Erzeugniskonstruktion wider. Die „Auftragsauslösungsart" wird definiert über die Art der Auslösung des Primärbedarfs und über die Form der Liefervereinbarung. Die „Änderungseinflüsse während der Produktion" beschreiben die Einflußmöglichkeiten des Kunden auf den Auftrag während des Ablaufs des Leistungserstellungsprozesses.[12] Der grundlegende und organisatorisch unmittelbar relevante Unterschied zur internen Dimension besteht darin, daß, wenn die längerfristige Grundsatzentscheidung für die Intensität der Kundenorientierung einmal getroffen worden ist, die konkrete kurzfristige Ausprägung der externen Strategiedimension (die Einflußnahme des Kunden) nicht mehr der Disposition der Unternehmung unterliegt. Durch Rückgriff auf diese Merkmale läßt sich die externe Strategiedimension in die Typen der Marktproduktion und der Kundenproduktion (mit den Fällen Variantenprodukte und kundenindividuell konstruierte Produkte) einteilen.

Abb. 1: Systematisierung von Wettbewerbsstrategien

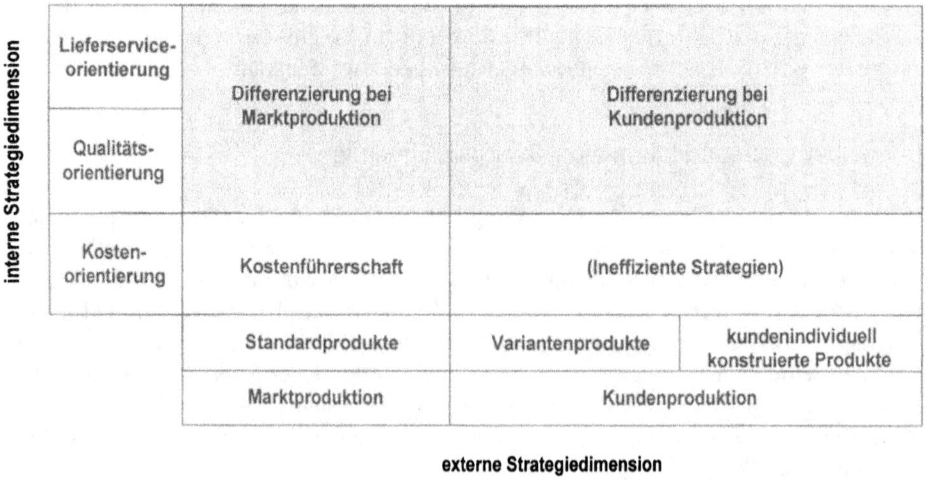

interne Strategiedimension		Marktproduktion	Kundenproduktion	
	Lieferservice-orientierung	Differenzierung bei Marktproduktion	Differenzierung bei Kundenproduktion	
	Qualitäts-orientierung			
	Kosten-orientierung	Kostenführerschaft	(Ineffiziente Strategien)	
		Standardprodukte	Variantenprodukte	kundenindividuell konstruierte Produkte
		Marktproduktion	Kundenproduktion	

externe Strategiedimension

Aus der zunehmenden Bedeutung der regionalen Strategiekomponente im internationalen Wettbewerb ergeben sich zwangsläufig neue Optionen für die strategische Positionierung der Unternehmung. Im Sinne der oben entwickelten Systematisierung alternativer Wettbewerbsstrategien bedeutet dies, daß mit der *regionalen Reichweite* der Unternehmungstätigkeit eine weitere interne, d. h. von der Unternehmung in gewissen Grenzen beeinflußbare Strategiedimension hinzutritt. Die regionale Reichweite erfaßt sowohl die Anzahl als auch die Verschiedenartigkeit der Auslandsmärkte, auf denen die Produkte und Dienstleistungen der Unternehmung angeboten werden bzw. in Zukunft angeboten werden sollen. Als strategische Grundtypen im internationalen Wettbewerb ergeben sich somit jeweils regional begrenzte bzw. weltweite Ausprägungen der Kostenführerschaft, der Differenzierung bei Marktproduktion und der Differenzierung bei Kundenproduktion.[13]

II. Regionale Konfiguration und Standortstruktur

Das zweite Element des organisatorischen Gestaltungsrahmens im internationalen Wettbewerb berücksichtigt die räumliche (De-)Konzentration der Wertschöpfungsaktivitäten und deren Verteilung auf verschiedene Standorte in den regionalen Märkten, die von der Unternehmung bearbeitet werden (sollen). Sowohl die grundlegende Konfigurationsentscheidung als auch die nachgelagerte Entscheidung für einen konkreten Standort müssen zunächst getrennt für jede einzelne Teilfunktion vorgenommen werden. Das Spektrum des sich hieraus ergebenden internationalen Präsenzmusters der Gesamtunternehmung reicht von der vollständigen Verankerung der zentralen Aktivitäten im Stammhaus über die regionale Streuung aller Wertschöpfungsaktivitäten, d. h. jede Landesgesellschaft konzentriert sich auf die Wahrnehmung bestimmter Aufgaben wie etwa Entwicklung oder Produktion, bis hin zur lokalen Verankerung aller Wertschöpfungsaktivitäten in jeder Auslandsgesellschaft.[14]

III. Organisationssystem

Organisationsstrukturen sind Systeme von Regelungen (Infrastrukturen), die das Verhalten der Mitglieder auf ein übergeordnetes Gesamtziel der Unternehmung ausrichten sollen. Organisatorische Regelungen beeinflussen damit die Art der Aufgabenerfüllung sowie Inhalt und Qualität der erbrachten Leistung.[15] Die Gestaltung von Organisationsstrukturen vollzieht sich grundsätzlich im Spannungsfeld zwischen dem Zwang zur interpersonellen Arbeitsteilung mit der Folge der Einräumung von Entscheidungsautonomie für das einzelne Organisationsmitglied einerseits und der Erfordernis nach Überwindung der nachteiligen Folgen der Arbeitsteilung durch Integrations- und Abstimmungsmaßnahmen andererseits. Das Streben nach einer möglichst weitgehenden Aufhebung dieses Spannungsverhältnisses bestimmt auch die organisatorische Gestaltungsentscheidung im internationalen Wettbewerb. Das Kernproblem jeder anwendungsorientierten Organisationstheorie ist bislang ihre mangelnde empirische Erklärung und Prognose individuellen Verhaltens und sozialer Aktionen. Um den Handlungsbezug der Organisationstheorie nicht zu gefährden, muß bei dem derzeitigen Erkenntnisstand auf Konzepte zurückgegriffen werden, die sich im Urteil der Praxis als heuristische Prinzipien bewährt haben oder die aufgrund vorliegender empirischer Untersuchungen mit einer gewissen Wahrscheinlichkeit „Regelmäßigkeiten" im Verhalten abbilden. Auf einer solchen organisationstheoretischen Vorgehensweise basiert das im folgenden Abschnitt herangezogene strategieorientierte Gestaltungskonzept.

C. Strategieorientiertes Gestaltungskonzept für internationale Unternehmungen

Zur Reduktion der Komplexität des Untersuchungsgegenstandes soll der Gestaltungsprozeß im folgenden anhand der internationalen Auftragsabwicklung in Vertrieb und Produktion mittelständischer Unternehmungen der Investitionsgüterindustrie verdeutlicht werden.[16] Die Auftragsabwicklung bezeichnet den vom Kunden ausgelösten Leistungserstellungsprozeß, der sämtliche Aktivitäten, die direkt mit der zu erbringenden Leistung in Beziehung stehen, umfaßt. Durch eine verrichtungsorientierte Aufgabenanalyse lassen sich der Vertrieb in die Teilaufgaben „Kundenakquisition", „Angebotsbearbeitung" und „Auftragsbearbeitung" sowie die Produktion in die Aufgabenkomplexe „Konstruktion", „technische Arbeitsplanung", „Fertigungsplanung und -steuerung" und „Fertigungsdurchführung" zerlegen.[17] Die Fragen der strategiekonformen Generierung und Bewertung von Konfigurations- und organisatorischen Gestaltungsoptionen der internationalen Auftragsabwicklung bilden somit den Bezugspunkt aller weiteren Überlegungen.

I. Entscheidungstheoretische Analyse des Zusammenhangs zwischen Wettbewerbsstrategie und Organisationsstruktur

Da der Beitrag organisatorischer Regelungen zur Unternehmungszielerreichung nicht isoliert gemessen werden kann, stellt die Beurteilung von Organisationsstrukturen einen der schwierigsten Problemkomplexe der organisatorischen Gestaltung dar. Zur Lösung dieses Problems bedarf es des Rückgriffs auf mehrere operationale Subziele bzw. Effizienzkriterien, die empirisch in einem möglichst engen Zusammenhang mit den obersten Unternehmungszielen stehen. Der Stellenwert der einzelnen Kriterien, zwischen denen häufig konfliktäre Beziehungen bestehen, kann nur aus der zugrundeliegenden Wettbewerbs- und Internationalisierungsstrategie abgeleitet werden. Darüber hinaus bestimmt die Strategie maßgeblich die Ungewißheit, von deren Ausprägung die Anforderungen an die Koordination von organisatorischen Einheiten abhängen. Schließlich ist die Beurteilung des Stellenwerts verschiedener Unternehmungsaufgaben – hier einschränkend bezogen auf Teilaufgaben der Auftragsabwicklung – und damit eine Identifizierung kritischer, abstimmungsbedürftiger Interdependenzen und Potentiale allein vor dem Hintergrund der verfolgten Strategie möglich.

Abb. 2: Organisatorischer Gestaltungsrahmen im internationalen Wettbewerb

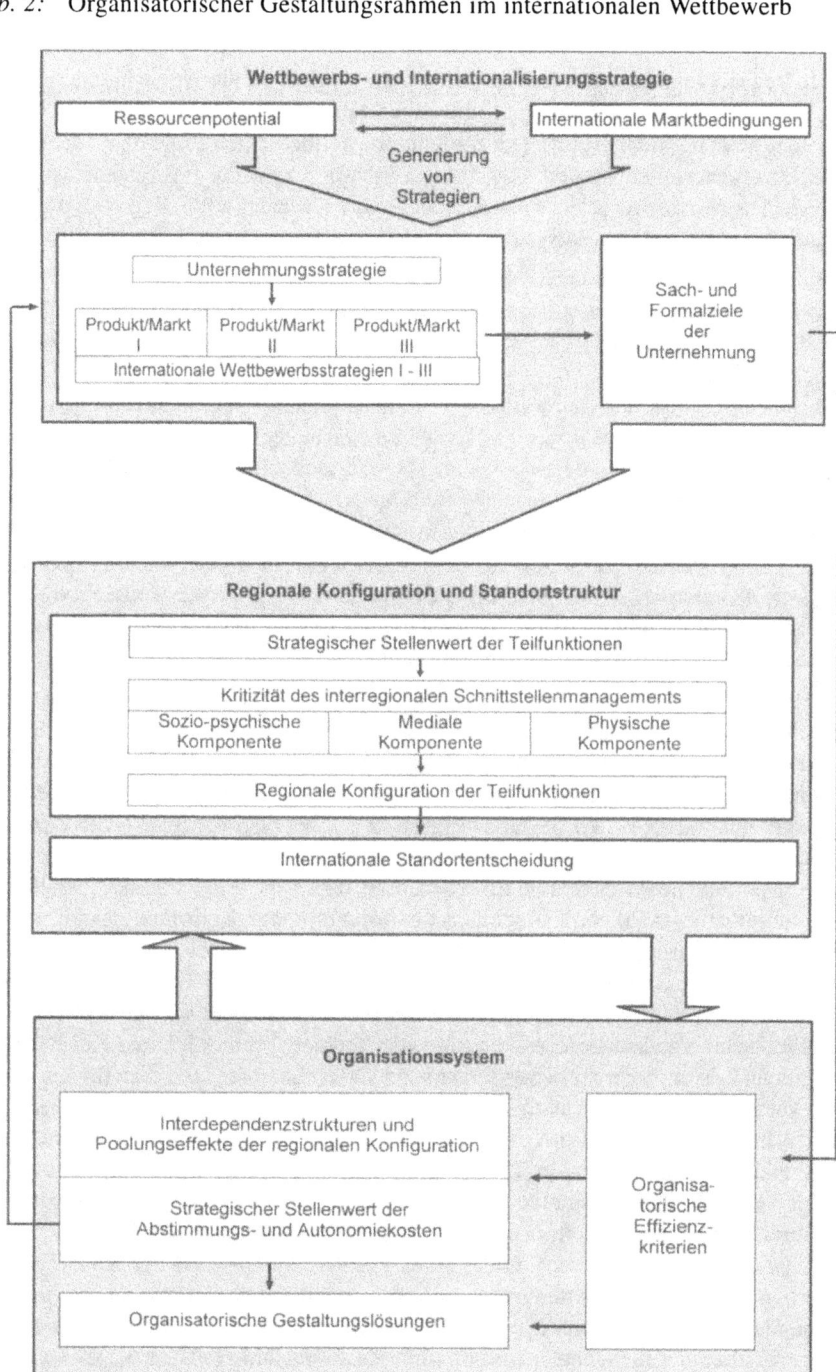

1. Die Wettbewerbsstrategie determiniert kritische Interdependenzen und Potentiale

Das grundlegende organisatorische Gestaltungsinstrument ist die Aufteilung einer komplexen Aufgabenstellung auf mehrere, derselben Hierarchieebene angehörende Organisationseinheiten (Segmentierung). Die Bildung von Teilbereichen sollte dabei in einer Art und Weise vorgenommen werden, daß die Koordination kritischer Aufgabenzusammenhänge erleichtert wird. Segmentierungsmaßnahmen führen in aller Regel zu Entscheidungsinterdependenzen: Die Entscheidungen einer Organisationseinheit beeinflussen zielrelevant die Entscheidungsmöglichkeiten anderer Einheiten.[18]

- *Ressourceninterdependenzen* liegen vor, wenn mehrere Einheiten eine knappe Ressource gemeinsam nutzen (z. B. gemeinsame Produktionsanlage zweier produktorientierter Vertriebseinheiten).
- *Absatzmarktinterdependenzen* entstehen, wenn identische (regionale) Marktsegmente von verschiedenen organisatorischen Einheiten bearbeitet werden, z. B. von Vertriebseinheiten der Zentrale und der regionalen Tochtergesellschaft. Ähnliche Überlegungen lassen sich auch für *Beschaffungsmarktinterdependenzen* anstellen.
- *Prozeßinterdependenzen* beziehen sich darauf, daß vorgelagerte Einheiten der Prozeßkette Inputfaktoren für nachgelagerte Einheiten zur Verfügung stellen (interne Leistungsverflechtungen). Diese Interdependenzform tritt bspw. auf, wenn Produktionseinheiten Umdispositionen in der Fertigungsplanung und -steuerung vornehmen, die den Entscheidungsspielraum der Vertriebseinheiten beeinflussen.

Eine weitgehend abgesicherte Erkenntnis der empirischen Organisationsforschung ist, daß die Zugehörigkeit zu einem Teilsystem die Einstellung und das Verhalten der Mitglieder beeinflußt. Insbesondere gilt nach dieser Auffassung, daß sich die Abstimmung innerhalb eines Teilsystems reibungsloser vollzieht als zwischen verschiedenen Teilsystemen.[19] Diese Erkenntnis allein ist als Gestaltungsprinzip bei der Segmentierung von Aufgaben allerdings wenig hilfreich, da sich in einer Unternehmung nicht alle Interdependenzen innerhalb eines Teilbereichs abstimmen lassen. Erst durch die Einbeziehung der Wettbewerbsstrategie ist es möglich, kritische, mit besonders hohen Koordinationsanforderungen verbundene Interdependenzen zu ermitteln, die daher zur Erleichterung der Abstimmung innerhalb eines organisatorischen Teilbereichs zu verankern sind. Unternehmungen mit der Strategie der Differenzierung bei Kundenproduktion bpsw. verzichten tendenziell auf die klassische organisatorische Trennung von Vertrieb, Produktion und Konstruktion, da eine solche Lösung zu erheblichen Prozeß- und Marktinterdependenzen führen würde. Sowohl Vertriebsaufgaben als auch gewisse Konstruktionsaufgaben bedingen hier einen intensiven Interaktionsprozeß mit dem Kunden, in dem die wesentlichen Produkteigenschaften näher spezifiziert werden. Daher werden diese kritischen Interdependenzen häufig durch vertriebsinterne Verankerung kundenspezifischer Konstruktionsaufgaben in einem Bereich zusammengefaßt, während die intern ausgerichteten Konstruktionsaktivitäten im Produktionsbereich verbleiben.[20] Die mit der Aufspaltung der Konstruktionsaufgaben einhergehende Begründung neuer, mit der internen Umsetzung verbundener Interdependenzen erscheint weniger kritisch, wenn man berücksichtigt, daß bei dieser Wettbewerbsstrategie die schnelle und flexible Reaktionsfähigkeit auf Kundenwünsche im Vordergrund steht.

Segmentierungsmaßnahmen führen oftmals auch zu einer Spaltung von Ressourcen- oder Marktpotentialen und zum Verzicht auf die Nutzung von Spezialisierungs- und Größendegressionsvorteilen. Betrachtet man z. B. die Differenzierungsstrategien, so handelt es sich bei den kritischen Marktpotentialen weniger um Lieferanten als vielmehr um Kunden, die potentiell Verhandlungspartner mehrerer organisatorischer Einheiten sind (z. B. Vertrieb und Konstruktion), so daß ein unternehmungseinheitliches Auftreten am Markt sichergestellt werden muß. Ein strategiebedingt kritisches Ressourcenpotential einer mittelständischen Maschinenbauunternehmung liegt im kundenspezifischen Konstruktions-Know-how.[21] Die Einrichtung von Konstruktionsabteilungen an unterschiedlichen Standorten kann zwar in einigen Fällen den organisatorischen Koordinationsaufwand reduzieren, allerdings geht damit unter Umständen ein wirtschaftlich kaum verkraftbarer Verzicht auf Poolungsvorteile einher.

2. Die Wettbewerbsstrategie determiniert das Ausmaß an Ungewißheit mit entsprechendem Anpassungsbedarf

Die zentrale Bestimmungsgröße für das Ausmaß an zu bewältigender Ungewißheit in der Auftragsabwicklung ist die externe Strategiedimension: Je größer die potentielle Einflußmöglichkeit des Kunden auf den Leistungserstellungsprozeß, desto höher wird die Dynamik und Komplexität, die wiederum die Anforderungen an die Koordination maßgeblich bestimmen.[22] Dies liegt zum einen darin begründet, daß die aufwendige Produktstruktur ausgeprägt kundenorientierter Unternehmungen in einer hohen Komplexität der Aufgaben der Auftragsabwicklung resultiert. Zum anderen führt die starke Abhängigkeit von Kundenvorgaben und der anspruchsvolle Interaktionsprozeß mit dem Kunden zu einer ausgeprägten Dynamik der Umwelt.

Auch die Aktivitäten, die auf den ersten Blick keinen direkten Kundenkontakt erfordern (z. B. technische Arbeitsplanung, Fertigungsplanung und -steuerung, Fertigungsdurchführung), sind von dem Problem der Ungewißheit betroffen, da sie unmittelbar auf den Entscheidungen in den kundennahen Bereichen Vertrieb und Konstruktion aufbauen.[23] In gewissem Umfang läßt sich die Ungewißheit indes auf bestimmten Stufen des Leistungserstellungsprozesses durch Einrichtung von Puffern für Potential- und Verbrauchsfaktoren isolieren. Je größer die Ungewißheit, desto aufwendiger wird generell die horizontale Koordination, da die detaillierte ex ante-Planung von Aktivitäten an Bedeutung verliert und der notwendige Abstimmungsprozeß durch entsprechende Ausschüsse sichergestellt werden muß.

3. Die Wettbewerbsstrategie determiniert den Stellenwert der organisatorischen Effizienzkriterien

Die organisatorischen Effizienzkriterien der Ressourcen-, Markt-, Prozeß- und Delegationseffizienz sind nicht unabhängig voneinander, sondern vielmehr durch vielfältige Trade-off-Beziehungen miteinander verbunden. Die Frage, an welchen Effizienzkriterien sich die organisatorische Gestaltung im Einzelfall primär orientieren soll, kann nur unter Rückgriff auf die zugrundeliegende Wettbewerbsstrategie beantwortet werden.[24] Die *Ressourceneffizienz* zielt auf die umfassende Nutzung von Ressourcen in Form von Personen, Anlagen und immateriellen Ressourcen ab. Dieses Kriterium verlangt, die Ressourcennutzung über Bereichsgrenzen hinweg auf die Ziele der Gesamtunternehmung auszurichten. Mangelnde Ressourceneffizienz manifestiert sich insbesondere in unausgelasteten Kapazitäten, Zwischenlägern und Qualitätsverlusten. Das Kriterium der *Markteffizienz* erfaßt die konsequente Nutzung von Potentialen und die Berücksichtigung von Interdependenzen auf dem Beschaffungs- und Absatzmarkt. Ihre Realisierung erfordert, die Kontakte mit Lieferanten und Kunden über Bereichsgrenzen hinweg auf die Ziele der Gesamtunternehmung auszurichten. Auf dem Absatzmarkt wird ein koordiniertes Auftreten gegenüber dem Kunden und die Erzielung von produkt- und regionenübergreifenden Verbundeffekten angestrebt. Auf dem Beschaffungsmarkt steht die Nachfragebündelung zur Verstärkung der Marktmacht im Vordergrund. Entgangene Absatz- und Beschaffungschancen und ungünstige Konditionen sind Zeichen für mangelnde Markteffizienz. Gegenstand der *Prozeßeffizienz* ist die Gestaltung des Leistungsprozesses von seiner Auslösung bis zur Vertragserfüllung gegenüber dem Kunden in einer Weise, die bei Wahrung vorgegebener Qualitäts- und Produktivitätsnormen die aufgrund der Wettbewerbsstrategie erforderliche Durchlaufzeit sicherstellt. Dieses Kriterium verlangt die geschlossene Betrachtung sämtlicher Stufen des Leistungserstellungsprozesses und die Berücksichtigung kritischer Prozeß- und Ressourceninterdependenzen. Mangelnde Prozeßeffizienz äußert sich insbesondere in Terminüberschreitungen, Zwischenlägern und geringer Produktivität. Die umfassende Nutzung des Informations- und Problemlösungspotentials unterschiedlicher Hierarchieebenen steht im Mittelpunkt der *Delegationseffizienz*. Die Realisation der Delegationseffizienz erfordert, die hierarchische Aufspaltung von Entscheidungen so vorzunehmen, daß die Vorteile einer Nutzung der Problemumsicht übergeordneter Einheiten mit den Nachteilen einer Verursachung von Entscheidungs- und Informationskosten ausgeglichen werden. Mangelnde Delegationseffizienz manifestiert sich bspw. in zu langen Reaktionszeiten auf Veränderungen des Marktumfeldes, die auf eine hohe Entscheidungszentralisation hinsichtlich der Vertriebsaufgaben im Stammhaus der international tätigen Unternehmung zurückzuführen sind.

Zur dauerhaften Sicherung ihrer relativen Wettbewerbsfähigkeit müssen kundenorientierte Unternehmungen der Investitionsgüterindustrie der Absatzmarkteffizienz höchste Priorität einräumen. Vereinbarungen, die mit dem Kunden von einer Organisationseinheit getroffen werden, schränken den Dispositionsspielraum der zahlreichen anderen, ebenfalls in direktem Kundenkontakt stehenden Einheiten deutlich ein. Insofern ist die vorherige Abstimmung der kundenorientierten Entscheidungen von fundamentaler Bedeutung. Ebenso ist auf eine hohe Prozeßeffizienz zu achten, um das angestrebte hohe Lieferserviceniveau zu realisieren. Doch auch dem Kriterium der Ressourceneffizienz muß gerade von mittelständischen Unternehmungen mit knappen Ressourcenpotentialen ein hoher Stellenwert beigemessen werden. Es wurde bereits darauf hingewiesen, daß zwischen den genannten Kriterien zu einem gewissen Grad unauflösbare Trade-offs bestehen, die eine umfassende Realisierung aller Effizienzkriterien ausschließen. So tangiert etwa eine aus Prozeßperspektive sinnvolle organisatorische Trennung einer Fertigungsanlage negativ die Ressourceneffizienz.

Zur Beantwortung der Frage, welche Ergänzungen und Modifikationen sich hinsichtlich dieses Strategie-Struktur-Zusammenhangs aus der Berücksichtigung der internationalen Dimension des Wettbewerbs ergeben, wird im folgenden zunächst der Einfluß der von der Unternehmung verfolgten internationalen Wettbewerbsstrategie auf die regionale

Konfiguration, d. h. das Problem der strategieadäquaten (De-)Konzentration der einzelnen Teilaufgaben der Auftragsabwicklung, näher betrachtet.[25]

II. Einfluß der Wettbewerbsstrategie auf die regionale Konfiguration der Auftragsabwicklung

Wenngleich sicher keine der Teilaufgaben der Auftragsabwicklung in Vertrieb und Produktion für die Wettbewerbsfähigkeit der Unternehmung als unbedeutend bzw. unkritisch angesehen werden kann, lassen sich unter Rückgriff auf die verfolgte Wettbewerbs- und Internationalisierungsstrategie bestimmte Teilaufgaben ermitteln, denen ein vergleichsweise hoher strategischer Stellenwert zukommt.[26] Strategiekritische Teilaufgaben sind dann in einer Art und Weise regional zu konfigurieren, daß sie möglichst optimal zur Realisierung der Erfolgspotentiale am externen Markt beitragen. Standardfertiger mit einer weltweiten Kostenführerschaftsstrategie werden insbesondere in der Fertigungsplanung und -steuerung und Fertigungsdurchführung strategiekritische Teilaufgaben sehen, die in Ländern mit geeigneten Standortbedingungen zu konzentrieren sind. Demgegenüber werden für Unternehmungen mit einer Differenzierungsstrategie bei Kundenproduktion im Extremfall sämtliche Teilaufgaben der Auftragsabwicklung unmittelbar oder mittelbar strategiekritisch; als strategieneutral können dann höchstens noch Teilaufgaben außerhalb des eigentlichen Leistungserstellungsprozesses, z. B. die Grundlagenentwicklung oder die Finanzierung, gelten.

Den Ausgangspunkt der weiteren Überlegungen bildet die sicher realitätsnahe Annahme, daß bei einem hohen Ausmaß an kundenindividueller Auftragsabwicklung zur marktgerechten Erfüllung der Vertriebsaufgaben deren regionale Streuung bzw. abnehmernahe Verankerung unvermeidbar ist.[27] Erfolgt nun die notwendige intensive Abstimmung mit dem Kunden während des Leistungserstellungsprozesses in erster Linie über die Einheiten des Vertriebs, die bei diesem Strategietyp wie oben dargestellt auch teilweise mit Konstruktionsaufgaben betraut sind, könnten die technische Arbeitsplanung, die Fertigungsplanung und -steuerung sowie die Fertigungsdurchführung auf den ersten Blick als eher strategieneutrale Aufgaben betrachtet und zur Ausschöpfung von Poolungseffekten im Stammland oder in einer anderen Region mit komparativen Standortvorteilen konzentriert werden. Eine solche Vorgehensweise ließe jedoch die strategiebedingt hohen Anforderungen an das unternehmungsinterne Schnittstellenmanagement zwischen Vertrieb und Produktion außer acht. Besteht innerhalb der Auftragsabwicklung zwischen einer oder mehreren strategiekritischen Teilaufgabe(n) und einer oder mehreren strategieneutralen Teilaufgabe(n) ein hoher Koordinationsbedarf, so wird bzw. werden letztere in den Rang einer strategiekritischen Aufgabe gehoben.[28] Ob mit dieser Modifikation auch eine Änderung des regionalen Präsenzmusters verbunden ist, dergestalt, daß die lokale Diffusion bestimmter Vertriebsaufgaben die Diffusion weiterer Auftragsabwicklungsaufgaben nach sich zieht[29], hängt entscheidend davon ab, ob und in welchem Umfang man dem unternehmungsinternen *interregionalen* Schnittstellenmanagement im Vergleich zu einer unternehmungsinternen *intraregionalen* Regelung einen besonderen Anforderungsgehalt beimißt. Hierzu sollen nachfolgend unterschiedliche Einflußgrößen entwickelt werden, von deren Ausprägungen die Anforderungen an das interregionale Schnittstellenmanagement maßgeblich bestimmt werden.

III. Determinanten des Koordinationsaufwands interregionaler Schnittstellen

Zur Erfassung der in der betriebswirtschaftlichen Organisationstheorie häufig vernachlässigten räumlichen Dimension des Koordinationsproblems können im wesentlichen drei unterschiedliche Erklärungsansätze herangezogen werden, die auf die sozio-psychische Distanz zwischen Mitgliedern verschiedener regionaler Teilsysteme, auf die geringere Reichhaltigkeit nicht-persönlicher Kommunikationsformen sowie auf die flußorientierte Gestaltung des inner- und überbetrieblichen Leistungserstellungsprozesses (Just-in-Time–Prinzip) abstellen.

1. Sozio-psychische Komponente

Erkenntnisse der empirischen Organisationsforschung belegen, daß die Art des zu bearbeitenden Aufgabensegments und die Zugehörigkeit zu einem bestimmten Teilsystem das Kommunikationsverhalten organisatorischer Entscheidungsträger beeinflussen und die jeweiligen Prinzipien bei der Wahrnehmung und Lösung von Problemen prägen. Überträgt man diesen Zusammenhang auf die Ergebnisse der internationalen Arbeitsteilung, erscheint ein Rückgriff auf das vieldiskutierte Phänomen der Organisationskultur erfolgversprechend, deren wissenschaftliche Analyse die Einbeziehung sozialpsychologischer und soziologischer Theorien erfordert. Schein definiert Organisationskultur als „a pattern of basic assumptions – invented, discovered or developed by a given group as it learns to cope with its problems of external adaptation and internal integration – that has worked well enough to be considered valid and, therefore, to be taught to new members as the correct way to perceive, think and feel in relation to those problems."[30] Organisationskulturen zeichnen sich folglich durch ein System heuristischer Prinzipien aus, die über die Reduktion der Komplexität und Ungewißheit zur erfolgreichen Anpassung an die Unternehmungsumwelt und zur internen Integration der Gruppenmitglieder beitragen. Da die Traditionen und Wertvorstellungen der jeweiligen Landeskultur einen wesentlichen Einfluß auf die Merkmale der Organisationskultur ausüben[31], sehen sich international tätige Unternehmungen zwangsläufig mit dem Problem konfrontiert, bei der Ausrichtung der Aktivitäten der einzelnen Landesgesellschaften auf die übergeordneten Ziele der Gesamtunternehmung die Unterschiedlichkeit lokaler „Subkulturen" zu berücksichtigen.[32] Zwar besteht in globalen Unternehmungen die starke Neigung, die Gemeinsamkeiten einzelner Länder und Kulturkreise zu betonen und den Einfluß davon abweichender Wertvorstellungen, die in den jeweiligen Gastländern existieren, möglichst gering zu halten. Doch stehen den positiven, die interregionale Koordination vereinfachenden Wirkungen einer Assimilation der Organisationskulturen erhebliche negative Motivationseffekte gegenüber, die aus der im Extremfall vollständigen kulturellen Entwurzelung der Landesgesellschaften resultieren. Hohe Motivationswirkungen sind eher dann zu erwarten, wenn es der internationalen Unternehmung gelingt, einen weitgehenden „cultural fit" zwischen den einzelnen Kulturen der Gastländer und der Organisationskultur zu erzielen.[33] Allerdings sind einer aktiven Gestaltbarkeit der Organisationskultur, wie dies manche Darstellungen in der Managementliteratur suggerieren, erfahrungsgemäß enge Grenzen gesetzt. Dies gilt in besonderem Maße für ursprünglich stark exportorientierte kleine und mittelständische Unternehmungen, die nur sehr bedingt in der Lage sind, z. B. durch die

Entsendung von Stammhaus-Delegierten, die Kultur in ihren Auslandsgesellschaften nachhaltig zu beeinflussen.

Interregionale Schnittstellen in der Auftragsabwicklung begründen folglich einen besonderen Koordinationsbedarf, dessen Intensität maßgeblich von der sozio-psychischen Distanz, operationalisiert durch wahrgenommene, kulturbedingt unterschiedliche Einstellungen und Verhaltensweisen, zwischen den organisatorischen Einheiten abhängt.[34] Ohne auf die nur schwer lösbaren Fragen einer zuverlässigen Erfassung und Meßbarkeit von Organisationskulturen bzw. sozio-psychischer Distanzen an dieser Stelle eingehen zu können[35], lassen sich bestimmte verhaltensprägende Kulturmerkmäle (z. B. Individualismus oder Kollektivismus, horizontales oder vertikales Ordnungsdenken, Konflikt- oder Konsensorientierung) identifizieren und nach dem derzeitigen Erkenntnisstand zumindest qualitative Distanzaussagen treffen. Auch Sprachbarrieren und Unterschiede in dem entwickelten Zeitverständnis können die interregionale Abstimmung wesentlich beeinflussen.[36] Mit zunehmender räumlicher Aufgliederung der Auftragsabwicklung und der Aufgabenzuordnung auf diffundierte regionale Einheiten wächst tendenziell die sozio-psychische Distanz zwischen den Entscheidungsträgern an organisatorischen Schnittstellen, die einen besonderen Koordinationsbedarf begründet. Die Abstimmung der strategiekritischen interregionalen Schnittstelle eines Einzelauftragsfertigers zwischen der zentralen Konstruktionsabteilung in Deutschland und der Vertriebsgesellschaft in Japan wird somit nicht nur durch die ziel- und verhaltensbeeinflussende Funktion der unterschiedlichen Bereichszugehörigkeit, sondern zusätzlich durch die Einflußmuster der jeweiligen Landes- und Organisationskulturen erschwert.

2. Mediale Komponente

Die zweite Argumentationslinie für die räumliche Dimension der organisatorischen Koordination erscheint auf den ersten Blick weniger plausibel, werden doch der rasante Fortschritt und die schnelle Verbreitung informations- und kommunikationstechnologischer Systeme[37] allenthalben als Ursache der zunehmenden Globalisierung und des Zusammenwachsens der Märkte angeführt. Allerdings weisen alternative Kommunikationsmedien erhebliche Unterschiede in der potentiellen Informationsübertragungskapazität auf.[38] Die Face-to-Face Kommunikation ist die „reichhaltigste" Form der Informationsübertragung, da sie im Gegensatz zur formalen schriftlichen oder numerischen Kommunikation ein unmittelbares persönliches Feedback und den zusätzlichen Einsatz non-verbaler Ausdrucksformen ermöglicht. Für die intraorganisationale Abstimmung von Interdependenzen sind „reichhaltige" Kommunikationsmedien um so notwendiger, je höher die mit der Ausprägung der externen Strategiedimension verbundene Ungewißheit der zu koordinierenden Aufgaben und je größer die durch die Zugehörigkeit zu einem bestimmten organisatorischen oder regionalen Teilsystem bedingte sozio-psychische Distanz zwischen den Entscheidungsträgern an der Schnittstelle ist. Besteht bspw. der strategische Wettbewerbsvorteil einer Unternehmung der Maschinenbaubranche in der Konzipierung kundenspezifischer Problemlösungen, werden nicht-persönliche Informations- und Kommunikationsformen den Anforderungen des unternehmungsinternen und -übergreifenden Abstimmungsprozesses kaum gerecht werden können. Vielmehr sind bereichsübergreifende Projektteams – auch unter Einbeziehung des externen Kunden – zu bilden, in denen die unterschiedlichen Ziele, Bedürfnisse und grundlegenden Einstellungen in Einklang gebracht und ein gemeinsames Problemverständnis entwickelt werden. Eine ausschließlich interregionale Abstimmung strategiekritischer Markt- und Prozeßinterdependenzen bleibt unter diesem Aspekt folglich solange unzureichend, bis zuverlässige Kommunikationsmedien entwickelt werden, deren potentielle Informationsübertragungskapazität (z. B. von Videokonferenzsystemen) der persönlicher Face-to-Face Kommunikation sehr nahekommt.

3. Physische Komponente

Das hier zugrundeliegende organisationstheoretische Konzept ist durch eine konsequente Ausrichtung an der Entscheidungsdimension von Handlungen in arbeitsteiligen Systemen gekennzeichnet. Da Realisationshandlungen durch vorgelagerte (in organisatorischer Hinsicht häufig übergeordnete) Entscheidungen bestimmt werden, ist es naheliegend, den Zugang zum Verständnis und zur Gestaltung von Handlungen in Unternehmungen über die Perspektive der Entscheidung zu suchen. Allerdings gewinnt das Realisationssystem bei der organisatorischen Gestaltung dann an Bedeutung, wenn die Prozeßeffizienz und das Prinzip der auftrags- und flußorientierten Leistungserstellung unternehmungsübergreifend besonders betont werden und sich räumliche Nähe als ein zentrales Entscheidungskriterium bei der externen Auftragsvergabe manifestiert. Unternehmungen der Investitionsgüterindustrie, die ihre externen Kunden im Just-in-Time Prinzip[39] beliefern, müssen ihre Leistungserstellung in unmittelbarer Nähe zu den Abnehmern verankern, da andernfalls die hohen logistischen Anforderungen an den Produktionsprozeß (hier einschränkend bezogen auf die Optimierung der Materialflüsse) kaum noch bewältigt werden können. Insofern bewirkt die konsequente Umsetzung moderner, am Just-in-Time Prinzip anknüpfender Organisations- und Restrukturierungskonzepte[40] eine Verstärkung der in der klassischen Standorttheorie eingehend diskutierten Agglomerations- und Fühlungsvorteile. Diese ergeben sich aus der räumlichen Zusammenlegung ähnlicher oder verwandter Wertschöpfungsaktivitäten unterschiedlicher Unternehmungen.[41] Die räumlich integrierten Just-in-Time Komplexe, die sich sowohl um die Stammwerke als auch um die US-amerikanischen Transplants der japanischen Automobilhersteller gebildet haben, belegen auf eindrucksvolle Weise diesen Zusammenhang, der auch in zahlreichen Segmenten der Investitionsgüterindustrie zu beobachten ist.[42]

IV. Konsequenzen für die regionale Reichweite mittelständischer Unternehmungsaktivitäten aus organisationstheoretischer Sicht

Aus den vorangegangenen Überlegungen zur räumlichen Dimension der Koordination ergeben sich im wesentlichen zwei Konsequenzen. Erstens sind aus wettbewerbsstrategischer Sicht kritische Interdependenzen im Auftragsabwicklungsprozeß möglichst intraregional zu verankern, da andernfalls der notwendige Abstimmungsbedarf wenn überhaupt nur durch den zusätzlichen Einsatz kostenintensiver Instrumente des Schnittstellenmanagements (multiregionale Teams, Ausschüsse etc.) befriedigt werden kann und Einbußen bei der Absatzmarkt- und Prozeßeffizienz zu erwarten sind. (Auf die Probleme kleiner und mittelständischer Unternehmungen bei der Umsetzung dieses Prinzips wird im weiteren noch näher einzugehen sein.) Wenn der weltweite Maßstab für „Best Practise" in der gleichzeitigen Erfüllung enger Zeitvorgaben und anspruchsvoller Kosten- und Qualitätsziele liegt, verschärft sich die organisatorische Interdependenzproblematik und wird die Bewältigung unternehmungsinterner und -übergreifender Schnittstellen zu einem kritischen Element für die Leistungsfähigkeit der Unternehmung im internationalen Wettbewerb. Für Unternehmungen, die eine Differenzierungsstrategie bei Kundenproduktion verfolgen, bedeutet eine konsequente Umsetzung des *Prinzips der regionalen Internalisierung kritischer Schnittstellen*, daß die regionale Verankerung von Aufgaben der Auftragsabwicklung sich nicht auf den Vertrieb beschränken darf. Vielmehr geht von der räumlichen Diffusion der Vertriebsaktivitäten eine Sogwirkung auf die vertriebsnahe Konfiguration vorgelagerter Konstruktions- und Produktionsaufgaben aus. Naturgemäß wird die Entscheidung für eine regionale Diffusion von Aufgaben nur in solchen Märkten aus Sicht der Gesamtunternehmung ökonomisch vorteilhaft, in denen die positiven Effekte der intraregionalen Koordination höher bewertet werden als der unter Umständen mit erheblichen Kosten einhergehende Verzicht auf Größendegressions- und Spezialisierungsvorteile.

Daraus ergibt sich jedoch unmittelbar eine zweite Konsequenz, deren Tragweite angesichts der überwiegend mittelständisch geprägten Struktur der deutschen Maschinenbaubranche nicht hoch genug eingeschätzt werden kann. Die gegenwärtig zu beobachtende regionale Konzentration der Geschäftstätigkeit eines großen Teils der deutschen Maschinenbauunternehmungen auf den europäischen Wirtschaftsraum ist maßgeblich auf die Erfolgsfaktoren der zugrundeliegenden Wettbewerbsstrategie, insbesondere auf das Ausmaß an externer Kundenorientierung, zurückzuführen. Zur Ausdehnung ihrer regionalen Reichweite steht der mittelständischen Unternehmung zwar prinzipiell die Option offen, in wichtigen Kernmärkten (z. B. in Ländern der Triade mit einem hohen Marktvolumen) außerhalb der originären, vom Stammhaus aus bearbeitbaren Absatzmärkte mit einem umfangreichen Aufgabenspektrum ausgestattete und weitgehend autonome Landesgesellschaften aufzubauen. Jedoch dürfte die konsequente Umsetzung dieser Option zweifellos an nur schwer überwindbare finanzielle und personelle Grenzen stoßen. Wenn in zahlreichen Segmenten des Maschinen- und Anlagenbaus, bspw. im Großanlagen-, Textil- und Werkzeugmaschinenbau, im Zuge der wachsenden Globalisierung die Marktstellung in einer Triaderegion maßgeblich von der Präsenz in den beiden anderen Regionen abhängt und die erfolgreiche Bearbeitung des Weltmarktes – in der Terminologie des organisatorischen Gestaltungsrahmens eine hohe regionale Reichweite – zum strategischen und technologischen Erfolgsfaktor wird, müssen unter Beachtung der zuvor entwickelten Zusammenhänge innovative Konzepte entwickelt werden, die einen Ausweg aus diesem Dilemma aufzeigen. Ein möglicher Lösungsansatz wäre offensichtlich die Reduktion des Ausmaßes an externer Kundenorientierung bzw. der Einflußnahme des Kunden auf den Leistungserstellungsprozeß. Obgleich dies in Einzelfällen ein ökonomisch tragfähiger Ansatz darstellen mag, eine generelle Handlungsempfehlung kann es sicher nicht sein.[43] Innovativer und langfristig erfolgversprechender erscheinen Konzepte, die die ausgeprägte Kundenorientierung deutscher mittelständischer Unternehmungen als große Chance im globalen Wettbewerb begreifen und an dem zentralen Problem des Mittelstandes im Internationalisierungsprozeß, dessen begrenzte Ressourcenpotentiale, ansetzen.

D. Das Konzept der „Deutschen Häuser" in Ostasien: Förderung der regionalen Reichweite mittelständischer Unternehmungen des Maschinen- und Anlagenbaus?

Zur Verbesserung der globalen Marktpräsenz deutscher Klein- und Mittelunternehmungen arbeiten Wirtschaft, Politik und Verbände seit einigen Jahren intensiv an der Fortentwicklung des Instrumentariums der Außenwirtschaftsförderung. Ein Kernelement des Asien-Pazifik-Konzepts[44] der deutschen Wirtschaft ist das Konzept der „Deutschen Häuser", das ausdrücklich auch Unternehmungen des Maschinen- und Anlagenbaus eine nachhaltige Penetration der ostasiatischen Wachstumsmärkte ermöglichen soll. Da die Konzeptionen der bestehenden Zentren in Shanghai und Singapur sowie der in Zukunft geplanten Stützpunkte in Seoul, Peking, Hanoi und Jakarta an lokale Gegebenheiten angepaßt werden und eine differenzierte Erörterung der unterschiedlichen Ansätze den Rahmen dieses Beitrags zweifelsohne sprengen würde, liegt den folgenden Überlegungen das konkrete Angebot des Mitte 1995 eröffneten Deutschen Industrie- und Handelszentrums in Singapur zugrunde.[45] Die mittelständischen Unternehmungen können dort zu günstigen und stabilen Mietkonditionen Büroräumlichkeiten, Ausstellungs-, Konferenz- und Schulungsräume nutzen und in gewissem Umfang auf Montage- und Lagerflächen (z. B. für Ersatzteile) zurückgreifen. Das Hardwareangebot wird ergänzt durch umfangreiche Beratungs- und Serviceleistungen eines erfahrenen deutsch-asiatischen Expertenteams. Hierbei ist an die Auswahl geeigneter lokaler Partner für Vertriebs-, Service- und Produktionsaktivitäten ebenso zu denken wie an die Einstellung qualifizierter Fach- und Führungskräfte, an Standortentscheidungen, Behördenkontakte, Rechtsberatung etc. Darüber hinaus leisten Repräsentanten deutscher Spitzenverbände und Landesregierungen Unterstützung und „politische Flankierung" der Marktaktivitäten, die sich in der Regel auf den ASEAN-Wirtschaftsraum und Südchina konzentrieren. In unmittelbarer Nähe liegen zahlreiche Ausbildungsstätten für Ingenieure und technische Fachkräfte, darunter das aus deutscher Entwicklungshilfe geförderte German-Singapore Institute.

Auf den ersten Blick überrascht die ausgeprägte „Vertriebslastigkeit" der Konzeption des deutschen Zentrums in Singapur, die wohl darin begründet liegt, daß mit dem Dienstleistungsangebot insbesondere solche Unternehmungen angesprochen werden sollen, die bislang die (süd-)ostasiatischen Absatzmärkte entweder völlig vernachlässigt oder auf reiner Exportbasis bedient haben. Die strategiekritischen Schnittstellen in der Auftragsabwicklung zwischen Vertrieb, Produktion und Konstruktion weisen somit überwiegend einen interregionalen Charakter auf. Wird der Realisierung einer hohen Absatzmarkt- und Prozeßeffizienz strategiebedingt eine große Bedeutung beigemessen, sollte zur Vereinfachung des Schnittstellenmanagements die Konstruktionsaufgabe organisatorisch im Vertrieb des Stammhauses verankert werden, so daß sich die interregionale Koordination innerhalb einer Teilaufgabe (Vertrieb Singapur – Vertrieb Deutschland) vollzieht. Unter medialen Aspekten bleibt festzuhalten, daß das in dem Zentrum zur Verfügung gestellte System leistungsfähiger Informations- und Kommunikationstechnologie nur partiell in der Lage ist, die bei komplexen Entscheidungsproblemen notwendige interregionale persönliche Kommunikation zu ersetzen.

Das Zentrum sieht seine Funktion insbesondere auch in der Anregung von Kooperationen zwischen Unternehmungen, die über ein komplementäres Produktprogramm verfügen und zur besseren Ausschöpfung der Ressourcen- und Marktpotentiale ihre Vertriebsaktivitäten bündeln, z. B. durch den Einsatz eines gemeinsamen Vertriebsingenieurs und Servicetechnikers, die zur weiteren Markterschließung die Gründung einer gemeinsamen Vertriebsgesellschaft vor Ort vorbereiten.[46] Vergegenwärtigt man sich die im Rahmen dieses Beitrags entwickelten Einflußgrößen der regionalen Reichweite von Unternehmungen mit einer ausgeprägt kundenorientierten Wettbewerbsstategie, die einen beachtlichen Teil der deutschen mittelständischen Maschinenbauunternehmungen auszeichnet[47], wird allerdings deutlich, daß ein zukunftsweisendes Förderungskonzept auch unbedingt an der lokalen Ansiedlung von Produktions- und Konstruktionsaufgaben[48] ansetzen muß. Erste Ansätze sind zwar durch das Angebot von kleinen Montageräumen und verschiedenen Serviceleistungen (z. B. Vermittlung lokaler Partner) erkennbar, jedoch besteht auf diesem Gebiet für die Zukunft sicher noch erheblicher Handlungsbedarf.

Anmerkungen

1 Zur Schlüsselstellung des Maschinen- und Anlagenbaus auf europäischer Ebene vgl. European Commission, 1994.
2 Die Stellung Deutschlands als „Exportweltmeister" ergibt sich nur dann, wenn man auf den Maschinenbau im engeren Sinne, d.h. ohne die Fachzweige Büro- und Informationstechnik und Geldschränke und Tresoranlagen, abstellt. Berücksichtigt man hingegen den Maschinenbau insgesamt, so stand Deutschland 1994 mit einem Welthandelsanteil von 15,9% nach Japan (18,6%) und den USA (17,6%) erst an dritter Stelle. Quelle für alle verwendeten Daten, falls nicht anders angegeben: VDMA.
3 Die folgenden Marktdaten beziehen sich auf den Maschinenbau im weiteren Sinne.
4 Die Marktanteile beziehen sich immer auf Anteile nach Lieferländern.
5 Zur Systematisierung unterschiedlicher Marktzutrittsbarrieren siehe z. B. Simon, 1989.
6 Vgl. Perlmutter, 1969.
7 Im Sinne des von Chandler geprägten Prinzips „Structure Follows Strategy". Vgl. Chandler, 1962.
8 Vgl. Frese/Mensching/v. Werder, 1987, S. 117 f.
9 Vgl. Porter, 1988, S. 62 ff.
10 Zu einer ausführlichen Darstellung vgl. Frese, 1995, S. 319 ff.; Frese/Noetel, 1992, S. 72 ff. Die Strategie der Kostenführerschaft bei Kundenproduktion wird als ineffiziente Strategie nicht erfaßt.
11 Zu den vielfältigen Definitionsmöglichkeiten des Qualitätsbegriffes vgl. Dögl, 1986.
12 Vgl. Frese/Noetel, 1992, S. 78 ff.
13 Zum Zusammenhang zwischen Wettbewerbsstrategien und Internationalisierungsstrategien siehe Frese, 1994.
14 Vgl. Porter, 1986, S. 26 f.
15 Vgl. Frese, 1995, S. 9 ff.
16 Die Ausführungen greifen z. T. auf die Ergebnisse einer am Organisationsseminar der Universität zu Köln durchgeführten empirischen Untersuchung zur strategiekonformen Gestaltung der Auftragsabwicklung mittelständischer Unternehmungen der Investitionsgüterindustrie zurück. Allerdings wurden räumliche Überlegungen bei dieser Studie nur am Rande berücksichtigt. Vgl. Frese/Noetel, 1992.
17 Vgl. Eversheim, 1980.
18 Zur Interdependenzproblematik vgl. Frese, 1995, S. 53 ff.
19 Vgl. hierzu Lawrence/Lorsch, 1967.

20 Vgl. Frese/Noetel, 1992, S. 231 ff.
21 Deutsche Maschinenbauer haben nach Erkenntnissen des ifo Instituts, bedingt durch die stärkere Kundenspezifikation der Erzeugnisse, deutlich höhere Forschungs- und Entwickungskapazitäten als ihre japanischen Konkurrenten. Vgl. Vieweg/Hilpert, 1993, S. 45.
22 Ungewißheit wird hier definiert als Zusammenspiel von Komplexität und Dynamik. Die Komplexität erfaßt bei einem Entscheidungsproblem die Anzahl der relevanten Variablen und deren Beziehungen zueinander. Die Dynamik bildet die zeitliche Stabilität der Struktur eines Entscheidungsproblems ab. Vgl. Frese, 1995, S. 324.
23 Im Prinzip pflanzt sich jede Änderung in Richtung Beschaffungsmarkt und in Richtung Absatzmarkt durch die gesamte Prozeßkette fort. (Kaskadeneffekt) Vgl. Hüsch, 1992, S. 71.
24 Zu einer detaillierten Herleitung und Analyse der Effizienzkriterien vgl. Frese, 1995, S. 292 ff.
25 Zu Fragen der Standortwahl internationaler Unternehmungen hier nur Goette, 1994; Gassert/Horváth, 1995.
26 Zur Sensitivitätsanalyse von Teilfunktionen siehe die Studie von zur Nedden, 1994, S. 141 ff. und S. 260 ff.
27 Dies gilt insbesondere dann, wenn die Unternehmung in den Produktentwicklungsprozeß des Abnehmers integriert ist, z. B. durch die Entsendung von Ingenieuren in Simultaneous Engineering & Design Teams. Vgl. Schoenberger, 1986, S. 326.
28 Vgl. zur Nedden, 1994, S. 141 ff.
29 Vgl. Buckley/Casson, 1979, S. 2 f., die von einem „locational pull" zwischen Marketing, Produktion und Forschung & Entwicklung ausgehen.
30 Schein, 1985, S. 9. Zu einer begrifflichen Differenzierung der „Unternehmungskultur" und der „Organisationskultur", der hier allerdings aus Vereinfachungsgründen nicht gefolgt werden soll, siehe Dülfer, 1991, S. 2ff.
31 Vgl. Albach, 1993, S. 174 ff.
32 Vgl. Frese/Blies, 1996; Reineke, 1989.
33 Vgl. Wilkins/Ouchi, 1983.
34 Zu den Konsequenzen der sozio-psychischen Distanz für die Exporttätigkeit von Unternehmungen vgl. Dichtl et al., 1983; Müller/Köglmayr, 1986.
35 Siehe hierzu z. B. Drumm, 1991; Osterloh, 1991; Hofstede/Bond, 1988.
36 Vgl. Dülfer, 1992.
37 Zu den grundlegenden Einsatzmöglichkeiten informationstechnologischer Systeme in der Auftragsabwicklung vgl. Frese/Noetel, 1992, S. 139 ff.
38 Vgl. Daft/Lengel, 1984; Huber/Daft, 1987.
39 Für Unternehmungen, die ihren externen Kunden ein sehr hohes Maß an Einflußnahme auf den Leistungserstellungsprozeß zubilligen, wird das Just-in-Time Prinzip allerdings nur von geringer Relevanz sein. Zu den Gestaltungsprinzipien der Just-in-Time Produktion vgl. z. B. Wildemann, 1992.
40 Zu einem Überblick über aktuelle Restrukturierungskonzepte aus organisationstheoretischer Sicht siehe Frese/von Werder, 1994.
41 Vgl. bereits Weber, 1909. Aus ökonomischer Sicht ist für die Herausbildung von Agglomerationsvorteilen insbesondere das Zusammenspiel von steigenden Skalenerträgen, Transportkosten und Nachfragevolumen entscheidend. Vgl. Krugman, 1994.
42 Vgl. Kenney/Florida, 1993; Schoenberger, 1987. Eine Untersuchung der Just-in-Time Komplexe der US-amerikanischen Transplants der japanischen Automobilindustrie ergab, daß die maximale Entfernung zwischen den Standorten des Zulieferers und des Abnehmers bei etwa 160 km bzw. 2 Fahrtstunden liegen sollte. Vgl. Mair/Florida/Kenney, 1988, S. 366.
43 Zu denken ist hier bspw. an die Standardisierung von Grundbauteilen und die Anwendung des Baukastenprinzips.
44 Das Asien-Pazifik-Konzept der deutschen Wirtschaft stellt insgesamt auf den koordinierten Einsatz unterschiedlicher Bauelemente der Außenwirtschaftsförderung ab. Hierzu gehören insbesondere Auslandshandelskammern, deutsche Wirtschaftsbüros und sonstige öffentlich finanzierte Informationsstellen, deutsch-asiatische Ausbildungszentren für technische Fach- und Führungskräfte in der Region (nach dem Vorbild des German-Singapore Institute), technische Symposien und Gemeinschaftsbeteiligungen an Auslandsmessen, Exportfinanzierungssysteme, staatliche Risikoabsicherung etc. Vgl. o.V., 1994b.

45 80% der neuen Mieter des Deutschen Industrie- und Handelszentrums in Singapur, die überwiegend aus dem Maschinen- und Anlagenbau stammen, eröffnen zum ersten Mal ein Büro in Südostasien. Vgl. Rohmund, 1995, S. 8. Zu einer Erläuterung der Konzeption des Zentrums in Singapur siehe Laier, 1995; o. V., 1994a.
46 So haben bspw. 5 Hersteller von Präzisionswerkzeugen aus Baden-Württemberg einen entsprechenden Kooperationsvertrag unterzeichnet. Vgl. Laier, 1995, S. 210.
47 Typische Segmente, in denen deutsche Investitionsgüterunternehmungen mit kundenorientierten Wettbewerbsstrategien Marktführerpositionen einnehmen, sind Verpackungsmaschinen, Druck- und Papiermaschinen, Spezial-Werkzeugmaschinen sowie Hütten- und Walzwerksanlagen. Vgl. Vieweg/Hilpert, 1993, S. 117.
48 Der Bestand an ausländischen Direktinvestitionen des deutschen Maschinenbaus erhöhte sich zwischen 1989 und 1993 bereits um 37.4%. Vgl. Beyfuß, 1995, S. 6.

Literatur

Albach, H. (1993): Culture and Technical Innovation: A Cross-Cultural Analysis and Policy Recommendations, Akademie der Wissenschaften zu Berlin, Berlin u. a. 1993.
Beyfuß, J. (1995): Arbeitsplatzverlagerung ins Ausland: Standortschwäche oder Überlebensstrategie?, in: iw-Trends, Nr. 3, Köln 1995.
Buckley, P. J.; Casson, M. (1979): A Theory of International Operations, in: European Research in International Business, hrsg. von M. Ghertman und J. Leontiades, Amsterdam u. a. 1979, S. 1–8.
Chandler, A. D. (1962): Strategy and Structure. Chapters in the History of the Industrial Enterprise, Cambridge, Ma. 1962.
Daft, R. L.; Lengel, R. H. (1984): Information Richness: A New Approach to Managerial Behavior and Organization Design, in: Research in Organizational Behavior, 6. Jg. 1984, S. 191–233.
Dichtl, E. et al. (1983): Die Entscheidung kleiner und mittlerer Unternehmen für die Aufnahme einer Exporttätigkeit, in: Zeitschrift für Betriebswirtschaft, 53. Jg. 1983, S. 428–444.
Dögl, R. (1986): Strategisches Qualitätsmanagement im Industriebetrieb, Göttingen 1986.
Drumm, H. J. (1991): Probleme der Erfassung und Messung von Unternehmungskultur, in: Organisationskultur: Phänomen–Philosophie–Technologie, 2. Aufl., hrsg. von E. Dülfer, Stuttgart 1991, S. 163–171.
Dülfer, E. (1991): Organisationskultur: Phänomen – Philosophie – Technologie. Eine Einführung in die Diskussion, in: Organisationskultur: Phänomen – Philosophie – Technologie, 2. Aufl., hrsg. von E. Dülfer, Stuttgart 1991, S. 1–20.
Dülfer, E. (1992): Kultur und Organisationsstruktur, in: Handwörterbuch der Organisation, 3. Aufl., hrsg. von E. Frese, Stuttgart 1992, Sp. 1201–1214.
European Commission (1994): Strengthening the Competitiveness of the European Machinery Construction Industry. Communication from the Commission to the Council, Parliament and Economic and Social Committee, Straßburg 1994.
Eversheim, W. (1980): Fertigung, Organisation der, in: Handwörterbuch der Organisation, 2. Aufl., hrsg. von E. Grochla, Stuttgart 1980, Sp. 680–690.
Frese, E. (unter Mitarbeit von H. Mensching und A. von Werder) (1987): Unternehmungsführung, Landsberg am Lech 1987.
Frese, E. (1994): Internationalisierungsstrategie und Organisationsstruktur, in: Internationales Management. Beiträge zur Zusammenarbeit, hrsg. von B. Schiemenz und H.-J. Wurl, Wiesbaden 1994, S. 3–22.
Frese, E. (1995): Grundlagen der Organisation. Konzept–Prinzipien–Strukturen, 6. Aufl., Wiesbaden 1995.
Frese, E.; Blies, P. (1996): Konsequenzen der Internationalisierung für Organisation und Management der Muttergesellschaft, in: Handbuch Internationales Management, hrsg. von K. Macharzina und M.-J. Oesterle, Wiesbaden 1996 (im Druck).
Frese, E.; Noetel, W. (1992): Kundenorientierung in der Auftragsabwicklung. Strategie, Organisation, Informationstechnologie, Düsseldorf u. a. 1992.

Frese, E.; von Werder, A. (1994): Organisation als strategischer Wettbewerbsfaktor, in: Organisationsstrategien zur Sicherung der Wettbewerbsfähigkeit. Lösungen deutscher Unternehmungen, Sonderheft 33 der Schmalenbachs Zeitschrift für betriebswirtschaftliche Forschung, hrsg. von E. Frese und W. Maly, Düsseldorf 1994, S. 1–27.
Gassert, H.; Horváth, P. (1995): Den Standort richtig wählen. Erfolgsbeispiele für internationale Standortentscheidungen, Stuttgart 1995.
Goette, T. (1994): Standortpolitik internationaler Unternehmen, Wiesbaden 1994.
Hofstede, G.; Bond, M. H. (1988): The Confucius Connection. From Cultural Roots to Economic Growth, in: Organizational Dynamics, 17. Jg. 1988, S. 5–21.
Huber, G. P.; Daft, R. L. (1987): The Information Environments of Organizations, in: Handbook of Organizational Communication. An Interdisciplinary Perspective, hrsg. von F. M. Jablin et al., Newbury Park 1987, S. 130–164.
Hüsch, H.-J. (1992): Kundenorientierte Angebotsabwicklung in der Investitionsgüterindustrie. Theoretische und empirische Untersuchung des Zusammenhangs zwischen Wettbewerbsstrategie und Organisationsstruktur, Diss., Köln 1992.
Kenney, M.; Florida, R. (1993): Beyond Mass Production: The Japanese System and its Transfer to the U. S., New York u. a. 1993.
Krugman, P. (1994): Geography and Trade, 5. Aufl., Leuven u. a. 1994.
Laier, H. (1995): Das Deutsche Industrie- und Handelszentrum in Singapur, in: Maschinen- und Anlagenbau im Zentrum des Fortschritts, hrsg. vom Verband Deutscher Maschinen- und Anlagenbau e. V., Frankfurt 1995, S. 207–211.
Lawrence, P. R.; Lorsch, J. W. (1967): Organization and Environment. Managing Differentiation and Integration, Boston 1967.
Mair, A.; Florida, R.; Kenney, M. (1988): The New Geography of Automobile Production: The Japanese Transplants in North America, in: Economic Geography, 64. Jg. 1988, S. 352–373.
Müller, S.; Köglmayr, H.-G. (1986): Die psychische Distanz zu Auslandsmärkten: Ein verkanntes Exporthemmnis, in: Schmalenbachs Zeitschrift für betriebswirtschaftliche Forschung, 38. Jg. 1986, S. 788–804.
o. V. (1994a): German Centre for Industry and Trade, Informationsbroschüre des VDMA, der Südwest LB und der West LB, 1994.
o. V. (1994b): Sicherung der Wettbewerbsfähigkeit der deutschen Investitionsgüterindustrie, Positionspapier des VDMA, Frankfurt 1994.
Osterloh, M. (1991): Methodische Probleme einer empirischen Erforschung von Organisationskulturen, in: Organisationskultur: Phänomen – Philosophie – Technologie, 2. Aufl., hrsg. von E. Dülfer, Stuttgart 1991, S. 173–185.
Perlmutter, H. V. (1969): The Tortuous Evolution of the Multinational Corporation, in: Columbia Journal of World Business, 4. Jg. 1969, Nr. 1, S. 9–18.
Porter, M. E. (1986): Der Wettbewerb auf globalen Märkten. Ein Rahmenkonzept. In: Globaler Wettbewerb. Strategien der neuen Internationalisierung, hrsg. von M. E. Porter, Wiesbaden 1986, S. 17–68.
Porter, M. E. (1988): Wettbewerbsstrategie, 5. Aufl., Frankfurt u.a. 1988.
Reineke, R.-D. (1989): Akkulturation von Auslandsakquisitionen. Eine Untersuchung zur unternehmenskulturellen Anpassung, Wiesbaden 1989.
Rohmund, S. (1995): Meilenstein einer neuen Wirtschaftskooperation, in: Handelsblatt, Nr. 115 v. 19.06.95, S. 8.
Schein, E. H. (1985): Organizational Culture and Leadership, San Francisco u. a. 1985.
Schoenberger, E. (1986): Competition, Competitive Strategy, and Industrial Change: The Case of Electronic Components, in: Economic Geography, 62. Jg. 1986, S. 321–333.
Schoenberger, E. (1987): Technological and Organizational Change in Automobile Production: Spatial Implications, in: Regional Studies, 21. Jg. 1987, S. 199–214.
Simon, H. (1989): Markteintrittsbarrieren, in: Handwörterbuch Export und Internationale Unternehmung, hrsg. von K. Macharzina und M. K. Welge, Stuttgart 1989, Sp. 1441–1543.
Vieweg, H.-G.; Hilpert, H. G. (1993): Japans Herausforderung an den deutschen Maschinenbau, Berlin u.a. 1993.

Weber, A. (1909): Über den Standort der Industrien. Reine Theorie des Standortes, 1. Teil, Tübingen 1909.
Wildemann, H. (1992): Das Just-in-Time Konzept. St. Gallen 1992.
Wilkins, A. L., Ouchi, W. G. (1983): Efficient Cultures: Exploring the Relationship between Culture and Organizational Performance, in: Administrative Science Quarterly, 28. Jg. 1983, S. 468–481.
zur Nedden, C. (1994): Internationalisierung und Organisation. Konzepte für die international tätige Unternehmung mit Differenzierungsstrategie, Wiesbaden 1994.

Zusammenfassung

In dem vorliegenden Beitrag wird die Hypothese aufgegriffen, daß die europäische Konzentration der Geschäftstätigkeit deutscher Maschinen- und Anlagenbauer in den Wettbewerbsstrategien der Unternehmungen, insbesondere in dem Ausmaß an externer Kundenorientierung, begründet liegt. Unter Rückgriff auf eine entscheidungstheoretische Analyse des Strategie-Struktur-Zusammenhangs wird hierzu ein organisatorischer Gestaltungsrahmen für den internationalen Wettbewerb entwickelt. In dem Prozeß der strategiekonformen Organisationsgestaltung ist insbesondere dem spezifischen Anforderungsgehalt der Abstimmung länder- und regionenübergreifender Schnittstellen im Auftragsabwicklungsprozeß Rechnung zu tragen. Für ausgeprägt kundenorientierte Unternehmungen bedeutet die konsequente Umsetzung des Prinzips der regionalen Internalisierung strategiekritischer Schnittstellen, daß die regionale Verankerung von Aufgaben der Auftragsabwicklung sich nicht auf den Vertrieb beschränken darf. Vielmehr geht von der räumlichen Diffusion der Vertriebsaktivitäten eine Sogwirkung auf die vertriebsnahe Konfiguration von Konstruktions- und Produktionsaufgaben aus. Das vom VDMA Verband Deutscher Maschinen- und Anlagenbau e. V. entwickelte Konzept der „Deutschen Häuser" in Ostasien bietet innovative und erfolgversprechende Lösungsansätze zur Förderung der regionalen Reichweite mittelständischer Unternehmungen der Investitionsgüterindustrie.

Summary

This article examines the implications of the competitive strategies of German plant and mechanical engineering companies for the regional distribution of their activities. For this purpose, an organizational design framework is developed, taking into account the specific requirements of international enterprises. Of particular importance here is the coordination of interfaces between countries and regions during the order processing procedure. Based on the principle of concentrating strategically important tasks in one site, it follows that companies specializing in customized products not only have to locate sales-related tasks but also construction and production tasks in the country in question. In this context, the concept of "German Centres" in East Asia, developed by the VDMA Verband Deutscher Maschinen- und Anlagenbau e.V., offers innovative and promising approaches to the promotion of the regional scope of medium-sized companies.

60: Allgemeine Fragen des Absatzes
63: Absatzorganisation

GABLER-Fachliteratur zum Thema „Marketing"

H. Sabel / C. Weiser
Dynamik im Marketing
Umfeld – Strategie – Struktur – Kultur
1995, XIII, 391 Seiten,
Broschur DM 68,–
ISBN 3-409-13667-3

W. Schurawitzki
Praxis des internationalen Marketing
Grundlagen und Fallbeispiele
1995, XI, 241 Seiten,
Broschur DM 58,–
ISBN 3-409-12158-7

H. Simon
Preismanagement kompakt
Probleme und Methoden
des modernen Pricing
1995, X, 224 Seiten,
Broschur DM 68,–
ISBN 3-409-13232-5

H. Simon
Preismanagement
Analyse – Strategie – Umsetzung
2., vollständig überarbeitete und
erweiterte Auflage 1992,
754 Seiten, gebunden
mit Schutzumschlag DM 198,–
ISBN 3-409-69142-1

H. Simon / C. Homburg (Hrsg.)
Kundenzufriedenheit
Konzepte – Methoden – Erfahrungen
2., erweiterte Auflage 1997,
ca. 520 Seiten,
gebunden ca. DM 134,–
ISBN 3-409-23785-8

K.-H. Strothmann / M. Busche (Hrsg.)
Handbuch Messemarketing
1992, XVIII, 675 Seiten,
gebunden mit Schutzumschlag
DM 298,–
ISBN 3-409-13665-7

H. Witt
Prozeßorientiertes Verkaufsmanagement
Grundlagen – Konzepte –
Organisation
1996, VIII, 317 Seiten,
Broschur DM 52,–
ISBN 3-409-13567-7

Zu beziehen über den Buchhandel
oder den Verlag.
Stand: 1.1.1997
Änderungen vorbehalten.

GABLER
BETRIEBSWIRTSCHAFTLICHER VERLAG DR. TH. GABLER GMBH, ABRAHAM-LINCOLN-STR. 46, 65189 WIESBADEN

Entwicklungslinien der Marketingorganisation

Eine empirische Untersuchung im produzierenden Gewerbe

Von Christian Homburg, Kjell Gruner und Gregor Hocke

Überblick

- Die Marketingorganisation regelt die Beziehungen eines Unternehmens zu seinen Abnehmern und leistet so einen wichtigen Beitrag zur Wettbewerbsfähigkeit.
- Der Beitrag befaßt sich mit der Frage nach dem derzeitigen Stand der Marketingorganisation hinsichtlich zentraler Parameter und mit den für die nächsten Jahre geplanten Veränderungen.
- Zur Beantwortung dieser Fragestellungen wird eine empirische Analyse im produzierenden Gewerbe durchgeführt.
- Aufgrund der empirischen Analyse können klare Entwicklungstendenzen identifiziert werden, die insbesondere im Bereich der Prozeßorientierung in Marketing und Vertrieb liegen.

Eingegangen: 20. Juli 1996

Univ.-Prof. Dr. Christian Homburg ist Inhaber des Lehrstuhls für Betriebswirtschaftslehre, insbesondere Marketing, der WHU (Wissenschaftliche Hochschule für Unternehmensführung), Otto-Beisheim-Hochschule, Burgplatz 2, 56179 Vallendar.
Dipl.-Wirtsch.-Ing. Kjell Gruner ist Wissenschaftlicher Mitarbeiter am oben genannten Lehrstuhl.
Dipl.-Kfm. Gregor Hocke ist Assistent der Vertriebsleitung der R&T Recycling GmbH, Mainz, und externer Doktorand am oben genannten Lehrstuhl.

A. Einleitung

Die Marketingorganisation, unter der man die „Summe der organisatorischen Regelungen" ... „zur Erfüllung der im Marketing anfallenden Aufgaben" (Diller 1992, S. 691) verstehen kann, hat seit der Einführung des Produktmanagements in den zwanziger Jahren (Kotler/Bliemel 1995, S. 1122, Wichman 1984, S. 27) eine zunehmend dynamische Entwicklung genommen.

Gerade in jüngster Zeit sind in zahlreichen Unternehmen umfassende Restrukturierungsmaßnahmen im organisatorischen Bereich zu beobachten (zu einer ökonometrischen Analyse von Reorganisationen vgl. Waragai 1989). So waren beispielsweise die Zweigniederlassungen der Allianz Versicherungs-AG bis 1992 von der ersten Hierarchieebene an nach Produktgruppen strukturiert. Bei einer umfassenden Analyse der Organisationsstruktur wurde festgestellt, daß sie in der vorhandenen Form die Wettbewerbsfähigkeit des Unternehmens beeinträchtigt. Aus diesem Grund wurde eine primär nach Kundengruppen strukturierte Organisation geschaffen, die der Heterogenität der Kundenstruktur Rechnung trägt (Eschner/Nestler 1994, S. 35). Dieses Beispiel bezieht sich nicht explizit auf die Marketingorganisation, sondern auf die Organisationsstruktur des gesamten Unternehmens. Droege (1994, S. 58 ff.) berichtet jedoch von einer empirischen Untersuchung, in der von den knapp 50 % der befragten Unternehmen, die eine grundlegende Reorganisation planen, 71 % eine Steigerung der Kundenorientierung als Kernziel angaben. Somit kann davon ausgegangen werden, daß im Regelfall die Marketingorganisation, die die Beziehungen eines Unternehmens zu seinen momentanen bzw. potentiellen Kunden gestaltet (Alewell 1980, Sp. 30), ebenfalls Gegenstand der Reorganisationsmaßnahmen ist.

Bei einer solch dynamischen Entwicklung stellt sich die Frage, welchen Veränderungen zentrale Parameter der Marketingorganisation unterliegen. Für eine Klärung dieser Frage ist es zum einen notwendig, diejenigen Parameter zu identifizieren, die sich dynamisch entwickeln und somit im Zentrum des Interesses in Unternehmen stehen. Zum zweiten geht es um die momentane Ausprägung dieser Parameter in Unternehmen und die für sie mittelfristig geplanten Veränderungen. Zielsetzung des Artikels ist es, mittels einer empirischen Untersuchung wissenschaftlich fundierte Erkenntnisse im Hinblick auf diese Fragestellungen zu gewinnen.

B. Grundlagen der Untersuchung

Zur Identifikation derjenigen Aspekte der Marketingorganisation, die sich besonders dynamisch entwickeln, werden vorhandene empirische Untersuchungen zur Marketingorganisation strukturiert und aufgearbeitet. Hierbei werden die von starken Veränderungen betroffenen Themengebiete identifiziert. Im Anschluß daran werden die Ergebnisse eigener Interviews dargestellt, die zum einen eine Überprüfung der Aktualität dieser Themenstellungen ermöglichen und zum anderen erste Erkenntnisse über Entwicklungstendenzen bei den anhand des Literaturüberblicks identifizierten Themengebieten zulassen. Hierauf aufbauend werden die Untersuchungsgegenstände der vorliegenden Arbeit unter Berücksichtigung theoretisch-konzeptioneller Arbeiten konkretisiert und anschließend in einer empirischen Untersuchung betrachtet.

Entwicklungslinien der Marketingorganisation

I. Literaturübersicht

In der empirischen Organisationsforschung existiert eine nahezu unüberschaubare Vielzahl von Arbeiten. Im Bereich der Marketingorganisation finden sich deutlich weniger Arbeiten, wobei ein spezieller Schwerpunkt im Bereich des Produkt- und Key-Account-Managements festzustellen ist. In einer Metaanalyse konnten allein zu diesem Gebiet 18 Arbeiten aus den letzten 20 Jahren erfaßt werden (Gruner/Garbe/Homburg 1996).

Eine Strukturierung der empirischen Arbeiten im Bereich der Marketingorganisation erweist sich als schwierig, da es in diesem Bereich keine klar unterscheidbaren Forschungsschwerpunkte zu geben scheint. Zudem kann keine überschneidungsfreie Kategorisierung gewährleistet werden, da die Arbeiten üblicherweise mehrere Fragestellungen ansprechen. Eine mögliche Strukturierung soll im folgenden aufgezeigt werden (vgl. auch Abbildung 1):

1. Eine erste Gruppe von Arbeiten bezieht sich auf die interne Strukturierung der Marketingorganisation (Kategorie A). Hier kann man unterscheiden zwischen:
   a) Untersuchungen zu Strukturierungsalternativen der Marketingorganisation (Kategorie A.1): Hier werden Fragestellungen zu Produkt- und Key-Account-Management sowie zu funktionalen, regionalen und projektorientierten Strukturierungen behandelt. Vorherrschende Themen sind Aufgaben und Kompetenzen der Stelleninhaber und Fragestellungen der Effizienz der jeweiligen Strukturierungsalternative. Die Arbeiten in diesem Bereich sind recht zahlreich; zu erwähnen sind insbesondere Diller/Gaitanides (1989) bzw. Gaitanides/Diller (1989), Gruner/Garbe/Homburg (1996) und Köhler/Tebbe/Uebele (1983).
   b) Arbeiten, die sich in erster Linie mit der horizontalen und vertikalen Allokation von Entscheidungsbefugnissen innerhalb der Marketingorganisation beschäftigen; Nonaka/Nicosia (1979) und Tull et al. (1991) sind dieser Gruppe zuzuordnen.
2. Viele Arbeiten zur Marketingorganisation haben die Determinanten der Marketingorganisation berücksichtigt, wie es im Rahmen des situativen Ansatzes gefordert wird. Dieser besagt, daß es keine allgemeingültige Aussage zur optimalen Organisationsform gibt, sondern diese von situativen Variablen abhängt (Kieser/Kubicek 1992, S. 60, im Marketing-Bereich siehe auch Ruekert/Walker/Roering 1985). Einige Arbeiten haben den situativen Aspekt jedoch in das Zentrum ihrer Untersuchungen gestellt, diese bilden die Kategorie B empirischer Arbeiten zur Marketingorganisation. Als Determinanten werden üblicherweise die Unternehmensgröße und formale Kriterien wie Formalisierung, Standardisierung und Spezialisierung betrachtet. Dastmalchian/Boag (1988, 1990), Pugh (1970), und Mansfield/Todd/Wheeler (1980) sind Vertreter dieses Bereichs.
3. Die dritte Gruppe empirischer Arbeiten (Kategorie C) widmet sich in erster Linie der Schnittstelle der Marketingorganisation zu anderen Funktionsbereichen des Unternehmens. Viele Arbeiten in diesem Bereich beziehen sich spezifisch auf die Schnittstelle Marketing – Forschung und Entwicklung, so z. B. Brockhoff (1989), Gupta/Wilemon (1988), Hise et al. (1990), Ruekert/Walker (1987) und Souder (1988). Es finden sich aber auch Arbeiten, die Schnittstellen zu anderen Funktionsbereichen betrachten, beispielsweise diejenige zum Vertrieb (vgl. beispielsweise Cespedes 1993) oder zur Produktion (Crittenden 1992).

Abb. 1: Kategorisierung von empirischen Arbeiten zur Marketingorganisation

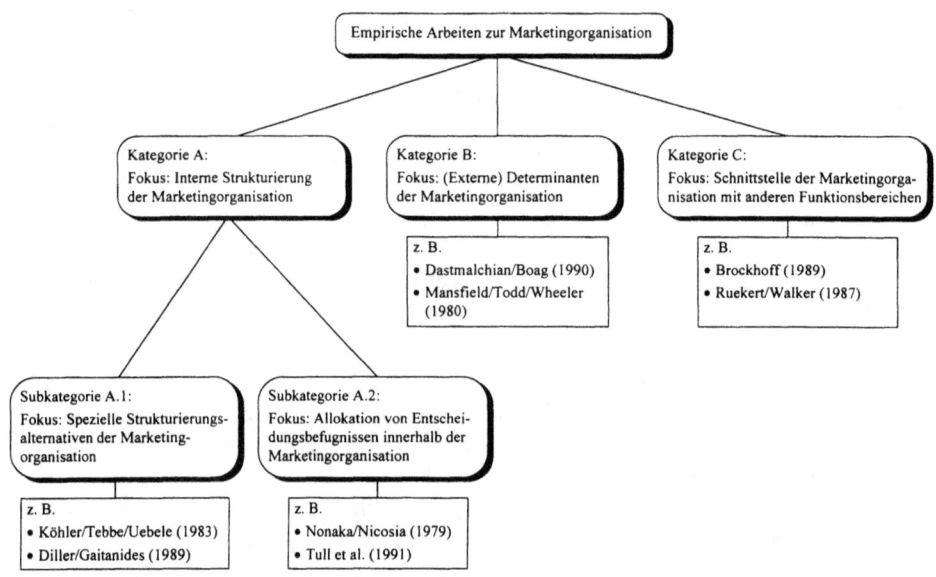

Es sei nochmals darauf hingewiesen, daß sich die obige Strukturierung lediglich auf die inhaltlichen Schwerpunkte der einzelnen Arbeiten bezieht und aus diesem Grund eine überschneidungsfreie Zuordnung nicht in jedem Fall gewährleistet ist. Auch entziehen sich einzelne recht umfassend angelegte Untersuchungen einer Zuordnung zu einer einzigen Kategorie. So behandelt beispielsweise die Arbeit von Kieser/Fleischer/Röber (1977) sowohl den Aspekt der Denzentralisierung als auch das Schnittstellenmanagement, jeweils unter Berücksichtigung eines situativen Untersuchungsrahmens.

In den Bereichen der Kategorie A wird in letzter Zeit insbesondere diskutiert, ob eine Strukturierung nach Produkten oder nach Kunden vorteilhafter ist. Die Frage, inwieweit eine Dezentralisierung im Marketing stattfinden sollte (Belz/Senn 1995, Hüttel 1989, Tull et al. 1991), ist ebenfalls von aktueller Bedeutung. Diese Aspekte werden daher in unsere Arbeit aufgenommen.

In der Kategorie B finden sich weniger aktuelle Arbeiten: Die Fragestellung nach Determinanten der Marketingorganisation wird üblicherweise als wichtiger Aspekt in Untersuchungen mit anderem Schwerpunkt berücksichtigt und findet auf diese Weise Beachtung. So werden beispielsweise bei Untersuchungen zu Strukturierungsalternativen der Marketingorganisation auch deren Eigenschaften in verschiedenen Umweltsituationen diskutiert. Köhler/Tebbe/Uebele (1983, S. 43 ff.) stellten beispielsweise einen positiven Zusammenhang zwischen Umweltdynamik und dem Vorliegen objektorientierter Organisationsformen im Marketing fest. Auch in unserer Untersuchung werden ausgewählte situative Aspekte (die Unternehmensgröße und die Zugehörigkeit zu einer bestimmten Branche) berücksichtigt.

Entwicklungslinien der Marketingorganisation

Die dritte Gruppe von Arbeiten, die sich dem Schnittstellenmanagement widmen (Kategorie C), findet momentan ebenfalls eine recht starke Beachtung. Wir nehmen einen gedanklich eng verwandten Aspekt in die Untersuchung auf, der sich ebenfalls auf eine funktionsübergreifende Zusammenarbeit bezieht, allerdings nicht direkt aus der Analyse der vorhandenen empirischen bzw. konzeptionellen Literatur zur Marketingorganisation abzuleiten ist: Eine sehr aktuelle Fragestellung im Organisationsbereich ist u. E. die Prozeßorientierung, die viele Gemeinsamkeiten mit dem in der Literatur intensiv diskutierten Stichwort Business Process Reengineering aufweist (vgl. beispielsweise Picot/Franck 1995, Hammer/Champy 1993, für eine Abgrenzung zwischen Prozeßmanagement und Reengineering vgl. Kaminske/Füermann 1995, zur Prozeßorganisation im Marketing siehe Elšik 1996). Hier werden sprunghafte Leistungsverbesserungen proklamiert, die bei einer umfassenden Restrukturierung der Abläufe im Unternehmen erreichbar seien (zur Restrukturierung siehe auch Frese et al. 1995). Die Arbeiten zu dieser Thematik beschäftigen sich zwar nicht speziell mit der Marketingorganisation, der dahinterstehende Gedanke der Prozeßorientierung ist jedoch auf diesen Bereich übertragbar. So konnten Picot/Böhme in einer empirischen Studie feststellen, daß bei Reorganisationsprojekten mit prozeßorientiertem Fokus die Erhöhung der Kundenorientierung das Hauptziel darstellt (in 93% der Fälle genannt, vgl. Picot/Böhme 1995, S. 240). Auch hier liegt der Schluß nahe, daß bei der Zielsetzung einer erhöhten Kundenorientierung die Marketingorganisation ebenfalls betroffen ist. Aus theoretischer Sicht ist der Gedanke der Prozeßorientierung ungewöhnlich, da hier die Gestaltungsrichtung von Organisationen umgekehrt wird. Anstelle des üblichen Top-Down-Ansatzes, der eine Aufspaltung von Gesamtaufgaben in Teilaufgaben und eine nachträgliche Koordination vorsieht, wird hier Bottom-Up geplant, indem Stellen und Abteilungen von Beginn an auf die Gesamtaufgabe ausgerichtet werden (Gaitanides et al. 1994, S. 3 ff.). Da die Prozeßorientierung sehr hohe Aktualität aufweist, wird sie in der Untersuchung berücksichtigt.

II. Vorbereitende Interviews

Im nächsten Untersuchungsschritt wurden persönliche Interviews durchgeführt. Diese dienten der Überprüfung der Aktualität der oben angesprochenen Themengebiete, der Konkretisierung von Fragestellungen und der Identifikation möglicher aktueller Entwicklungen in diesen Bereichen. Es wurden sechs Interviews durchgeführt, wobei sich jeweils drei auf den Konsumgüter- bzw. auf den Investitionsgüterbereich bezogen. Im erstgenannten Bereich wurden der Produktgruppenmanager eines Konsumgüterherstellers und zwei auf Marketingorganisation im Konsumgüterbereich spezialisierte Mitarbeiter internationaler Unternehmensberatungen befragt. Im Investitionsgüterbereich waren der Marketingleiter eines Geschäftsbereiches sowie die Leiter des zentralen Marketing zweier Unternehmen die Interviewpartner. Da sich die Untersuchung zu diesem Zeitpunkt in einem frühen Stadium befand, wurden halbstrukturierte Interviews durchgeführt, um dem eher exploratorischen Charakter der Befragung gerecht zu werden.

Übereinstimmung bestand bei den Interviewpartnern darin, daß den Strukturierungsalternativen der Marketingorganisation insofern eine sehr hohe Bedeutung zukommt, als durch objektorientierte Organisationsformen eine Querschnittkoordination erreicht werden kann. Diese wird durch eine Aufgabenstrukturierung anhand von Objekten, insbesondere Produkten oder Kunden, gewährleistet (vgl. Abschnitt B.III). Eine steigende Bedeutung dieser Formen war nicht zu erkennen, was allerdings damit zusammenhängen könnte, daß alle befragten Industrieunternehmen schon über solche Strukturen verfügten; drei der vier Unternehmen hatten bereits ein Key-Account-Management institutionalisiert.

Bezüglich der Dezentralisation war keine einheitliche Entwicklungstendenz erkennbar. Die befragten Konsumgüterhersteller neigten eher zu einer Zentralisierung, um Größendegressionseffekte realisieren zu können. Bei den Industriegüterherstellern war keine klare Richtung festzustellen. Weitgehende Übereinstimmung bestand jedoch dahingehend, daß die Fragestellung des optimalen Dezentralisierungsgrades von Marketingentscheidungen aktuell diskutiert wird.

Als aktuelles Thema fand die angesprochene Thematik der Prozeßorientierung in den Interviews volle Bestätigung. Zwei der befragten Unternehmen gaben an, bereits eine Geschäftsprozeßoptimierung durchgeführt zu haben bzw. die Aufbauorganisation an Prozessen orientiert zu haben. Die beiden anderen Industrieunternehmen planen Prozeßanalysen und halten hierauf basierende Änderungen der Aufbauorganisation für möglich. Die Interviewpartner aus den Unternehmensberatungen unterstützten die Aussagen der Industrieunternehmen hinsichtlich der Aktualität des Themas Prozeßorientierung nachdrücklich.

III. Fragestellungen

Aus der oben angeführten Analyse der empirischen Arbeiten im Bereich der Marketingorganisation und den durchgeführten Interviews ergeben sich somit mehrere Fragestellungen der Untersuchung.

Zum einen werden die Strukturierungsalternativen der Marketingorganisation untersucht. Hier wird grundsätzlich zwischen einer Strukturierung nach Objekten und nach Funktionen unterschieden (vgl. dazu Berndt 1991, Diller 1992, Köhler 1992, Meffert 1986, Scheuch 1987, Zentes 1988). Bei einer funktionalen Strukturierung werden relativ gleichartige Verrichtungen zu Stellen zusammengefaßt (vgl. beispielsweise Kieser/Kubicek 1992, S. 86), bei Objektstrukturierungen werden Aufgaben nach deren Zugehörigkeit zu bestimmten Objekten gebündelt (Diller 1992, S. 691), um so eine Querschnittkoordination hinsichtlich dieser Objekte zu erreichen. Hier kommen insbesondere Produkte und Kunden(gruppen), aber auch Regionen und Projekte (insbesondere Neuprodukte) in Frage (vgl. Berndt 1991, S. 158 ff., Köhler 1995, Sp. 1644 f. und Reiß 1992, S. 25 ff.). In jüngster Zeit wird auch das Kategorienmanagement genannt, das eine Strukturierung anhand von Kundenbedürfnissen vornimmt; insofern wird eine stärkere Bündelung von Aufgaben vorgenommen als im Produktmanagement (vgl. Simon/Tacke 1990 und Köhler 1995, Sp. 1642 f.).

Eine Entwicklungstendenz könnte darin liegen, daß die rein funktionale Strukturierung angesichts der zunehmenden Umweltdynamik an Bedeutung verliert: Ihre Eignung für Unternehmen in einem sehr dynamischen Umfeld wird allgemein als gering angesehen (vgl. z. B. Köhler 1992, Sp. 40 ff.). Innerhalb der Objektstrukturierungen argumentieren manche Autoren, daß es eine „Wachablösung" des Produktmanagements durch das Key-

Account-Management gebe (Lucke 1977, S. 62), andere sagen jedoch gerade dem Produktmanagement „rosige Zeiten" voraus (Hüttel 1989, S. 48). Nicht einmal bezüglich der momentanen Verbreitung der verschiedenen Formen der Marketingorganisation besteht Einigkeit, was allerdings in der Unterschiedlichkeit der untersuchten Branchen und der verschiedenen terminologischen Abgrenzungen der einzelnen Studien begründet liegen könnte (vgl. hierzu die Metaanalyse von Gruner/Garbe/Homburg 1996).

Ein zweiter Untersuchungsgegenstand ist die Dezentralisation von Entscheidungsbefugnissen. Die zentrale Fragestellung lautet, ob es eine eindeutige Tendenz zu einer zentraleren oder dezentraleren Gestaltung der Marketingorganisation gibt. Hier ist aus den Interviews kein eindeutiger Trend erkennbar.

Das dritte in dieser Untersuchung behandelte Thema ist die Prozeßorientierung in der Marketingorganisation. In der Mehrzahl der Interviews erfuhren wir, daß bei der Suche nach Effizienzsteigerungspotentialen den Prozessen im Marketing eine hohe Aufmerksamkeit zuteil wird. Interessant ist in diesem Zusammenhang, wie stark Prozesse im Marketingbereich derzeit Beachtung finden, welche Ziele bei der Prozeßsteuerung verfolgt werden und anhand welcher Maßnahmen diese erreicht werden sollen. Weiterhin werden Kernprozesse des Marketing daraufhin eingestuft, wie stark sie mit Problemen verbunden sind.

Somit behandelt die Untersuchung insgesamt drei Themenbereiche: die Strukturierungsalternativen der Marketingorganisation, die Dezentralisation von Entscheidungsbefugnissen sowie die Prozeßorientierung. Die Fragestellungen lauten vereinfacht formuliert:

1. Welche Verbreitung finden die verschiedenen Strukturierungsalternativen der Marketingorganisation derzeit und welche Bedeutung kommt ihnen in Zukunft zu?
2. Wie zentral werden Entscheidungen innerhalb der Marketingorganisation momentan und in Zukunft gefällt?
3. Welchen Stellenwert haben Prozesse in der Marketingorganisation? Welche Ziele zur Prozeßsteuerung werden verfolgt, und welche Maßnahmen zur Zielerreichung werden durchgeführt? Wie problematisch stufen Unternehmen spezielle Kernprozesse des Marketing ein?

Obige Fragestellungen werden im Hinblick auf den aktuellen Stand im Unternehmen untersucht, zudem werden für die Mehrzahl der Fragestellungen die Änderungstendenzen in den nächsten fünf Jahren abgefragt. Auf diese Weise können Entwicklungstendenzen identifiziert werden. Bei der Analyse werden etwaige branchen- und größenspezifische Besonderheiten berücksichtigt.

IV. Konzeptualisierung der Untersuchungsgegenstände

Im folgenden beschreiben wir die Konzeptualisierung, d. h. die Erarbeitung der Konstruktdimensionen, der drei gewählten Untersuchungsgegenstände. Da die Operationalisierung, also die Entwicklung der Meßinstrumente, durch die Darstellung der einzelnen Indikatoren bei den empirischen Befunden ersichtlich ist, wird auf deren ausführliche Beschreibung an dieser Stelle verzichtet.

Die Strukturierungsalternativen der Marketingorganisation wurden durch die Nennung der einzelnen Formen operationalisiert, da diese in den Unternehmen zum üblichen Sprachgebrauch zählen. Berücksichtigt wurde zum einen die funktional strukturierte Organisationsform, bei der eine Aufgabenstrukturierung so vollzogen wird, daß gleichartige Aufgaben zu Stelleneinheiten zusammengefaßt werden (Kieser/Kubicek 1992, S. 86, Köhler 1981, S. 114). Andererseits wurden objektorientierte Organisationsformen, die eine Bündelung von Aufgaben gemäß der Zugehörigkeit zu einem bestimmten Objekt beinhalten, im Fragebogen aufgeführt. Im einzelnen wurden hier folgende Formen genannt:

- Produktmanagement: Hier erfolgt die Aufgabenbündelung anhand der Zugehörigkeit zu bestimmten Produkten.
- Markenmanagement: Streng genommen handelt es sich hier um eine Form des Produktmanagements, da es sich bei Marken um Produkte oder Produktgruppen handelt. Da sich in den Interviews zeigte, daß Praktiker teilweise ein anderes Verständnis aufweisen und das Markenmanagement terminologisch nicht unter Produktmanagement subsumieren, wurde das Markenmanagement im Fragebogen zusätzlich aufgeführt.
- Kunden(gruppen) bzw. Key-Account-Management: Hier werden Stellen so gebildet, daß sie alle bezüglich eines Großkunden bzw. einer Kundengruppe anfallenden Aufgaben übernehmen (Meffert 1992, Sp. 1215 f.).
- Regionalorganisation mit Stellenbildung anhand geographischer Kriterien (Köhler 1995, Sp. 1644).
- Projektmanagement mit Strukturierung anhand der Zugehörigkeit zu zeitlich befristeten, komplexen und verhältnismäßig neuen Aufgaben (Köhler 1995, Sp. 1644).
- Neuproduktabteilung als Teilmenge des Projektmanagements, die wegen der hohen Bedeutung von Produktinnovationen zusätzlich abgefragt wurde (Urban/Hauser 1980, S. 65).
- Kategorienmanagement, bei dem anhand von Kundenbedürfnissen Strukturen geschaffen werden (Simon/Tacke 1990, Zenor/Zerrillo 1995).
- Prozeßorientierte Organisationsformen, die eine Stellenbildung anhand von Prozessen beinhalten (Gaitanides et al. 1994, S. 3 ff.).

Die Konzeptualisierung des Terminus Zentralisation erwies sich aufgrund der Vielschichtigkeit des Begriffs als schwierig. In der Literatur hat sich keine eindeutige Definition durchgesetzt (Frese 1993, S. 59 f.). Eine umfassende Aufarbeitung des Themenbereichs Zentralisation – Dezentralisation findet sich bei Hungenberg (1995). Dort wird eine Eingrenzung des Begriffs Zentralisation auf die vertikale Zuordnung von Entscheidungsaufgaben vorgenommen, somit eine entscheidungsorientierte Sichtweise vertreten (Hungenberg 1995, S. 47). Dieser Sichtweise schließen wir uns an und definieren Entscheidungszentralisation als Konzentration von Befugnissen bei der obersten Instanz (siehe auch Kubicek/Welter 1985, S. 249).

Zur Konzeptualisierung des so verstandenen Konstrukts Zentralisation wählen wir die Typologisierung von Zentralbereichen nach Frese/v. Werder (1993, S. 39 ff.). Diese entwickelten auf der Grundlage von zwölf Fallstudien deutscher Großunternehmen folgende sechs Grundmodelle der Teilfunktionsorganisation durch Zentralbereiche:

1. das Kernbereichsmodell,
2. das Richtlinienmodell,

3. das Matrixmodell,
4. das Servicemodell,
5. das Stabsmodell und
6. das Autarkiemodell.

Diese Grundmodelle entsprechen den idealtypischen Zentralbereichsmodellen des Arbeitskreises Organisation der Schmalenbach-Gesellschaft/Deutsche Gesellschaft für Betriebswirtschaft e.V. (Kreisel 1995, S. 150), erweitert um das Autarkiemodell. Sie berücksichtigen die Anzahl der organisatorischen Einheiten, die mit dem betreffenden Funktionselement betraut sind, ihre hierarchische Positionierung, ihre personelle Besetzung, ihre Kompetenzverteilung sowie ihre Kommunikationsbeziehungen (Frese/v. Werder 1993, S. 37). Die Entscheidungszentralisation wird somit mehrdimensional konzeptualisiert. Das Kernbereichsmodell ist das Grundmodell mit dem höchsten Grad an Zentralisation, das Autarkiemodell dasjenige mit dem niedrigsten (Frese/v. Werder 1993, S. 38).

Da die Grundmodelle nach Zentralbereichen nur für Unternehmen mit Spartenorganisationen sinnvoll sind, wurde bei der Befragung eine Verzweigung vorgesehen, die Unternehmen ohne Spartenorganisation ein Umgehen der Fragen zur Dezentralisation erlaubte.

Für die Betrachtung der Prozeßorientierung diente die Ablauforganisation als Ausgangspunkt, die als Summe „einzelne(r) Wertschöpfungs- oder Vorgangsketten" (Gaitanides 1992, Sp. 10) begriffen wird. Dementsprechend ist unter „Prozeßorganisation eine ablauforientierte Organisationsgestaltung zu verstehen, in der die Stellen- und Abteilungsbildung"... „unter Berücksichtigung spezifischer Erfordernisse des Ablaufs betrieblicher Prozesse konzipiert werden" (Gaitanides 1992, Sp. 10). In die Konzeptualisierung der Prozeßorientierung flossen in hohem Maße Ergebnisse der Expertengespräche ein. Es werden drei Facetten betrachtet: Die erste beinhaltet die Ziele der Prozeßsteuerung und -optimierung, die zweite Maßnahmen hierzu und die dritte den Problemgehalt von Kernprozessen im Marketing. Zudem wurde die Bedeutung der Prozeßoptimierung im Marketing abgefragt. Wie in den beiden anderen Themenbereichen bezogen sich auch hier alle Fragen (außer dem Problemgehalt der Kernprozesse) auf den aktuellen Stand im Unternehmen und die voraussichtliche Situation in fünf Jahren.

V. Datenerhebung und -grundlage

Da eine der Zielsetzungen der Arbeit eine empirisch fundierte Bestandsaufnahme im Hinblick auf die formulierten Fragestellungen ist, wurde eine quantitative empirische Untersuchungsmethode gewählt. Grundgesamtheit sind die Unternehmen des verarbeitenden Gewerbes in Deutschland. Insgesamt wurden 564 Unternehmen kontaktiert, deren Adressen vom Bundesverband der Deutschen Industrie (BDI) stammen. Gemäß ihrem Anteil am Bruttoinlandsprodukt wurden die zehn größten Branchen befragt und somit eine Quotenauswahl vorgenommen. Der Anteil am Bruttoinlandsprodukt wurde durch den Anteil an der Zahl kontaktierter Unternehmen je Branche berücksichtigt; insofern handelt es sich um eine repräsentative Stichprobe. Innerhalb der Branche fand eine Zufallsauswahl statt.

Abb. 2: Branchenverteilung der Unternehmen in der Stichprobe

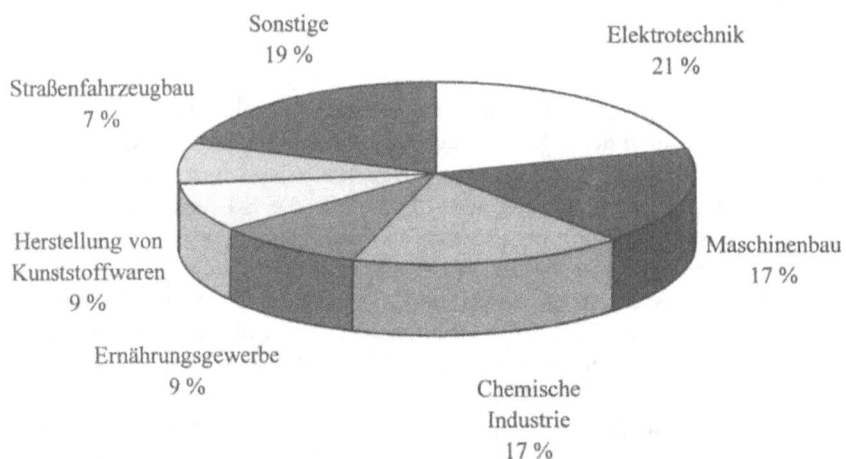

Für die Erhebung wählten wir eine schriftliche, nicht personifizierte Befragung, die an den Marketingleiter des jeweiligen Unternehmens adressiert wurde. Die Anzahl auswertbarer Fragebögen betrug 139, die Rücklaufquote somit 24,6%. Abbildung 2 stellt die Branchenverteilung der Stichprobe dar. Sie entspricht im wesentlichen der Verteilung der versandten Fragebögen.

C. Empirische Befunde

I. Strukturierungsalternativen der Marketingorganisation

Die Verbreitung von Strukturierungsalternativen der Marketingorganisation und deren Entwicklungstendenzen in den nächsten fünf Jahren waren Gegenstand der ersten Untersuchungsfrage. Zur Verdeutlichung der Entwicklungstendenz wird eine direkte Gegenüberstellung der momentanen Verbreitung dieser Organisationsformen und ihrer zukünftigen Bedeutung vorgenommen. So erhält man eine Matrix (vgl. Abbildung 3), die zur Strukturierung in vier Felder unterteilt wird. Auf der Abszisse wird der Anteil der Unternehmen abgetragen, die das entsprechende Strukturierungsmerkmal zum Befragungszeitpunkt implementiert haben (der Fragebogen erlaubt mehrere Antworten zur Berücksichtigung mehrdimensionaler Organisationsstrukturen). Die Trennlinie wird bei 50% gesetzt. Auf der Ordinate findet sich die durchschnittliche zukünftige Bedeutung der entsprechenden Alternative, die auf einer Sechs-Punkt-Skala gemessen wurde. Der Durchschnitt der zukünftigen Bedeutung der Strukturierungsalternativen beträgt exakt vier, daher wird die Trennlinie der Ordinate bei vier gelegt. Die vier Felder der Matrix werden wie folgt bezeichnet:

Entwicklungslinien der Marketingorganisation

„Poor Dogs"
In Anlehnung an das Feld mit geringem relativen Marktanteil und geringem Marktwachstum des Marktwachstum-Marktanteil-Portfolios (vgl. z. B. Wind/Mahajan/Swire 1983) werden die Strukturierungsalternativen mit geringer gegenwärtiger Verbreitung und geringer zukünftiger Bedeutung als Poor Dogs bezeichnet.

„Tradierte Organisationsformen"
Besitzt die betrachtete Alternative eine hohe gegenwärtige Verbreitung, aber eine niedrige zukünftige Bedeutung, so sprechen wir von einer tradierten Organisationsform.

„Evergreens der Marketingorganisation"
Strukturierungsalternativen mit einer momentan und zukünftig großen Bedeutung werden als Evergreens bezeichnet.

„Innovationen der Marketingorganisation"
Besitzt eine Alternative zwar gegenwärtig eine geringe Verbreitung, zukünftig jedoch eine hohe Bedeutung, so ist die Neueinführung dieser Strukturierung in zahlreichen Unternehmen wahrscheinlich. Folglich sprechen wir von einer Innovation der Marketingorganisation.

Im Bereich der Poor Dogs finden sich das Kategorienmanagement und das Markenmanagement (vgl. Abbildung 3). Somit scheint sich die „Neuentdeckung" Kategorienmanagement in der Praxis auf breiter Linie nicht durchzusetzen. Nicht einmal im Ernährungsge-

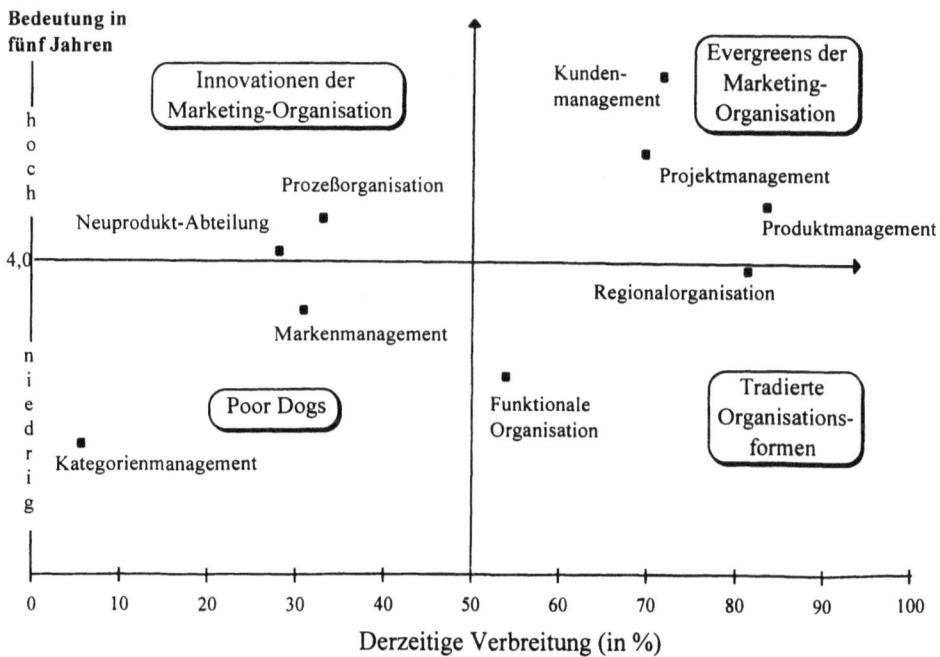

Abb. 3: Entwicklungen von Strukturierungsalternativen der Marketingorganisation

werbe, wo die zukünftige Bedeutung mit 3,63 den höchsten aller Werte erreicht, wird der Schwellenwert von vier überschritten. Die eher geringe Verbreitung und noch abnehmende zukünftige Bedeutung des Markenmanagements legt eine relativ niedrige Einschätzung der Relevanz von Marken im Industriegüterbereich nahe. Interessant ist hier das Abschneiden im Ernährungsgewerbe. Erwartungsgemäß ist in diesem Sektor das Markenmanagement wesentlich häufiger anzutreffen (53,8% der Unternehmen), jedoch wird die zukünftige Bedeutung dieser Strukturierungsalternative noch niedriger als vom Durchschnitt der Unternehmen eingeschätzt (1,46 gegenüber durchschnittlich 1,69). In dieser Beobachtung manifestiert sich möglicherweise die Tatsache, daß derzeit zahlreiche Konsumgüterunternehmen unter dem Stichwort Efficient Customer Response (ECR) Produktivitätssteigerungen durch eine intensivere Kooperation mit ihren Handelskunden anstreben (z. B. Kurt Salmon Associates 1993, Tietz 1995). Dieser Ansatz führt dazu, daß die Geschäftsbeziehung zwischen Hersteller- und Handelsunternehmen in den Mittelpunkt der Betrachtung rückt. Im Zusammenhang mit einer solchen gesamthaften Optimierung der Geschäftsbeziehung müssen nahezu zwangsläufig die einzelnen Marken zurückgestellt werden. Es kann daher von einer rückläufigen Bedeutung des Markenmanagements ausgegangen werden (Schuh/Dohrau 1995).

Unter den tradierten Organisationsformen findet man in erster Linie die Funktionalorganisation. Diese Form wird somit – trotz weiter Verbreitung – in Zukunft nicht im Zentrum des Interesses von Unternehmen stehen. Diese Ansicht steht im Einklang mit vielen Arbeiten, die auf eine mangelnde Eignung funktionaler Organisationsstrukturen für dynamische Umgebungen hinweisen (vgl. beispielsweise Becker 1993, S. 634, Köhler 1992, Sp. 40 ff., Lochstampfer 1980, Sp. 759). Die Regionalorganisation fällt ebenfalls in das Feld der tradierten Organisationsformen; allerdings liegt sie mit einem Wert von 3,91 sehr nahe an der Trennlinie zu dem Feld der Evergreens. Ihre Bedeutung scheint also in Zukunft auf hohem Niveau (nach dem Produktmanagement weist die Regionalorganisation die zweithöchste Verbreitung auf) zu stagnieren.

Evergreens der Marketingorganisation sind das Kundenmanagement, das Produktmanagement und das Projektmanagement. Die weiteste Verbreitung besitzt das Produktmanagement, das 83,5% der befragten Unternehmen implementiert haben. Genau wie das Projektmanagement ist dieses hochsignifikant positiv mit der Unternehmensgröße (gemessen an der Mitarbeiterzahl) assoziiert. Basis dieser Aussage ist ein T-Test, bei dem Unternehmen mit und ohne Produkt- bzw. Projektmanagement verglichen wurden. Die größte Bedeutung für die nächsten fünf Jahre wird dem Kundenmanagement beigemessen. Insgesamt ist erkennbar, daß die klassischen Formen der Objektstrukturierung gegenwärtig die weiteste Verbreitung in der Marketingorganisation aufweisen und ihre hohe Bedeutung auch in Zukunft behaupten werden.

In dem Feld der Innovationen der Marketingorganisation sind die Prozeßorganisation und die Neuproduktabteilung anzutreffen. Über 30% der Unternehmen haben den Prozeßansatz im Marketingbereich bereits verwirklicht, ein im Vergleich zu den bei Droege (1994, S. 62) genannten vier Prozent (gemessen auf Unternehmensebene) recht hoher Wert. Die Vermutung, daß die Prozeßorientierung in Unternehmen als sehr wichtig betrachtet wird, kann somit ebenso bestätigt werden wie die unterstellte Wichtigkeit von Produktinnovationen, die zu einem starken Anstieg der Bedeutung von Neuproduktabteilungen führt.

Abb. 4: Verbreitungsgrad von Produkt- und Key-Account-Management 1983 (nach Köhler/Tebbe/Uebele 1983) und heute

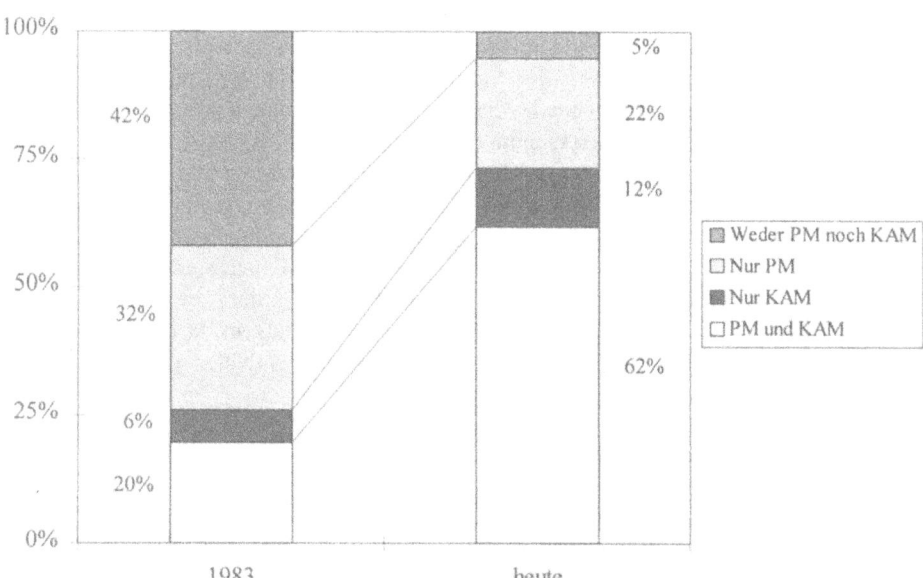

Unsere Ergebnisse bestätigen die aktuelle und zukünftige hohe Bedeutung von Produkt- und Key-Account-Management. Interessant erscheint in diesem Zusammenhang ein Vergleich unserer Resultate mit den 1983 von Köhler/Tebbe/Uebele erhobenen Werten bezüglich der Verbreitung dieser beiden Organisationsformen, um die tatsächliche Entwicklung nachvollziehen zu können. Köhler/Tebbe/Uebele wählten als Grundgesamtheit Industrieunternehmen mit Sitz in Deutschland. In dieser Hinsicht ist die vorliegende Studie mit der von Köhler/Tebbe/Uebele vergleichbar; allerdings bezieht sich deren Erhebung auf Unternehmen mit mindestens 500 Mitarbeitern. Daher führt der Test auf Äquivalenz der Stichproben bezüglich der durch die Mitarbeiterzahl operationalisierten Unternehmensgröße (Chi-Quadrat-Test auf der Basis von Größenklassen) zur Ablehnung der Hypothese, daß die beiden Stichproben die gleiche Unternehmensgrößenverteilung aufweisen. Dies ist im wesentlichen darauf zurückzuführen, daß die Stichprobenstruktur unserer Erhebung 41% Unternehmen mit weniger als 500 Mitarbeitern aufweist, die von Köhler/Tebbe/Uebele jedoch nur 17%. Dies läßt aufgrund des oben genannten positiven Zusammenhangs zwischen der Verbreitung des Produktmanagements und der Unternehmensgröße eine geringere Verbreitung des Produktmanagements in unserer Stichprobe erwarten. Um so mehr gewinnen folgende Aussagen an Bedeutung:

Der Anteil der Unternehmen, die sowohl Produktmanagement als auch Key-Account-Management implementiert haben, hat sich von 15,5% in der Studie von 1983 auf 61,3% in 1995 fast vervierfacht. Analog hierzu haben 1995 nur noch 5,1% der Unternehmen keine der beiden Strukturierungsalternativen implementiert, während es 1983 noch 50,7% waren (Köhler/Tebbe/Uebele 1983, S. 33). Diese Ergebnisse zeigen, daß sich die Frage, ob

Produkt- oder Key-Account-Management die geeignetere Strukturierungsform sei (Lucke 1977, S. 62, Hüttel 1989, S. 48), in der Unternehmenspraxis nicht stellt. Hier läuft das Key-Account-Management dem Produktmanagement nicht den Rang ab, sondern ergänzt es. Die Marketingorganisation in Unternehmen wird somit tendenziell mehrdimensional und damit komplexer. Dies könnte den Versuch widerspiegeln, der steigenden Komplexität von Märkten durch entsprechende organisatorische Regelungen Rechnung zu tragen. Diese Tendenz wird durch Untersuchungen zu organisatorischen Strukturierungen auf Unternehmensebene bestätigt, bei denen ebenfalls ein Trend zur Mehrdimensionalität identifiziert wurde (Lehmann 1995, S. 109). Die theoretisch-konzeptionellen Aussagen von Diller, der auf einen Trend zu „dualen" Formen der Marketingorganisation hinweist, finden empirische Bestätigung (Diller 1991, S. 159 f.). Es sei noch einmal darauf hingewiesen, daß die dargestellten Vergleiche die Trends bezüglich der Verbreitung von Produkt- und Key-Account-Management noch konservativ schätzen, da die Stichprobenstruktur unserer Stichprobe verstärkt kleinere Unternehmen enthält.

II. Dezentralisation von Entscheidungen

Zur Ermittlung von Entwicklungen bezüglich der Entscheidungszentralisation war zunächst zu überprüfen, ob sich die sechs Grundmodelle nach Frese/v. Werder (1993) in der Stichprobe identifizieren lassen. Diese Überprüfung nahmen wir auf der Basis der Einschätzung der gegenwärtigen Situation im Unternehmen vor. Bei der Operationalisierung wurden jedem Grundmodell bestimmte Items zugeordnet. Hierbei hielten wir uns sehr eng an die Beschreibung der Grundmodelle durch Frese/v. Werder. Die Befragten gaben den Grad ihrer Zustimmung zu den Aussagen der einzelnen Items in bezug auf ihr Unternehmen an. Hierbei sollte beachtet werden, daß die Konzeptualisierung nicht überschneidungsfrei ist (vgl. die Items in Tabelle 1). Aus diesem Grund können die einzelnen Indikatoren nicht in ihrer Gesamtheit einer Faktorenanalyse unterzogen werden, sondern jeweils nur die einem Grundmodell zugeordneten Indikatoren überprüft werden. Die Vorgehensweise ist in diesem Sinne konfirmatorisch.

Die Konzeptualisierung wird hinsichtlich Reliabilität und konvergenter Validität überprüft. Im wesentlichen geht es um die Frage, ob die Assoziation zwischen Items, die demselben Grundmodell zugeordnet sind, so stark ist, daß die Annahme eines einzelnen zugrundeliegenden Faktors gerechtfertigt erscheint. Als Gütekriterien kommen neben den Faktorladungen der Faktorenanalyse die Item to Total-Korrelation, das Cronbachsche Alpha und die erklärte Varianz zur Anwendung (vgl. zu diesen Kriterien Homburg/Giering 1996, S. 8).

Für die Faktorladungen, die die Stärke des Zusammenhangs zwischen gemessenen Variablen und Faktor wiedergeben (Backhaus et al. 1994, S. 208), fordern wir hier in Anlehnung an Homburg (1995, S. 93) einen Mindestwert von 0,4. Das Cronbachsche Alpha, das die Reliabilität einer Gruppe von Indikatoren mißt, nimmt Werte von null bis eins an, wobei hohe Werte auf ein hohes Maß an Reliabilität deuten. Wir fordern hier in Anlehnung an Nunnally Werte über 0,7 (Nunnally 1978, S. 245). Dabei ist zu beachten, daß das Cronbachsche Alpha positiv von der Anzahl der verwendeten Indikatoren abhängt (vgl. Carmines/Zeller 1994, S. 43 ff. sowie Homburg/Giering 1996, S. 22). Daher können bei geringer Item-Zahl auch Werte unter dem genannten Schwellenwert akzeptiert werden.

Tab. 1: Informationen zu den die Grundmodelle repräsentierenden Faktoren

Kernbereichsmodell Items	Faktorladung	Item to Total-Korrelation
Die Marketingaufgaben sind weitgehend aus den Sparten ausgegliedert.	0,904	0,633
Es gibt kein zentrales Marketing. Nahezu alle Aufgaben werden in den Sparten wahrgenommen. (gedreht)	0,904	0,633
Cronbachsches Alpha: 0,775		
Erklärte Varianz: 81,6 %		
Richtlinienmodell Items	Faktorladung	Item to Total-Korrelation
Ein Zentralbereich ist in Grundsatzentscheidungen des Marketing allein entscheidungsbefugt.	0,824	0,554
Ein Zentralbereich ist gegenüber dem Marketing der Sparten weisungsbefugt.	0,793	0,526
Im Marketing der Sparten werden i.d.R. nur im Rahmen von zentralen Vorgaben Entscheidungen getroffen.	0,738	0,460
Cronbachsches Alpha: 0,696		
Erklärte Varianz: 61,8 %		
Matrixmodell Items	Faktorladung	Item to Total-Korrelation
Zentrales Marketing und das Marketing der Sparten sind grundsätzlich nur gemeinsam entscheidungsbefugt.	0,890	0,583
Zentrales Marketing und das Marketing der Sparten bilden regelmäßig Ausschüsse zur Beschlußfassung.	0,890	0,583
Cronbachsches Alpha: 0,737		
Erklärte Varianz: 79,1 %		

Unter der Item to Total-Korrelation versteht man die Korrelation zwischen einem Indikator und der Summe aller dem Faktor zugeordneten Indikatoren. Wir wenden hier aufgrund der geringen Anzahl der Items die korrigierte Item to Total-Korrelation an, die als Korrelation eines Items mit der Summe der übrigen diesem Faktor zugeordneten Items berechnet wird. Die erklärte Varianz berechnet sich schließlich als Durchschnitt der quadrierten Faktorladungen. Sie stellt den Anteil an der Gesamtvarianz eines Faktors dar, der durch die dem Faktor zugeordneten Items erklärt wird (Backhaus et al. 1994, S. 218).

Tab. 1: Fortsetzung

Servicemodell Items	Faktorladung	Item to Total-Korrelation
Das Marketing der Sparten entscheidet i.d.R. nur über die Art der Maßnahmen und erteilt dem zentralen Marketing Aufträge zur Ausarbeitung und Durchführung.	0,808	0,306
Das zentrale Marketing entscheidet i.d.R. über das "wie" der Auftragserfüllung.	0,808	0,306
Cronbachsches Alpha: 0,469 Erklärte Varianz: 65,3 %		
Stabsmodell Items	Faktorladung	Item to Total-Korrelation
Ein Marketing-Stab dient der informationellen und methodischen Unterstützung der Sparten.	*	*
Cronbachsches Alpha: * Erklärte Varianz:*		
Autarkiemodell Items	Faktorladung	Item to Total-Korrelation
Es gibt kein zentrales Marketing. Nahezu alle Aufgaben werden in den Sparten wahrgenommen.	0,904	0,633
Die Marketingaufgaben sind weitgehend aus den Sparten ausgegliedert. (gedreht)	0,904	0,633
Cronbachsches Alpha: 0,770 Erklärte Varianz: 81,6 %		

* eine Angabe ist bei nur einem Item nicht möglich

Tabelle 1 stellt die den Grundmodellen entsprechenden Faktoren mit zugehörigen Items und Gütekriterien dar. Da für das Stabsmodell nur ein Item formuliert wurde, entfällt hier die Angabe der Werte der Gütemaße.

Die Faktorladungen liegen bei allen Items der übrigen fünf Faktoren deutlich über 0,7; die Item to Total-Korrelationen und das Cronbachsche Alpha sind ebenfalls als befriedigend zu bewerten. Unter Berücksichtigung der geringen Anzahl von Items können die erzielten Werte sogar als sehr gut angesehen werden. Die jeweiligen erklärten Varianzen liegen mit einer Ausnahme deutlich über 70%. Somit ist die empirische Operationalisierung der sechs Grundmodelle der Entscheidungszentralisation nach Frese/v. Werder (1993) gelungen.

Abb. 5: Dezentralisierung der Marketingfunktion: Heutige und zukünftige Bedeutung der sechs Grundmodelle

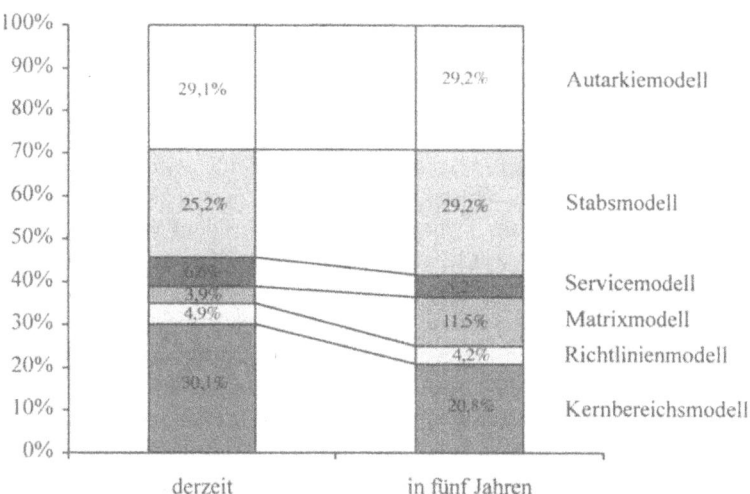

Zur Bestimmung der Häufigkeiten der Grundmodelle wurden für jedes Unternehmen die Mittelwerte über die ermittelten Items eines jeden Grundmodells berechnet. Die Unternehmen wurden anschließend demjenigen Modell zugeordnet, bei dem sie den höchsten Mittelwert aufwiesen. Hierbei kam es vor, daß bei einem Unternehmen mehrere Modelle den gleichen Maximalwert aufwiesen, was zu einer Mehrfachbelegung führte. Abbildung 5 stellt die Häufigkeitsverteilung von gegenwärtig und zukünftig favorisierten Grundmodellen gegenüber.

Das Kernbereichsmodell verfügt gegenwärtig über die weiteste Verbreitung (30,1% der Unternehmen), knapp gefolgt vom Autarkiemodell (29,1%) und dem Stabsmodell mit 25,2%. Dies deckt sich mit den Ergebnissen von Krüger/v. Werder (1995), die feststellten, daß „sich beim Marketing die konzentrations- und dekonzentrationsnahen Modelle nahezu die Waage" halten (Krüger/v. Werder 1995, S. 13). Unternehmen, die über ein Autarkiemodell verfügen, sind auf dem 1%-Niveau signifikant größer als Unternehmen ohne dieses Modell, sowohl bezüglich des Umsatzes als auch bezüglich der Mitarbeiterzahl. Gleiches gilt für Unternehmen mit Stabsmodell (auf dem 1%- bzw. 10%-Niveau). Diese Beobachtung ist konsistent mit der in zahlreichen empirischen Untersuchungen beobachteten Assoziation zwischen der Unternehmensgröße und dem Grad der Dezentralisierung (vgl. z. B. Child 1972, zur Marketingorganisation siehe z. B. Dastmalchian/Boag 1990, Pugh 1970). Die übrigen Grundmodelle treten recht selten auf.

Für die Zukunft ergibt sich ein etwas anderes Bild. Insgesamt läßt sich eine Tendenz erkennen, die hin zu mittleren Modellen führt. Insbesondere das Kernbereichsmodell verliert zugunsten dezentraler Modelle an Bedeutung. Die Tendenz zur Dezentralität geht aber nicht soweit, daß die Extremform (das Autarkiemodell) Gewinne verzeichnen könnte. Dieses verharrt auf konstantem Niveau. Es ergibt sich somit eine Tendenz zu einer kontrollierten Dezentralität, die Entscheidungen vor Ort erlaubt, ohne allerdings die Kontrolle der Zentrale aufzugeben. So ist auch hier – wie schon bei den aufbauorganisatorischen Maßnahmen – eine Tendenz hin zu komplexeren Strukturen zu verzeichnen.

III. Prozeßorientierung

Zum Thema Prozeßorientierung wurde zunächst eine allgemeine Frage dahingehend gestellt, ob die Optimierung von Prozessen im Marketing eine der bedeutendsten Aufgaben sei. Hier ergab sich mit einem Mittelwert von 3,9 auf der Sechs-Punkt-Skala eine recht hohe Zustimmung. Im Laufe der nächsten fünf Jahre wird die Prozeßoptimierung weiterhin an Bedeutung gewinnen: der Mittelwert liegt hier bei 4,9, der Unterschied zur heutigen Einstufung ist signifikant auf dem 1%-Niveau. Somit kann klar bestätigt werden, daß die Prozeßorientierung ein sich sehr dynamisch entwickelnder Aspekt der Marketingorganisation ist. Dies stimmt mit den bei Heppner (1995) genannten Ergebnissen überein, wonach 83% der Befragten in Deutschland der Aussage zustimmten, daß die Organisationsstruktur sich in den nächsten Jahren stärker an Geschäftsprozessen orientieren wird (Heppner 1995, S. 32). Hierbei ist allerdings anzumerken, daß sich diese Erhebung nicht allein auf die Prozesse in Marketing und Vertrieb bezieht.

Weiterhin wurden Ziele der Prozeßsteuerung und Maßnahmen zu Prozeßsteuerung und -optimierung abgefragt (vgl. Abbildung 6). Bei den Zielen der Prozeßsteuerung werden heute zu gleichen Teilen eine Verbesserung der Prozeßqualität, -geschwindigkeit und -effizienz angestrebt; die Mittelwerte betragen hier alle etwa 4,4. Mit einem Mittelwert von 4,15 wird die Erhöhung der Prozeßflexibilität etwas schwächer beurteilt, stellt jedoch auch ein wichtiges Ziel dar. Zukünftig steigt die Bedeutung der einzelnen Ziele zur Prozeßsteuerung durchweg um etwa 0,7 Punkte (alle signifikant auf dem 1%-Niveau). Den höchsten Bedeutungsanstieg kann die Steigerung der Prozeßeffizienz verzeichnen. Damit kommt klar zum Ausdruck, daß alle Aspekte der Prozeßorientierung nicht nur heute ein sehr wichtiges Anliegen der Unternehmen sind, sondern die Bedeutung zudem auf breiter Front zunehmen wird.

Bei den Maßnahmen zur Prozeßsteuerung und -optimierung überwiegen heute die kurzfristig realisierbaren beziehungsweise diejenigen, die als Vorarbeit zu einer systematischen Prozeßsteuerung notwendig sind. Dazu zählen die Erstellung von Ablaufplänen, die Verlagerung von Kompetenzen an ausführende Stellen, die Beseitigung von Schnittstellenproblemen durch einheitliche Anweisungen und die Erstellung von Zielvorschriften (alle Mittelwerte größer als 3,5). Diese Maßnahmen werden auch in Zukunft ihre hohe Bedeutung behalten. Den höchsten Bedeutungszuwachs erhalten jedoch die aufwendigeren Maßnahmen: Die Ernennung von Prozeßverantwortlichen, die Entwicklung von Kennzahlen zur Prozeßmessung sowie die Erstellung von Zielvorschriften erlangen Bedeutungszuwächse von über einem Punkt auf der Sechs-Punkt-Skala (signifikant auf dem 1%-Niveau). Den absolut und relativ höchsten Zuwachs mit knapp 1,3 Punkten verzeichnet die regelmäßige Messung von Prozeßeingabe, -wertschöpfung und -ausgabe.

Hieran kann man erkennen, daß sich die deutschen Unternehmen des verarbeitenden Gewerbes gegenwärtig auf eine systematische Prozeßsteuerung vorbereiten. Wichtige Elemente der Prozeßorientierung, wie die Entwicklung und Messung von Kennzahlen, sind noch nicht stark verbreitet, aber für die nächsten fünf Jahre geplant.

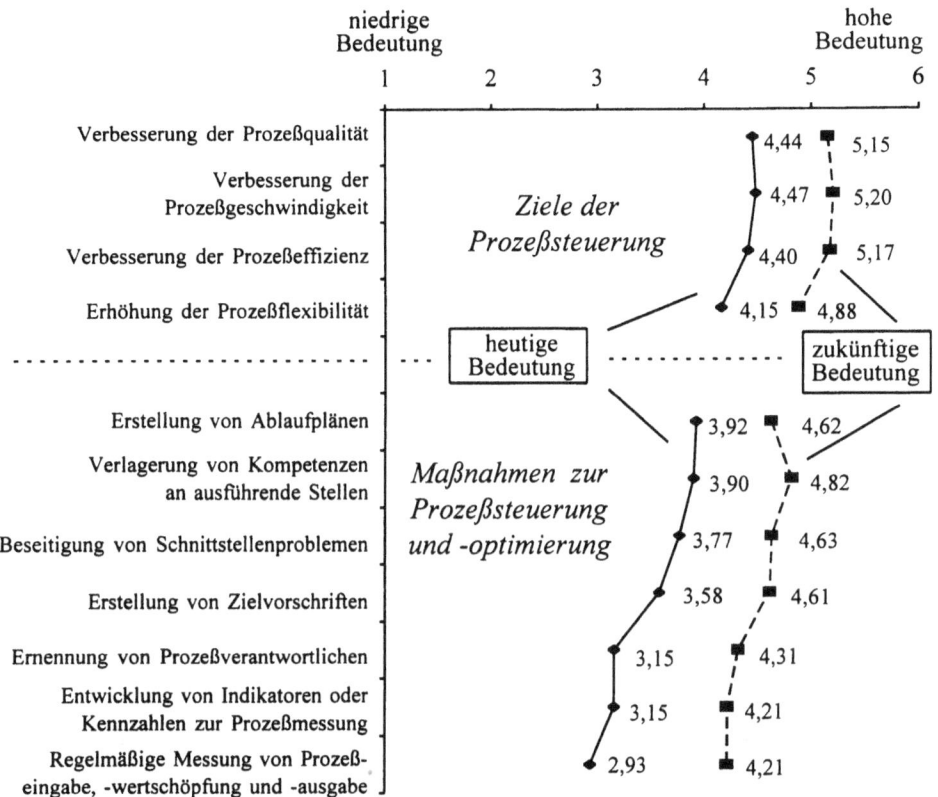

Abb. 6: Heutige und zukünftige Bedeutung von Zielen der Prozeßsteuerung und Maßnahmen zur Prozeßsteuerung und -optimierung

Neben diesen für den heutigen Stand und die Entwicklungstendenzen der nächsten fünf Jahre abgefragten Aspekten war ein weiterer Untersuchungspunkt, wie problematisch in der Unternehmenspraxis bestimmte Prozesse im Marketing eingeschätzt werden. Hier wurden 13 Kernprozesse identifiziert und auf ihren Problemgrad hin beurteilt. Um eine Verdichtung dieser Größen vornehmen zu können, wurde eine Faktorenanalyse über die 13 Indikatoren durchgeführt. Hierbei kam eine schiefwinklige Faktorenanalyse (OBLIMIN) zum Einsatz, die im Gegensatz zur weit verbreiteten rechtwinkligen Faktorenanalyse (VARIMAX) keine Unabhängigkeit der Faktoren unterstellt, was im vorliegenden Fall unrealistisch wäre (Norušis 1993, S. 70). Hierbei wurden vier Faktoren extrahiert.

Der erste Faktor beinhaltet die Prozesse der Analyse und Planung (vgl. Tabelle 2). Die Zusammenarbeit mit externen Dienstleistern (z. B. Agenturen) paßt scheinbar weniger gut zu dem Oberbegriff Analyse und Planung; unter Berücksichtigung der Bedeutung von externen Marktforschungsdienstleistungen ist eine inhaltliche Konsistenz jedoch festzustellen. Der zweite Faktor beinhaltet die vertriebsbezogenen Aktivitäten, die Indikatoren des dritten Faktors lassen sich eindeutig dem Innovationsbereich zuordnen. Der vierte Faktor

Tab. 2: Faktorenanalyse der Kernprozesse im Marketing

Analyse und Planung Items	Faktorladung	Item to Total-Korrelation
Jahresmarketingplanung	0,821	0,708
Vertriebscontrolling	0,785	0,667
Marketingcontrolling	0,781	0,653
Jahresabsatzplanung	0,704	0,554
Zusammenarbeit mit externen Dienstleistern	0,554	0,429
Durchführung von Marktforschungsstudien	0,470	0,388
Cronbachsches Alpha: 0,802 Erklärte Varianz: 34,2 %		
Vertriebsbezogene Aktivitäten Items	Faktorladung	Item to Total-Korrelation
Planung, Vergabe und Controlling kundenspezifischer Konditionen	0,684	0,523
Auftragsabwicklung	0,627	0,521
Preisfestsetzung neuer Produkte	0,526	0,464
Cronbachsches Alpha: 0,688 Erklärte Varianz: 10,9 %		
Innovation Items	Faktorladung	Item to Total-Korrelation
Markteinführung neuer Produkte	0,915	0,532
Produktentwicklung	0,831	0,532
Cronbachsches Alpha: 0,692 Erklärte Varianz: 9,5 %		
Management existierender Produkte Items	Faktorladung	Item to Total-Korrelation
Produktelimination	0,805	0,369
Variantenmanagement	0,757	0,369
Cronbachsches Alpha: 0,534 Erklärte Varianz: 7,9 %		

Abb. 7: Einschätzung von Kernprozessen des Marketing bezüglich ihrer Problematik

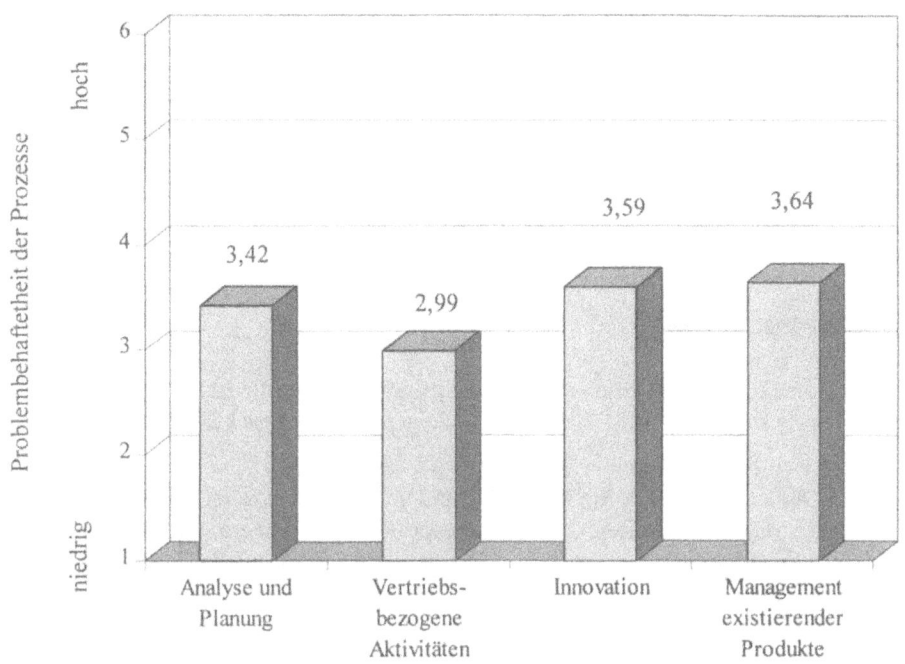

umfaßt die Produktelimination sowie das Variantenmanagement und wird mit Management existierender Produkte bezeichnet.

Abbildung 7 zeigt die unterschiedliche Bewertung der Faktoren. Sie reichte im Fragebogen von völlig problemlos (1) bis stark verbesserungswürdig (6). Am schwierigsten schätzen Unternehmen die Prozesse ein, die mit der Gestaltung ihres Leistungsangebots zusammenhängen: Der Faktor Management existierender Produkte weist den höchsten Mittelwert auf, gefolgt vom Faktor Innovation. Bei letztgenanntem Faktor weisen kleine Unternehmen deutlich höhere Werte auf (10%-Signifikanzniveau), was in einer geringeren Ressourcenausstattung begründet liegen könnte. Die Tatsache, daß die beiden Faktoren Innovation und Management existierender Produkte als recht problematisch beurteilt werden, spiegelt einerseits die zunehmende Wichtigkeit wider, die dem Innovationsmanagement unter anderem durch beschleunigte Marktprozesse zukommt (vgl. Albach 1989, S. 1339, McGrath et al. 1996, S. 389, zu einer umfassenden Analyse des Beschleunigungsproblems vgl. Gruner 1996). Andererseits wird auch die wachsende Komplexität erkannt, die durch ständige Neuprodukteinführungen im Produktprogramm entstehen kann. Die Zahl der Varianten kann ein wesentlicher Kostentreiber sein (Rathnow 1993, S. 20 ff.). So berichtet Wildemann, daß sich in wachsenden Märkten zwischen 1980 und 1990 die Variantenzahl um 180–250% steigerte, während sich die Produktionsmenge verdoppelte. In stagnierenden Märkten konnte ein Anstieg der Variantenzahl auf 400 bis 520% beobachtet werden, obwohl das Produktionsvolumen um bis zu 20% abnahm (Wildemann 1990, S. 314). Coenenberg/Prillmann (1995) konnten einen deutlichen negativen Zusammenhang zwischen Variantenvielfalt und Unternehmenserfolg feststellen, was im Einklang mit der hier gefundenen Einschätzung der Prozesse steht, die zu einer Variantenvielfalt führen. Der Mittelwertunterschied dieser Faktoren zu dem als weniger problematisch eingeschätzten Faktor Vertriebsbezogene Aktivitäten ist auf dem 1%-Niveau signifikant. Der Faktor Analyse und Planung liegt zwischen diesen beiden Extremen, wird jedoch von kleinen Unternehmen als deutlich problematischer eingeschätzt als von großen (1%-Signifikanzniveau).

D. Zusammenfassung

In der verarbeitenden Industrie in Deutschland ergibt sich für die Entwicklungslinien der Marketingorganisation ein konsistentes Bild. Folgende Tendenzen können festgestellt werden:

1. Unternehmen neigen dazu, im Marketing und Vertrieb eine Querschnittkoordination in Form von objektorientierten Organisationsformen zu verankern. Hier geht der Trend sogar hin zu Matrixstrukturen, was als Versuch interpretiert werden kann, auf komplexer und fragmentierter werdende Märkte zu reagieren. Diese Reaktion kann auch die Tendenz erklären, Entscheidungen im Marketing in Abstimmung zwischen Sparte und Zentrale zu fällen und so eine kontrollierte Dezentralität einzuführen. Dies erlaubt einerseits relativ schnelle Reaktionen auf Veränderungen im Markt, kann aber andererseits auch unternehmensintern koordinierte Vorgehensweisen fördern.
2. Der zunehmende Wettbewerbsdruck mag Ursache sein für die hohe Aufmerksamkeit, die Prozessen momentan schon in Unternehmen geschenkt wird. Hier muß festgestellt werden, daß bisher verankerte Instrumente allerdings noch zu wünschen übrig lassen, wobei die identifizierten Schwerpunkte der zukünftigen Entwicklung auf eine hohe Dynamik in diesem Bereich deuten.
3. Bei den Kernprozessen des Marketing zeigen sich bei der Gestaltung des Leistungsprogrammes die größten Probleme, sowohl hinsichtlich der Einführung neuer Produkte, als auch im Management existierender Produkte. Hier könnten ein systematisches Innovationsmanagement und ein komplexitätsoptimierendes Variantenmanagement Ansatzpunkte zur Überwindung der Probleme sein.

Literaturverzeichnis

Albach, H. (1989), Innovationsstrategien zur Verbesserung der Wettbewerbsfähigkeit, in: Zeitschrift für Betriebswirtschaft, Nr. 12, 1338–1352.
Alewell, K. (1980), Absatzorganisation, in: Grochla, E. (Hrsg.): Handwörterbuch der Organisation. 2. Aufl. Stuttgart 1980, Sp. 30–41.
Backhaus, K., Erichson, B., Plinke, W., Weiber, R. (1994), Multivariate Analysemethoden, Eine anwendungsorientierte Einführung, 7. Aufl., Berlin.
Becker, J. (1993), Marketing-Konzeption. 5. Aufl., München.

Entwicklungslinien der Marketingorganisation

Belz, Ch., Senn, Ch. (1995), Richtig umgehen mit den Schlüsselkunden, in: Harvard Business Manager Nr. 2, 45–54.
Berndt, R. (1991), Marketing 3, Marketing-Management, Berlin.
Brockhoff, K. (1989), Schnittstellenmanagement, Stuttgart.
Carmines, E., Zeller, R. (1979), Reliability and Validity Assessment, Newbury Park.
Cespedes, F. (1993), Coordinating Sales and Marketing in Consumer Goods Firms, in: Journal of Consumer Marketing, Nr. 2, 37–55.
Child, J. (1972), Organization Structure and Strategies of Control: A Replication of the Aston Study, in: Administrative Science Quarterly, 163–177.
Coenenberg, A., Prillmann, M. (1995), Erfolgswirkungen der Variantenvielfalt und Variantenmanagement, in: Zeitschrift für Betriebswirtschaftslehre, Nr. 11, 1231–1253.
Crittenden, V. (1992), Close the Marketing/Manufacturing Gap, in: Sloan Management Review, Spring, 41–52.
Dastmalchian, A., Boag, D. (1988), The Influence of Market Environments on Design and Performance of Marketing Departments, in: Canadian Journal of Administrative Sciences, Nr. 1, 26–35.
Dastmalchian, A., Boag, D. (1990), Environmental Dependence and Departmental Structure: Case of the Marketing Function, in: Human Relations, Nr. 12, 1257–1276.
Diller, H. (1991), Entwicklungstrends und Forschungsfelder der Marketingorganisation, in: Marketing – Zeitschrift für Forschung und Praxis, Nr. 3, 156–163.
Diller, H. (1992), Marketingorganisation, in: Diller, H. (Hrsg.), Vahlens Großes Marketinglexikon, München, 691–692.
Diller, H., Gaitanides, M. (1989), Vertriebsorganisation und handelsorientiertes Marketing, in: Zeitschrift für Betriebswirtschaft, Nr. 6, 589–607.
Droege, W. (1994), Den Weg für die Zukunft freimachen, in: Absatzwirtschaft, Nr. 5, 58–65.
Elšik, W. (1996), Prozeßorganisation im Marketing, Marktforschung und Management, Nr. 1, 22–29.
Eschner, K., Nestler, A. (1994), Strategische Neuorientierung und Prozeßoptimierung bei der Allianz-Versicherungs-AG, in: Frese, E., Maly, W. (Hrsg.), Organisationsstrategien zur Sicherung der Wettbewerbsfähigkeit, Düsseldorf, 33–45.
Frese, E. (1993), Grundlagen der Organisation: Konzept–Prinzipien–Strukturen, 5. Aufl., Wiesbaden.
Frese, E., Beecken, T., Engels, M., Lehmann, P., Theuvsen, L. (1995), Nach der Restrukturierungswelle, in: Die Unternehmung, Nr. 5, 293–319.
Frese, E., von Werder, A. (1993), Zentralbereiche - Organisatorische Formen und Effizienzbeurteilung, in: Frese, E., von Werder, A., Maly, W. (Hrsg.), Zentralbereiche, Theoretische Grundlagen und praktische Erfahrungen, Stuttgart, 1–50.
Gaitanides, M. (1992), Ablauforganisation, in: Frese, E. (Hrsg.), Handwörterbuch der Organisation, 3. Aufl., Stuttgart, 1–18.
Gaitanides, M., Diller, H. (1989), Großkundenmanagement – Überlegungen und Befunde zur organisatorischen Gestaltung und Effizienz, in: Die Betriebswirtschaft, Nr. 2, 185–197.
Gaitanides, M., Scholz, R., Vrohlings, A., Raster, M. (1994), Prozeßmanagement, Konzepte, Umsetzungen und Erfahrungen des Reengineering, München.
Gruner, Kai (1996), Die Beschleunigung von Marktprozessen, Modellgestützte Analyse von Einflußfaktoren und Auswirkungen, Wiesbaden.
Gruner, Kjell, Garbe, B., Homburg, Ch. (1996), Produkt- und Key-Account-Management als objektorientierte Formen der Marketingorganisation, erscheint in: Die Betriebswirtschaft.
Gupta, A., Wilemon, D. (1988), The Creditibility-Cooperation Connection at the R&D-Marketing Interface, in: Journal of Product Innovation Management, 20–31.
Hammer, M., Champy, J. (1993), Reengineering the Corporation, New York.
Hartung, J., Elpelt, B. (1989) Multivariate Statistik, 3. Aufl., München.
Heppner, K. (1995), Dominanz der Prozeßperspektive: Über Abteilungen hinweg, in: Frese, E. (Hrsg.), Dynamisierung der Organisation - Markt und Mitarbeiter als treibende Kräfte, Arbeitsbericht des Organisationsseminars Universität zu Köln, Köln, 7–38.
Hise, R., O'Neal, L., Parasuraman, A., McNeal, J. (1990), Marketing/R&D Interaction in New Product Development: Implications for New Product Success Rates, in: Journal of Product Innovation Management, 142–155.

Homburg, Ch. (1995), Kundennähe von Industriegüterunternehmen, Konzeption – Erfolgsauswirkungen – Determinanten, Wiesbaden.
Homburg, Ch., Giering, A. (1996), Konzeptualisierung und Operationalisierung komplexer Konstrukte, in: Marketing – Zeitschrift für Forschung und Praxis, Nr. 1, 5–24.
Hungenberg, H. (1995), Zentralisation und Dezentralisation, Wiesbaden.
Hüttel, K. (1989), Rosige Zeiten für Produktmanager, in: Harvardmanager, Nr. 1, 48–55.
Kaminske, G., Füermann. T. (1995), Reengineering versus Prozeßmanagement, Zeitschrift Führung und Organisation, Nr. 3, 142–148.
Kieser, A., Fleischer, M., Röber, M. (1977), Die Struktur von Marketingentscheidungsprozessen, in: Die Betriebswirtschaft, Nr. 3, 417–432.
Kieser, A., Kubicek, H. (1992), Organisation. 3. Aufl. Berlin/New York 1992.
Köhler, R. (1981): Unternehmenssituation, Organisationsstruktur und Planungsverhalten, in: Bergner, H. (Hrsg.): Planung und Rechnungswesen in der Betriebswirtschaftslehre, Berlin, 243–281.
Köhler, R. (1992), Absatzorganisation, in: Frese, E. (Hrsg.), Handwörterbuch der Organisation, 3. Aufl., Stuttgart, Sp. 34–56.
Köhler, R. (1995), Marketingorganisation, in: Tietz, B., Köhler, R., Zentes, J. (Hrsg.), Handwörterbuch des Marketing, 2. Aufl., Stuttgart, Sp. 1636–1653.
Köhler, R., Tebbe, K., Uebele, H. (1983), Objektorientierte Organisationsformen im Absatzbereich von Industrieunternehmen – Ergebnisse empirischer Studien, Institut für Markt- und Distributionsforschung, Köln.
Kotler, P., Bliemel, F. (1995), Marketing-Management, 8. Aufl., Stuttgart.
Kreisel, H. (1995), Zentralbereiche auf dem Prüfstand: Zurück in die Linie!, in: Frese, E. (Hrsg.), Dynamisierung der Organisation - Markt und Mitarbeiter als treibende Kräfte, Arbeitsbericht des Organisationsseminars Universität zu Köln, Köln, 147–167.
Krüger, W., von Werder, A. (1995), Zentralbereiche als Auslaufmodell?, Gestaltungsmuster und Entwicklungstrends der Organisation von Teilfunktionen in der Unternehmungspraxis, in: Zeitschrift für Führung und Organisation, Nr. 1, 6–17.
Kubicek, H., Welter, G. (1985), Messung der Organisationsstruktur, Eine Dokumentation von Instrumenten zur quantitativen Erfassung von Organisationsstrukturen, Stuttgart.
Kurt Salmon Associates, Inc. (1993), Efficient Customer Response, Washington.
Lehmann, P. (1995), Kunde und Produkt im Mittelpunkt: Eine Gratwanderung, in: Frese, E. (Hrsg.), Dynamisierung der Organisation - Markt und Mitarbeiter als treibende Kräfte, Arbeitsbericht des Organisationsseminars Universität zu Köln, Köln, 81–115.
Lochstampfer, P. (1980), Funktionale Organisation. in: Grochla, E. (Hrsg.): Handwörterbuch der Organisation, 2. Aufl., Stuttgart, Sp. 756–766.
Lucke, K. (1977): Wachablösung: Markt- statt Produktmanagement, in: Absatzwirtschaft Nr. 11, 62–68.
Mansfield, R., Todd, D., Wheeler, J. (1980), Structural Implications of the Company-Customer Interface, in: The Journal of Management Studies, Nr. 1, 19–33.
McGrath, R., Tsai, M.-H., Venkatraman, S., MacMillan, I. (1996), Innovation, Competitive Advantage and Rent: A Model and Test, in: Management Science, Nr. 3, 389–403.
Meffert, H. (1986), Marketing: Grundlagen der Absatzpolitik, 7. Aufl., Wiesbaden.
Meffert, H. (1992), Kundenmanagement, Organisation des, in: Frese, E. (Hrsg.), Handwörterbuch der Organisation, Stuttgart, Sp. 1215–1228.
Nonaka, I., Nicosia, F. (1979), Marketing Management, Its Environment, and Information Processing: A Problem of Organizational Design, in: Journal of Business Reseach, Nr. 4, 277–300.
Norušis, M. (1993), SPSS for Windows, Professional Statistics, Release 6.0, Chicago.
Nunnally, J. (1978), Psychometric Theory, 2. Aufl., New York.
Picot, A., Böhme, M. (1995), Zum Stand der prozeßorientierten Unternehmensgestaltung in Deutschland, in: Nippa, M., Picot, A. (Hrsg.), Prozeßmanagement und Reengineering, Frankfurt, 227–247.
Picot, A., Franck, E. (1995), Prozeßorganisation, Eine Bewertung der neuen Ansätze aus Sicht der Organisationslehre, in: Nippa, M., Picot, A. (Hrsg.), Prozeßmanagement und Reengineering, Frankfurt, 13–38.

Pugh, D. (1970), The Structure of the Marketing Specialisms in their Context, in: British Journal of Marketing, Summer, 98-105.

Rathnow, P. (1993), Integriertes Variantenmanagement, Göttingen.

Reiß, M. (1992), Integriertes Projekt-, Produkt- und Prozeßmanagement, in: Zeitschrift für Führung und Organisation, 1, 25–31.

Ruekert, R., Walker, O. (1987), Interactions Between Marketing and R&D Department in Implementing Different Strategies, in: Strategic Management Journal, Nr. 8, 233–248.

Ruekert, R., Walker, O., Roering, K. (1985), The Organization of Marketing Activities: A Contingency Theory of Structure and Performance, in: Journal of Marketing, Winter, 13–25.

Scheuch, F. (1987), Marketing, 2. Aufl., München.

Schuh, A., Dohrau, N. (1995), Product-Management im Wandel? Eine Untersuchung des gegenwärtigen Zustandes und aktueller Entwicklungen in der österreichischen Konsumgüterindustrie, in: Der Markt, Nr. 2, 84–94.

Simon, H., Tacke, G. (1990), Marketing bringt die Organisationsevolution, in: Thexis, Nr. 1, 26–28.

Souder, W. (1988), Managing Relations Between R&D and Marketing in New Product Development Projects, in: Journal of Product Innovation Management, March, 6–19.

Tietz, B. (1995), Efficient Customer Response, Wirtschaftswissenschaftliches Studium, Nr. 10, 529–538.

Tull, D., Cooley, B., Philips Jr., M., Watkins, H. (1991), The Organization of Marketing Activities of American Manufacturers, Working Paper Marketing Science Institute, Report Nr. 91–126, Cambridge, Massachusetts.

Urban, G., Hauser, J. (1980), Design and Marketing of New Products, Englewood Cliffs.

Waragai, T. (1989), Der Einfluß von Reorganisation auf die Unternehmensentwicklung – Eine ökonometrische Analyse, in: Albach, H. (Hrsg.), Organisation, Mikroökonomische Theorie und ihre Anwendung, Wiesbaden, 209–228.

Wichman, W. (1984): Product Management: Lessons from the Package Goods Industry, in: Journal of Retail Banking, Nr. 4, 27–34.

Wildemann, H. (1990), Das Just-in-time-Konzept – Produktion und Zulieferung auf Abruf, 2. Aufl., München.

Wind, Y., Mahajan, V., Swire, D. (1983): An Empirical Comparison of Standardized Portfolio Models, in: Journal of Marketing, Spring, 89–99.

Zenor, M., Zerrillo, P. (1995), Category Management and its Applicability to Business Markets: Issues and Outlook, ISBM Report 17 – 1995, University Park.

Zentes, J. (1988), Grundbegriffe des Marketing, 2. Aufl., Stuttgart

Christian Homburg, Kjell Gruner und Gregor Hocke

Zusammenfassung

Die Gestaltung der Marketingorganisation wird momentan intensiv diskutiert. Der vorliegende Beitrag untersucht anhand einer empirischen Erhebung den Status Quo und die Entwicklungstendenzen zentraler Parameter der Marketingorganisation: die implementierte Strukturierungsform der Marketingorganisation, die Dezentralisierung von Entscheidungsbefugnissen sowie einige Aspekte der Prozeßorientierung in Marketing und Vertrieb. Es zeigt sich, daß eine Tendenz hin zu objektorientierten Organisationsformen, zu einer kontrollierten Entscheidungsdezentralität und zu einer starken Prozeßorientierung zu erkennen sind.

Summary

The marketing organization is a topic, that receives a lot of attention currently. This article uses an empirical research design to investigate the status quo and the evolution of key aspects of the marketing organization: The structuring of the marketing organization, the decentralization of decision making, and some aspects of process orientation in marketing. Key findings are the trends towards object-oriented forms of the marketing organization, towards a controlled decentralization of decision making, and towards a strong process orientation.

60: Allgemeine Fragen des Absatzes
63: Absatzorganisation

Optimale Preisbündelung unter Unsicherheit

Von Ralph Fürderer und Arnd Huchzermeier

Überblick

- Die in diesem Beitrag vorgestellte Optimierungsmethode bietet Unternehmen in unterschiedlichen Branchen erstmals die Möglichkeit, unter Berücksichtigung der Unsicherheit in den Reservationspreisen für einzelne Produktoptionen auf der Marktseite, sowie variantengetriebener Kostenprogression auf der Produktionsseite, Produktbündelungsstrategien zu bestimmen, die den zu erwartenden Gewinn maximieren.

- Anhand eines realen Fallbeispiels aus der Automobilindustrie demonstrieren wir die Anwendbarkeit der stochastischen Preisbündelungsmethode und adressieren hierbei entscheidende Fragen der Kapazitätsplanung, des Produktdesigns und der Fertigungsplanung: In welcher Bündelkonfiguration sollen einzelne Produktoptionen angeboten werden? Wie lautet deren gewinnmaximaler Preis? Wie kann die Fertigung kostengünstiger, flexibler und mehr kundenorientiert gestaltet werden?

- Szenarioanalysen ermöglichen eine Bewertung von alternativen Produktionsstrategien unter Berücksichtigung von Veränderungen im Konkurrenzverhalten, der Kostenstrukturen sowie der Zahlungsbereitschaft der Kunden.

- Kommerziell verfügbare Modellierungssoftware oder Spreadsheets eignen sich zur effizienten Umsetzung der Methode und zur Unterstützung von langfristigen Unternehmensentscheidungen.

Eingegangen: 1. Juni 1996

Prof. Dr. rer. pol. Arnd Huchzermeier leitet seit 1993 den Lehrstuhl für allgemeine Betriebswirtschaftslehre, insbesondere Produktionsmanagement an der Wissenschaftlichen Hochschule für Unternehmensführung (WHU) in Vallendar, Burgplatz 2, 56179 Vallendar. Nach seinem Abschluß des Ph.D. Studiums an der Wharton School der University of Pennsylvania in Philadelphia, lehrte er an der Graduate School of Business der University of Chicago.

Dr. rer. pol. Ralph Fürderer ist seit 1995 als Deproliferations-Manager bei der Adam Opel AG, General Motors Europe, Technical Development Center, PKZ 85-40, 65423 Rüsselsheim, für das Komplexitäts-Controlling sämtlicher neuer Fahrzeugprojekte außerhalb der USA verantwortlich.

© Gabler-Verlag 1997

A. Problemstellung

Das Konzept der Bündelung von Produktoptionen findet sowohl in dienstleistungs- als auch in produktionsorientierten Unternehmen weitreichende praktische Anwendung. Dem Anbieter stellt sich hierbei die Frage, ob er Produktoptionen zu einem Bündel zusammenfaßt und dem Kunden zu einem Bündelpreis mit Discount offeriert oder aber individuell gestaltbare oder ungebündelte Produkte vertreibt. In der Automobilindustrie findet man zusätzlich zu der in einem Fahrzeug-Basismodell enthaltenen Serienausstattung Sonderausstattungsmerkmale oder „*Optionen*", wie z.B. Klimaanlage, elektrisches Schiebedach, Bordcomputer, usw. Darüber hinaus kann der Käufer zwischen einzelnen Ausstattungspaketen, z.B. Sicherheitspaket, Sportpaket, oder Optikpaket, auswählen. Da Sonderserien, und dies besonders in Niedrigpreissegmenten, eine wichtige Einnahmequelle für den Hersteller darstellen, ist die Entscheidung über den Produktumfang und dessen Gestaltung, d.h. entweder in gebündelter oder in ungebündelter Form, von zentraler ökonomischer Bedeutung. Aufgrund von technischen und planungsbedingten Vorlaufzeiten muß dieser Entschluß bereits frühzeitig im Fahrzeugentwicklungsprozeß getroffen werden; in der Regel etwa zwei Jahre vor dem Fertigungsbeginn. Die Nachfrage nach verschiedenen Fahrzeugvarianten oder Optionenbündeln kann zu diesem Zeitpunkt nur äußerst ungenau bestimmt werden. Durch ein breitgefächertes Angebot von Optionen ist es zwar möglich, das mit der Nachfrageunsicherheit verbundene Risiko zu verringern, dies erhöht jedoch die durch die resultierende Variantenvielfalt verursachten Komplexitätskosten entlang der gesamten Wertschöpfungskette. Andererseits lassen sich Synergieeffekte im Bereich der Produkt- und Fertigungskosten (*economies of scope*) nur dann erzielen, wenn gewisse technisch komplementäre Optionen in Bündeln gemeinsam produziert werden. Auf der Verkaufsseite führt diese Art der Preisbündelung zu tendenziell höheren Preisen, höheren Absatzvolumina durch einen verbesserten Servicegrad und zu kürzeren Durchlaufzeiten durch eine Reduktion der Fertigungstiefe.

In dem vorliegenden Beitrag wenden wir uns weniger den industrieökonomischen und wettbewerbsrechtlichen Aspekten der Preisbündelung zu, als den betriebswirtschaftlichen und entscheidungsorientierten Aspekten. Wir zeigen, wie ein Unternehmen die Methode der stochastischen Preisbündelung dazu nutzen kann, die erwartete Profitabilität seiner Produktlinie entscheidend zu erhöhen. Hierbei berücksichtigen wir sowohl Unsicherheiten in den Reservationspreisen auf der Marktseite, mögliche Kannibalisierungseffekte innerhalb einer Produktlinie sowie eine Reihe in der Praxis relevanter Auswirkungen der Preisbündelung auf Fertigungskosten und Komplexitätskosten in der Produktion.

B. Preisbündelung in der Literatur

In der Literatur zum Thema Preisbündelung läßt sich eine frühe ökonomisch-wettbewerbstheoretische und eine deutlich später einsetzende betriebswirtschaftlich-entscheidungstheoretische Linie verfolgen. Hierbei findet eine systematische Unterscheidung statt zwischen der *reinen* Preisbündelung, bei der ein Kauf der einzelnen Produktoptionen nicht mehr möglich ist, und der *gemischten* Preisbündelung, die den Verkauf einzelner Produktoptionen erlaubt.

| Optimale Preisbündelung unter Unsicherheit |

In einer frühen Untersuchung berichtet Stigler (1963) von einem Filmverleiher, der Kinobetreibern anstatt einzelner Filme ausschließlich Pakete von Filmen unterschiedlicher Attraktivität anbietet (*„block-booking"*). In seiner Analyse führt Stigler das Konzept des Reservations- oder Maximalpreises ein. Dieses Konzept beschreibt den maximalen Preis, den ein Kinobesitzer für einen Film zu zahlen bereit ist. Es kommt zum Kauf, falls die Konsumentenrente, d.h. die Differenz zwischen dem individuellen Maximalpreis und dem tatsächlich geforderten Preis, nicht negativ ist. Stigler bezeichnet diese Form der reinen Bündelung nur dann als gewinnsteigernd, wenn der Bündelmaximalpreis aller Kunden etwa gleich ist. Dies versetzt den Filmverleiher in die Lage, die überschüssige Konsumentenrente durch den Bündelpreis abzuschöpfen, wobei die Kombination von hohen und niedrigen Präferenzen für einzelne Filme im Paket bei heterogener Nachfrage zu insgesamt höheren Bündelpreisen führen kann. Viele der folgenden Untersuchungen bedienen sich dieses Analysekonzepts.

Adams und Yellen (1976) vergleichen die reine und die gemischte Preisbündelung mit der Pigou'schen Preisdifferenzierung ersten Grades, bei der von jedem Nachfrager dessen individueller Maximalpreis abgefordert wird. Ihre empirische Studie beschreibt einen Monopolisten, der zwei Produkte in mehreren homogenen Kundensegmenten mit additiven Maximalpreisen offeriert. Die sich bei der Bündelung einstellenden Kosteneinsparungen bei der Fertigung, im Transaktions- und im Informationsbereich stellen laut Adams und Yellen jedoch keine notwendige Bedingung für die Profitabilität der Preisbündelung dar. Eine weitaus größere Bedeutung messen sie dem Kostenniveau und der Verteilung der individuellen Kundenmaximalpreise bei. Negative Korrelationen der Maximalpreise favorisieren hierbei eine Bündelungsstrategie, während ein hoher Kostenlevel in der Regel gegen eine Bündelung spricht. Darüber hinaus weisen Adams und Yellen darauf hin, daß der Verkauf eines physischen Produktes in unterschiedlichen Verpackungsgrößen ebenfalls eine Form der Preisbündelung darstellt. In der modernen Literatur wird diese Praktik jedoch eher der nichtlinearen Preisbildung zugeschrieben (vgl. Tacke (1989), Simon (1992a)). Die Zielsetzung der nichtlinearen Preisbildung besteht zwar ebenfalls in der Abschöpfung von Preisbereitschaft, besitzt jedoch ihre theoretische Rechtfertigung im *Gossen'schen Prinzip* (vgl. Gossen (1854)) des abnehmenden Grenznutzen eines Produktes bei zunehmender Menge.

Schmalensee (1984) entwickelt erstmals Kriterien, gemäß derer das Gewinnsteigerungspotential einer Preisbündelungsstrategie beurteilt werden kann. Hierbei legt er eine bivariate Normalverteilung der Maximalpreise in einem Zwei-Produkte-Raum zugrunde und geht ebenfalls von additiven Maximalpreisen aus. Durch numerische Analyse zeigt er, daß die reine Preisbündelung auch im Falle nicht negativ korrelierter Maximalpreise profitabler als Einzelverkäufe sein kann. Generell erweist sich jedoch die gemischte Preisbündelung als gewinnträchtiger, sowohl gegenüber der reinen Bündelung, als auch gegenüber Einzelverkäufen (vgl. hierzu auch die Kommentare von Jeuland (1984) und Long (1984)).

Zahlreiche Autoren bedienen sich obiger Instrumentarien zu weiterführenden und detaillierteren Analysen, so etwa Dansby and Conrad (1984), McAfee, McMillan und Whinston (1989), Cready (1991), oder Salinger (1995). Anwendungen der Preisbündelung im Industriegüterbereich (Wilson, Weiss und John, 1990) und im Dienstleistungssektor (Guiltinan, 1987) veranschaulichen ihre weite Verbreitung. Aufschlußreiche Darstellungen des strategischen Nutzens der Preisbündelung, u.a. als Instrument der Wettbewerbsdifferenzierung, gehen auf Porter (1985) und Carbajo, De Meza und Seidmann (1990) zurück. Jüngere Untersuchungen beschäftigen sich mit verhaltenstheoretischen Aspekten der Preisbündelung (Yadav und Monroe, 1993; Herrmann, 1995). Ein umfassender deutschsprachiger Übersichtsartikel mit Einführung in die Theorie und mit Anwendungsbeispielen zur Bündelung stammt von Simon (1992b).

Der Ursprung der entscheidungsorientierten literarischen Linie geht auf Hanson und Martin zurück. Zum ersten Mal stellen sie eine praktische Methode zur Verfügung, die es einem Monopolisten ermöglicht, Zusammensetzung und Preis von Bündeln simultan so zu bestimmen, daß der resultierende Gewinn maximal wird. Eine Zusammenfassung ihrer Resultate in Form von Managementleitlinien findet sich bei Eppen, Hanson und Martin (1991).

Einen anderen Ansatz mit gleicher Zielsetzung stellen Bauer, Herrmann und Mengen (1994) vor. Ihr Verfahren zur Gewinnmaximierung durch Bündelung von Fahrzeugausstattungsvarianten verbindet die Erfassung der Nachfrage durch Conjointanalyse mit der Berücksichtigung linearer Produktkosten, um unterschiedliche Szenarien von Produktdesign und -preis ökonomisch zu bewerten.

C. Entscheidungsmodelle zur Preisbündelung

I. Enumerative Modelle

Bei dieser Vorgehensweise ist es üblich, alle oder nur einen Teil der alternativen Produktlinienkonfigurationen zu enumerieren und jedes Bündel einer solchen Konfiguration mit einem „Testpreis" zu versehen. Jedes dieser Szenarien läßt sich dadurch unter Berücksichtigung einer geeigneten Kostenstruktur bezüglich seiner Gewinnwirkung bewerten.

Es mag wenig überraschen, daß den enumerativen Modellen eine beachtliche praktische Verbreitung zukommt. Hierfür lassen sich zwei mögliche Ursachen anführen:

1. Elaborierte Methoden stehen nicht zur Verfügung.
2. In Entscheidungssituationen von geringer Komplexität ist der Einsatz aufwendiger Entscheidungsmethoden kostenseitig nicht effizient.

In beiden Situationen bietet eine Enumerierung und Evaluierung der Handlungsalternativen die Möglichkeit, den ökonomischen Entscheidungsprozeß zu unterstützen. Allerdings liegen bei Preisbündelungsproblemen die möglichen Nachteile einer solchen Vorgehensweise auf der Hand:

- Die vollständige Enumeration der Bündelkonfigurationen ist bereits bei Problemen geringen Umfangs kaum noch durchführbar. Bei drei Produkten existieren bei gemischter Bündelung 116 mögliche Bündelkonfigurationen, bei vier Produkten sind dies bereits 44256, ohne Berücksichtigung der Bündelpreise.
- Enumeration in Teilen führt in den meisten Fällen zu suboptimalen Resultaten bei einer unvorhersehbaren Güte der Lösung.

- Die Beschränkung der kontinuierlichen Entscheidungsvariablen „Preis" auf diskrete Preisvektoren führt zu einer unvollständigen Auswertung aller möglichen Szenarien per se, und damit zu suboptimalen Ergebnissen.

In den beiden folgenden Abschnitten wollen wir nun auf Verfahren eingehen, die gewinnoptimale Bündelkonfigurationen und -preise liefern, ohne dabei die Gesamtheit aller zulässigen Lösungen explizit zu berücksichtigen.

II. Das Preisbündelungsmodell von Hanson und Martin

Das Preisbündelungsmodell von Hanson und Martin (1990) zeigt zum ersten Mal einen Weg auf, ein analytisches Optimierungsverfahren zur Bestimmung der gewinnoptimalen Bündelkonfigurationen und deren Preise einzusetzen. Ausgangspunkt ist hierbei ein gemischt lineares mathematisches Programm, welches den folgenden Prozeß wiedergibt:

1. Ein Monopolist, der das Ziel der Gewinnmaximierung verfolgt, stellt eine Preistabelle zusammen für alle möglichen Bündel, die sich aus von ihm angebotenen Komponenten bilden lassen.
2. Allen Kunden wird nun dieselbe Preisliste vorgelegt. Die Kunden nehmen die Preise wahr und kaufen dasjenige Bündel, welches ihre persönliche Konsumentenrente maximiert. Der Kauf eines leeren Bündels (entspricht der Entscheidung „kein Kauf") führt hierbei zur Konsumentenrente Null.

Dies hat zur Folge, daß die Anzahl der verkauften Bündel höchstens so groß ist wie die Anzahl der Kundensegmente. Kennt der Anbieter den Ausgang des oben dargestellten Prozesses, so wird seine Preisliste natürlich nur diejenigen Bündel enthalten, die die Kunden kaufen.

Folgende wesentlichen Annahmen liegen dem Verfahren zugrunde:

1. Der Anbieter kennt die Maximalpreise jedes Segments für jedes Bündel und legt die Bündelpreise selbst fest. Diese gelten für alle Kunden.
2. Die Konsumentenrente stellt ein Äquivalent zum Kundennutzen dar, den jeder Kunde beim Kauf maximiert.
3. Der Nutzen einer doppelt erworbenen Komponente ist Null, ein Weiterverkauf von Komponenten ist ausgeschlossen.
4. Das Entfernen einer Komponente aus einem Paket ist für den Kunden mit keinen Kosten verbunden, d.h., die Maximalpreise sind *subadditiv.*
5. Die Herstellung von Teilbündeln eines Bündels ist für den Anbieter mit geringeren Grenzkosten verbunden als die Herstellung des übergeordneten Bündels, d.h., Grenzkosten sind *subadditiv.*

Ziel ist es, den Gewinn des Anbieters durch geeignete Bestimmung der Bündelpreise und von binären Variablen, die anzeigen, ob bestimmte Bündel innerhalb einzelner Kundensegmente gekauft werden oder nicht, zu maximieren. Obige Annahmen werden in Form von linearen Randbedingungen berücksichtigt, garantieren die Beschränktheit des Optimierungsproblems und damit die Existenz einer eindeutigen Lösung. Allerdings wächst bei dieser „starken" Formulierung die Anzahl der Randbedingungen exponentiell mit der Anzahl zu bündelnder Komponenten, da jedes theoretisch verkaufbare Bündel implizit im Optimierungsverfahren berücksichtigt wird. Bei Betrachtung vieler zu bündelnder Komponenten kann diese Vorgehensweise daher zu unzulässig hohen Rechenzeiten führen.

Um eine effizientere Berechnung zu gestatten, modifizieren Hanson und Martin das ursprüngliche Problem, indem sie die „komplizierten" Randbedingungen zunächst fallenlassen. Weiterhin, anstatt Entscheidungsvariablen für alle kombinatorisch denkbaren Bündel zu berücksichtigen, wird zu Beginn der Optimierung eine Menge von „Kandidatenbündeln" von geringer Kardinalität festgelegt, die die Gesamtmenge aller Bündel ersetzt. Unter der zusätzlichen Annahme additiver Kosten und Maximalpreise läßt sich das resultierende „schwache" Preisbündelungsproblem mit linearem Aufwand lösen. Eine Lösung dieses schwachen Problems erzeugt zwar immer eine obere Schranke für das Gewinnmaximum des entsprechenden starken Problems, jedoch muß eine schwache Lösung keine zulässige Lösung des starken Problems darstellen. Hanson und Martin empfehlen eine iterative Vorgehensweise, in der in jedem Schritt überprüft wird, ob die momentane schwache Lösung zulässig im Sinne des starken Problems ist. Ist dies nicht der Fall, wird zur schwachen Lösung ein weiteres Bündel, ein sogenanntes *„composite bundle"*, hinzugenommen. Dieses spezielle Bündel macht die Menge der Kandidatenbündel zu einer zulässigen starken Lösung, deren gewinnoptimaler Preisvektor allerdings erneut berechnet werden muß. Wie unschwer zu erkennen ist, konvergiert dieses Verfahren in endlicher Zeit gegen die Lösung des starken Problems, da in jedem Iterationsschritt ein neues Bündel zur Ausgangsmenge hinzugenommen wird.

Mit dem beschriebenen Verfahren lassen sich eine Reihe von Preisbündelungsproblemen auf effiziente Art und Weise lösen. Es existieren allerdings Anwendungen, für deren Behandlung eine abgeschwächte Form der getroffenen Modellannahme nützlich wäre, und welche zusätzlich zu berücksichtigende Aspekte beinhalten.

III. Das stochastische Preisbündelungsmodell

Zur Illustration greifen wir das „automobilistische" Beispiel von Teil A auf. In einem typischen Entwicklungsprozeß eines neuen Fahrzeugtyps muß die Entscheidung über das zukünftige Ausstattungssortiment in einem frühen Planungsstadium getroffen werden – typischerweise zwei Jahre vor Fertigungsbeginn –, um die technische Ausarbeitung, Prototypentests, usw. zu gewährleisten. Zu diesem Zeitpunkt liegen dem Hersteller nur ungenaue Informationen über die Maximalpreise seiner Zielkunden vor, eine a priori Einteilung in Segmente homogenen Kaufverhaltens ist mit großen Schwierigkeiten behaftet. Nimmt der Hersteller eine solche Einteilung vor, lassen sich jedem Segment höchstens eine wahrscheinlichkeitsverteilte Maximalpreisstruktur zuordnen. Wir gehen hierbei von normalverteilten Maximalpreisen der Form

(1) $N_{ij} = N(\mu_{ij}, \sigma_{ij})$

aus.

Hierbei bezeichnen:

i = Index des Kundensegments (insgesamt n Segmente)
j = Index des Bündels (insgesamt m Bündel)
μ_{ij} = Mittlerer Maximalpreis von Segment i für Bündel j
σ_{ij} = Standardabweichung des Maximalpreises von Segment i für Bündel j

Bei einem Preis p_j für Bündel j, der dem mittleren Maximalpreis μ_{ij} entspricht, würden damit 50% aller Kunden des Segments i das Bündel kaufen, für $p_j = \mu_{ij} + \sigma_{ij}$ wärend dies nur noch etwa 15,9%. Die Größe des Segments i bezeichnen wir fortan mit k_i.

Die Annahme normalverteilter Maximalpreise stellt nur in geringem Maße eine Einschränkung dar, da sich sehr viele empirische Verteilungen hinreichend gut durch Normalverteilungen approximieren lassen. Weiterhin ist hierdurch auch die Existenz negativer Maximalpreise gewährleistet, welche die Abneigung eines Kunden gegen eine Option charakterisieren (so z.B. gibt es etwa Kunden mit Aversionen gegenüber Schiebedach und Klimaanlage). Ein negativer Maximalpreis gibt damit die Transaktionskosten des Kunden wieder, die ungewollte Komponente aus dem erworbenen Bündel zu entfernen oder aber diese als Bestandteil des Bündels zu akzeptieren. Weiterhin definieren wir:

d_{ij} = Normale Dichtefunktion mit Mittelwert μ_{ij} und Standardabweichung σ_{ij}

Die Konsumentenrente U_{ij} eines Segments i für ein Bündel j zum Preis p_j erhält man nun durch Aggregation aller Konsumentenrenten der Kunden. Diese läßt sich durch die Verlustfunktion der Normaldichte

$$(2) \quad U_{ij}(p_j) = \int_{p_j}^{\infty} (p - p_j) \cdot d_{ij}(p)\, dp$$

ausdrücken, welche der schraffierten Fläche in Abbildung 1 entspricht.

Aus wettbewerblichen Gründen sehen wir vor, daß der Preis lediglich zwischen der unteren Preisschranke l_j und der oberen Preisschranke u_j variiert.

Wir bezeichnen mit U_{i0} den Nutzen eines Kunden aus Segment i, von einem Bündelkauf generell abzusehen. Der Hersteller kann den absoluten Wert von U_{i0} nicht beeinflussen. Diese „Null-Option" bietet eine Alternative für die Kunden, die sich mit hohen Preisen für alle Bündel konfrontiert sehen. Zur Abschätzung des Käuferanteils eines Bündels innerhalb eines Segments verwenden wir das Bradley-Terry-Luce (BTL)-Modell:

$$(3) \quad q_{ij}(p_j) = \frac{U_{ij}(p_j)}{U_{i0} + \sum_{j'=1}^{m} U_{ij'}(p_{j'})}$$

q_{ij} stellt die Wahrscheinlichkeit dar, mit der sich ein Kunde aus Segment i unter allen alternativen Bündeln $1,\ldots,m$ für den Kauf des Bündels j zum Preis p_j entscheidet. Anschaulich handelt es sich hierbei um ein Konkurrenzmodell, bei dem die Nutzenfunktion eines Bündels gegen alle weiteren Nutzenfunktionen „antritt". Ausführliche Analysen von „share-of-utility"-Modellen finden sich z.B. bei McFadden (1980, 1986). Die im BTL-Modell verwendeten Konsumentenrenten stellen rein preislich orientierte Nutzenfunktionen dar.

Abb. 1: Normale Maximalpreisverteilung und -dichtefunktion

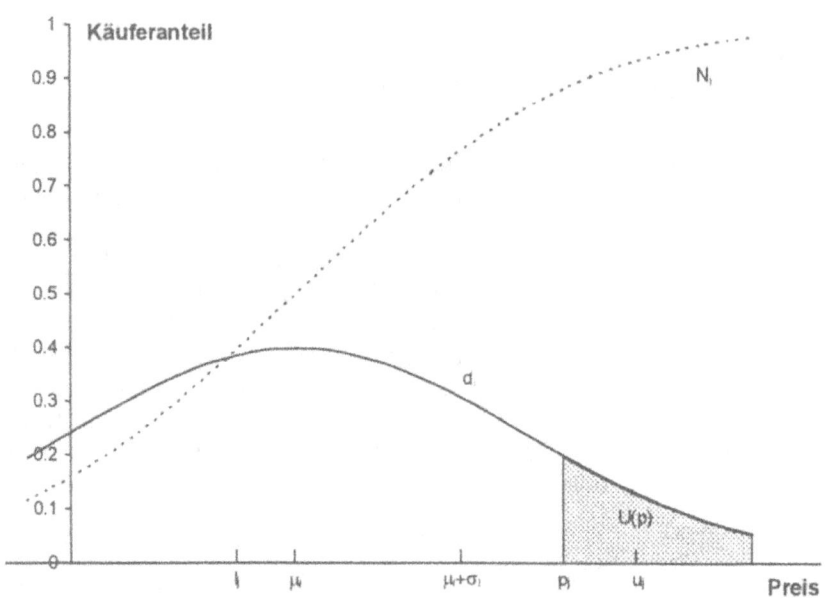

Auf der Kostenseite bezeichnen wir mit c_{ij} die marginalen Kosten, das Bündel j an einen Kunden des Segments i zu liefern. Weiterhin wollen wir Komplexitätskosten, die durch die Entwicklung, die Fertigung und den Vertrieb unterschiedlicher Ausstattungsvarianten entstehen, in den Entscheidungsprozeß integrieren. Bietet ein Automobilhersteller z.B. anstatt der drei individuell bestellbaren „Türoptionen" Zentralverriegelung, elektrische Fensterheber und elektrisch verstellbaren Außenspiegeln wahlweise nur noch ein Türpaket, bestehend aus diesen drei Komponenten (reine Bündelung) an, so hat er damit die Anzahl der Türvarianten von sieben auf eine reduziert. Dies entlastet die Produktentwicklung bei der Optimierung technischer Schnittstellen und bei Produkttests, vereinfacht den Fertigungsprozeß durch eine Reduktion der elektrischen Türkabelsätze an der Linie, ermöglicht ein effizienteres *line-balancing* und erhöht den Servicegrad eines Händlers durch Reduzierung seines Sicherheitsbestands an Fahrzeugen. Bei einer gemischten Bündelung, bei der z.B. Zentralverriegelung und elektrische Fensterheber zusätzlich zu dem Türpaket als Einzeloptionen angeboten werden, treten Komplexitätskostenreduzierungen in entsprechend geringerem Maße auf. Wir nehmen nun an, daß sich jedem Bündel j (hierzu gehören auch die „trivialen" Bündel in Form der Einzelkomponenten) dessen Komplexitätskosten f_j in Form von fixen Kosten zuordnen lassen.

Wir setzen weiterhin voraus, daß sich die m Bündel aus r Einzelkomponenten zusammensetzen. Ohne Einschränkung der Allgemeinheit bestehen die ersten r („trivialen") Bündel der Produktlinie genau aus diesen Einzelkomponenten. Definieren wir

$a_{kj} = 1$, falls Komponente k in Bündel j vorkommt; 0, sonst

so gilt daher $a_{kj} = 0$ für alle $j \leq r$ und $k \neq j$, sowie $a_{kj} = 1$ für $j \leq r$ und $k = j$.

Optimale Preisbündelung unter Unsicherheit

Zur besseren Kommunizierbarkeit des Produktangebots an den Kunden wird der Hersteller darüber hinaus eine maximale Anzahl m_0 zu produzierender, echter Bündel festlegen. Mithilfe der Entscheidungsvariablen

$y_j = 1$, falls Bündel j angeboten wird; 0, sonst

$p_j = $ Preis für Bündel j

läßt sich nun das stochastische Preisbündelungsproblem formulieren:

(4) $\quad$ Maximiere $\quad G = - \sum_{j=1}^{m} f_j \cdot y_j + \sum_{i=1}^{n} \sum_{j=1}^{m} k_i \cdot q_{ij}(p_j, y_j) \cdot (p_j - c_{ij})$

mit den allgemeinen Nebenbedingungen

(5) $\quad \sum_{j=1}^{m} a_{kj} \cdot y_j \geq 1 \qquad$ für alle $k = 1, ..., r$

(6) $\quad \sum_{j=r+1}^{m} y_j \leq m_0$

(7) $\quad l_j \leq p_j \leq u_j \qquad$ für alle $j = 1, ..., m$

(8) $\quad y_j \in \{0, 1\} \qquad$ für alle $j = 1, ..., m$

und entweder gilt die spezifische Randbedingung für die *reine* Bündelung

(9) $\quad a_{kj}(y_k + y_j) \leq 1 \qquad$ für alle $k = 1, ..., r; j = r+1, ..., m$

oder die spezifische Randbedingung für die *gemischte* Bündelung

(9') $\quad \max_{k \leq r, r+1 \leq j \leq m} a_{kj} \cdot (y_k + y_j) > 1$

Die Zielfunktion G stellt den Gewinn des Unternehmens beim Verkauf seiner gebündelten Produktlinie in der Form „Stückdeckungsbeiträge minus Fixkosten" dar. Das BTL-Modell $q_{ij}(p_j, y_i)$ haben wir gegenüber (3) leicht abgeändert, um sicherzustellen, daß nur die Bündel in den Preisfindungsprozeß miteinbezogen werden, die Teil des Bestands der Produktlinie sind. In Abwandlung von (3) definieren wir

(10) $\quad q_{ij}(p_j, y_j) = \dfrac{y_j \cdot U_{ij}(p_j)}{U_{i0} + \sum_{j'=1}^{m} y_j \cdot U_{ij'}(p_{j'})}$

Der zugehörige Summand eines Bündels j, welches nicht produziert wird ($y_j = 0$), tritt im Nenner von (10) nicht mehr auf, der entsprechende Käuferanteil $q_{ij}(p_j, y_i)$ ist somit Null.

Nebenbedingung (5) gewährleistet, daß jede Komponente entweder in gebündelter Form oder als Einzelkomponente produziert wird. Ein generelles Entfallen einer Komponente aus der Produktlinie und damit nötig gewordene Korrekturen der Komplexitätskostenstruktur werden dadurch verhindert. Die Herstellung von höchstens m_0 „echter" Bündel garantiert Nebenbedingungen (6). Den zulässigen Variationsbereich für die Entscheidungsvariablen „Preis" und „Produktion" legen die Bedingungen (7) und (8) fest. Durch alternative Verwendung der Bedingungen (9) bzw. (9') läßt sich die Verfolgung einer reinen bzw. einer gemischten Bündelungsstrategie erreichen. Hierbei sichert Bedingung (9), daß keine Komponente $k \leq r$, die in einem angebotenen „echten" Bündel $j > r$ auftritt ($a_{kj} = 1$, $y_j = 1$), nochmals als Einzelkomponente angeboten wird (y_k muß dann Null sein). Bedingung (9') garantiert, daß mindestens eine Komponente k sowohl im Bündel als auch als Einzelkomponente angeboten wird. Soll a priori keine bestimmte Bündelungsstrategie verfolgt werden, können die Bedingungen (9) und (9') entfallen.

Das stochastische Preisbündelungsproblem stellt ein gemischt nichtlineares Optimierungsproblem dar. Nichtlinearitäten finden sich sowohl im Stückdeckungsbeitrag der Zielfunktion in (4), als auch in der Randbedingung (9'). Darüber hinaus sind die Preisvariablen p_j und die binären Produktionsvariablen y_i in (10) gekoppelt. Zur Beherrschung der komplexen Problemstruktur empfehlen wir daher einen Dekompositionsansatz. Hierbei wird das Ausgangsproblem (4)–(9') in das ganzzahlige Hauptproblem

(11)   Maximiere $G = - \sum_{j=1}^{m} f_j \cdot y_j + \Gamma(p, y)$

und Nebenbedingungen (5), (6), (8) und (9) oder (9'), sowie in das nichtlineare Unterproblem

(12)   Maximiere $\Gamma(p, y) = \sum_{i=1}^{n} \sum_{j=1}^{m} k_i \cdot q_{ij}(p_j, y_j) \cdot (p_j - c_{ij})$

und Nebenbedingung (7) unterteilt. Das Lösungsverfahren arbeitet Haupt- und Unterproblem für unterschiedliche Bündelkonfigurationen iterativ ab. Das Design der Bündelkonfiguration in jedem Lösungsschritt wird hierbei durch einen hierarchischen Algorithmus, eine sogenannte *greedy-interchange heuristic*, festgelegt. Eine detaillierte Analyse und Methodenbeschreibung wird in Fürderer (1995) durchgeführt.

Bei moderaten Problemgrößen läßt sich das stochastische Preisbündelungsproblem in kommerziell verfügbaren Modellier- und Lösungsumgebungen wie LINGO (siehe Cunningham und Schrage (1988)), oder aber mit Hilfe Spreadsheet-gestützter Solver (wie GAMS oder CPLEX) behandeln. Bei einer hohen Anzahl von Problemparametern sollten jedoch aus Effizienzgründen und zur Vermeidung suboptimaler Lösungen bei nicht-konkaver Problemstruktur Simulationsmethoden oder eine problemspezifische Programmierung herangezogen werden.

Die Methode der stochastischen Preisbündelung ermöglicht somit sowohl die Konzeption einer gewinnmaximalen Bündelungspolitik hinsichtlich Zusammenstellung und Preisfindung, als auch umfangreiche Szenarioanalysen unter Berücksichtigung von

- Planungsvorlaufzeiten oder ungenauer Kenntnis der Nachfragestruktur
- Kostensynergieeffekten
- variantengetriebenen Komplexitätskosten
- bevorzugten Formen und Volumina einer Bündelungsstrategie
- wettbewerbsbedingten Preisober- und Preisuntergrenzen.

D. Analyse eines Fallbeispiels aus der Praxis

I. Ausgangsdaten und Zielsetzung

Zur Illustration der beschriebenen Methode erörtern wir das Beispiel eines Automobilherstellers, der sich in der Konzeptphase eines Fahrzeugs der sehr preissensitiven Kompaktklasse befindet. Das Fahrzeug soll in der Grundausstattung ohne zentrale Türverriegelung und mit manuellen Fensterhebern und Spiegeleinstellungen angeboten werden, um eine preisgünstige Einstiegmöglichkeit zu gewährleisten. Jedoch sollen die Optionen Zentralverriegelung (Z), elektrische Fensterheber (F) und automatische Spiegeleinstellung (S) einzeln oder in Form von höchstens zwei Türpaketen zu erwerben sein. Das prognostizierte Verkaufsvolumen von 180 000 Stück im ersten Produktionsjahr verteilt sich gemäß Tabelle 1 auf drei Kundensegmente.

Tab. 1: Verteilung des Jahresvolumens auf Kundensegmente

Segment	Verkaufsvolumen
Image-fokussiert (I)	53,000
Komfort-bewußt (K)	31,000
Preis-sensitiv (P)	96,000

Die Durchführung von Fahrzeugkliniken (diese Form der Markt- und Produktforschung, in der potentielle Kunden mit Produkthardware in Form von Prototypen konfrontiert werden, wird im Rahmen eines Fahrzeugentwicklungsprozesses mehrmals durchgeführt) hat ergeben, daß die Maximalpreise für die Türoptionen (Z), (F) und (S) innerhalb eines jeden Segments ungefähr normalverteilt sind. Die Schätzungen für Mittelwerte und Standardabweichungen zeigt Tabelle 2.

Tab. 2: Mittelwerte und Standardabweichungen der Maximalpreise

Segmente	Bündel (Z)		(F)		(S)		(ZF)		(ZS)		(FS)		(ZFS)	
	μ	σ	μ	σ	μ	σ	μ	σ	μ	σ	μ	σ	μ	σ
Image	580	170	660	180	250	90	810	200	600	160	700	160	820	210
Komfort	470	150	610	170	310	115	775	190	630	170	730	190	800	220
Preis	440	150	530	160	190	80	620	175	460	140	550	150	700	175

Aufgrund der aktuellen Wettbewerbssituation und internen Rentabilitätsrechnungen müssen bei der Preisfindung der Bündel die in Tabelle 3 gezeigten Preisober- bzw. Preisuntergrenzen beachtet werden.

Tab. 3: Preisunter- und Preisobergrenzen

Preis	Bündel						
	(Z)	(F)	(S)	(ZF)	(ZS)	(FS)	(ZFS)
Untergrenze	435	565	280	835	570	700	950
Obergrenze	650	775	350	950	800	900	1,250

Kostenseitig ergeben sich durch Bündelung erhebliche Einsparungen in den Bereichen Produkt- und Fertigungskosten durch die Komplementarität der Einzelkomponenten. Variable Grenzkosten und fixe, variantenabhängige Kosten je Bündel weist Tabelle 4 aus.

Tab. 4: Variable Grenzkosten und Fixkosten der Bündel

Kosten	Bündel						
	(Z)	(F)	(S)	(ZF)	(ZS)	(FS)	(ZFS)
variabel	420	550	270	810	550	680	920
fix	400,000	400,000	400,000	200,000	200,000	200,000	100,000

Der Hersteller sucht zum einen nach der Bündelkonfiguration und den Bündelpreisen, die, basierend auf obigen Daten, seinen „Optionen-Profit" maximieren. Zum anderen ist er an dem Wert zusätzlicher Maßnahmen interessiert, die die Kundenmaximalpreise anheben. Da das Unternehmen außerdem ein Konkurrenzangebot zum Paket (ZFS) zu einem sehr niedrigen Preis erwartet, welcher von einem eigenen Türpaket nicht überboten werden soll, gilt es, auch diesen potentiellen Effekt auf die gewinnoptimale Strategie zu untersuchen.

II. Gewinnoptimierung

Die Gewinnoptimierung wurde mit LINGO, die Szenarioanalyse mit MS EXCEL durchgeführt. Tabelle 5 charakterisiert im Vergleich verschiedener Bündelungsformen die besten gefundenen Lösungen.

Tab. 5: Gewinnoptimale Bündelkonfigurationen

Strategie	optimale Bündelpreise							Gewinn
	(Z)	(F)	(S)	(ZF)	(ZS)	(FS)	(ZFS)	in Tausend
ungebündelt	600	730	350	-	-	-	-	13523,5
gebündelt	608	740	-	-	750	-	1132	15754,0

Optimale Preisbündelung unter Unsicherheit

Die optimale Bündelkonfiguration steigert den zu erwartenden Gewinn aus den Verkäufen der drei Türoptionen um etwa 17% gegenüber der besten ungebündelten Verkaufsstrategie. Hierbei liegen die optimalen Preise der trivialen Bündel (Z) und (F) um ca. 1,4% höher als bei ungebündeltem Angebot. Die Preisnachlässe des Bündels (ZS) betragen 21% bzw. 33% beim Bündel (ZFS) gegenüber den optimalen Einzelpreisen. Abbildung 2 zeigt zunächst die Verkaufsanteile bei einer gewinnoptimalen ungebündelten Produktlinie.

Wie zu erkennen ist, entscheiden sich etwa 39% der Kunden des Image Segments für die Zentralverriegelung (Z), 28% für die elektrischen Fensterheber (F) und nur 4% für die elektrischen Spiegel (S). Es fällt auf, daß das prognostizierte Kaufverhalten innerhalb der drei Segmente sehr unterschiedlich ist. Während innerhalb des Segments (K) alle drei Einzelkomponenten ähnlich häufig bestellt werden, ist die Komponente (Z) der Favorit der Segmente (I) und (P). Aus der relativ breiten Streuung des Maximalpreises von Segment (I) für Komponente (Z) gegenüber Komponente (F) resultiert ein höherer aggregierter Kundennutzen für (Z) und somit ein größerer erwarteter Verkaufsanteil.

Abb. 2: Verkaufsanteile der gewinnoptimalen Einzelkomponenten

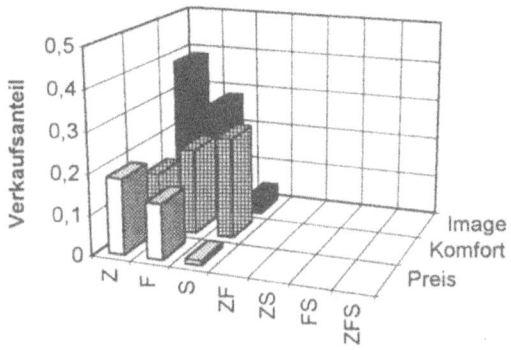

Abbildung 3 zeigt im Vergleich hierzu die entsprechenden Verkaufsanteile, die sich bei einer gewinnoptimalen Bündelungsstrategie ergeben.

Abb. 3: Verkaufsanteile der gewinnoptimalen Bündelung

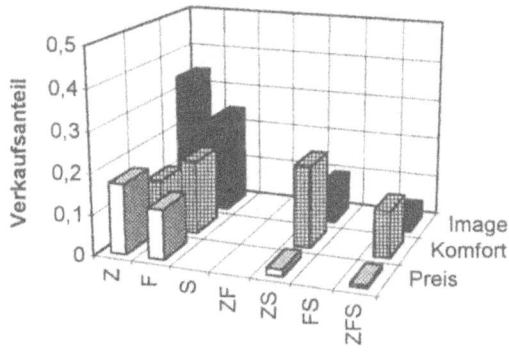

Eine gewinnoptimale Bestimmung der Bündelpreise sorgt zum einen dafür, daß extrem hohe Preisbereitschaft für eine Einzelkomponente (etwa bei Segment (I) und Bündel (Z)) nicht durch eine alternativ hohe Konsumentenrente bei einem weniger profitablen Bündel unterbunden wird. Zum anderen verlagerten sich die Nachfrage bei Einzelkomponenten mit relativ hohem Kostenlevel (etwa bei Segment (K) und Bündel (S)) auf Bündel mit vielversprechenderen Gewinnspannen.

III: Der Wert erhöhter Zahlungsbereitschaft

Der Einfluß erhöhter Zahlungsbereitschaft auf den Gewinn spielt eine große Rolle bei der Entscheidung über die Inanspruchnahme kostenintensiver Marketing-Instrumente. In diesem Zusammenhang liefert eine Sensitivitätsanalyse des Parameters „mittlerer Maximalpreis" Aufschluß über die gewinnträchtigsten Änderungsmöglichkeiten. Bei einer Erhöhung der mittleren Maximalpreise um 1% illustriert Abbildung 4 die daraus resultierende Änderung des Profits der optimalen Bündelkonfiguration.

Abb. 4: Gewinnwirkung einer Maximalpreiserhöhung um 1% (optimale Bündelung)

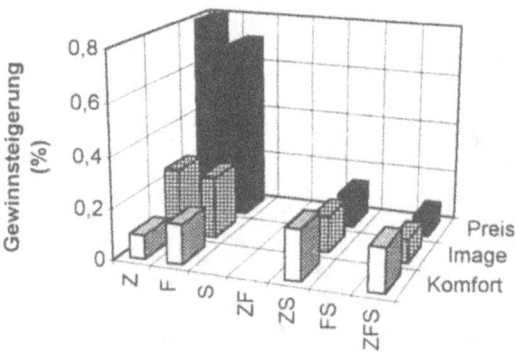

Maßnahmen zur Anhebung der Kundenpreisbereitschaft sollten daher primär auf die Einzelkomponenten (Z) und (F) bei dem preissensitiven Segment (P) abzielen. Erst in zweiter Linie sollte eine Erhöhung der mittleren Maximalpreise für die Bündel (ZS) und (ZFS) angestrebt werden. Andererseits sollte eine Marketingstrategie, die beispielsweise eine 5prozentige Steigerung aller Kundenmaximalpreise für die Einzelkomponente Zentralverriegelung (Z) zur Folge hat, nicht mehr als 450 000 Geldeinheiten kosten. Dieser Breakeven-Punkt ergibt sich aus den zusätzlichen 2,85% Gewinn innerhalb der drei Kundensegmente. Maximalpreiserhöhungen führen in diesem Beispiel jedoch stets zu höheren Gewinnen. Daß dies nicht verallgemeinert werden kann, zeigt die entsprechende Darstellung für die gewinnoptimale ungebündelte Strategie in Abbildung 5.

Die höchste Gewinnsteigerung ist im ungebündelten Fall ebenfalls durch Erhöhung der Preisbereitschaft im preissensitiven Segment für Komponenten (Z) und (F) zu erwarten. Eine Anhebung der mittleren Maximalpreise für die elektrischen Spiegel (S) führt jedoch

Abb. 5: Gewinnwirkung einer Maximalpreiserhöhung um 1% (optimale Einzelkomponente)

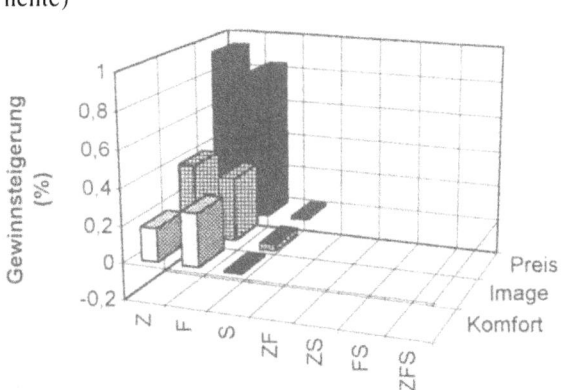

zu einem Gewinnrückgang. Hierfür ist der Verkaufsrückgang bei den profitableren Komponenten (Z) und (F) verantwortlich, welcher aus der relativ höheren Konsumentenrente für Komponente (S) resultiert.

IV. Der Effekt eines Konkurrenzangebots

Wir betrachten den Fall eines Konkurrenzunternehmens, welches ein Türpaket (ZFS) zu einem Preis von 999 Geldeinheiten anbietet. Aus wettbewerblichen Gründen soll das eigene Paket (ZFS) ebenfalls weniger als 1000 Geldeinheiten kosten. Diese neue Bedingung für die obere Preisgrenze bewirkt, daß der Gewinn aus den gebündelten Verkäufen von (Z), (F), (ZS) und (ZFS) um mehr als 7% auf 14626 tausend Geldeinheiten zurückgeht. Diese Bündelkonfiguration ist allerdings nicht mehr gewinnoptimal. Die den Profit maximierende Bündelkonfiguration ist nun (Z), (F), (ZS) und (ZFS) mit einem erwarteten Gewinn von 15422,4 tausend Geldeinheiten, also 2,1% weniger als ohne Preisbeschränkung für Bündel (ZFS). Die empfehlenswerte Reaktion für den Hersteller ist also, vom weiteren Angebot des Bündels (ZFS) abzusehen, dieses durch Bündel (FS) zu ersetzen und damit zu entbündeln.

E. Schlußbemerkung

Die Methode der stochastischen Preisbündelung bietet erstmals die Möglichkeit, den erwarteten Gewinn einer Produktlinie unter Berücksichtigung der Planungsvorlaufzeit zu maximieren. Die Anwendung der Methode ist hierbei nicht branchengebunden, sondern erstreckt sich auf eine Vielzahl von Produktions- und Dienstleistungsunternehmen. Bei moderatem Problemumfang garantiert die gleichzeitige Nutzung kommerziell verfügbarer Modellier-/Lösungssoftware und komfortableren Spreadsheets ein hohes Maß an Flexibilität und Effizienz. Bei Problemen höherer Komplexität empfiehlt sich sowohl eine Vorabfilterung, etwa durch Expertenbefragung oder den Einsatz multivariater Verfahren, als auch die Verwendung spezifischer Lösungsalgorithmen.

Literatur

Adams, W. J., Yellen, J. L. (1976): Commodity Bundling and the Burden of Monopoly, in: Quarterly Journal of Economics, Heft 90, S. 475–498.

Bauer, H., Hermann, A., Mengen, A. (1994): Eine Methode zur gewinnmaximalen Produktgestaltung auf der Basis des Conjoint Measurement, in: Zeitschrift für Betriebswirtschaft, Heft 64, S. 81–94.

Beskow, W., Dichtl, E., Koeglmayr, H. G. und Raffee, H. (1983): Faktisches Bestellverhalten als Grundlage einer optimalen Ausstattungspolitik bei Pkw-Modellen, in: Zeitschrift für betriebswirtschaftliche Forschung, Heft 35, S. 173–196.

Bradley, S. P., Hax, A. C., Magnanti, T. L. (1977): Applied Mathematical Programming, Addison-Wesley 1977, Reading (MA).

Burstein, M. L. (1960): The Economics of Tie-In Sales, in: Review of Economics and Statistics, Heft 42, S. 68–73.

Carbajo, J., De Meza, D., Seidman, D. J. (1990): A Strategic Motivation for Commodity Bundling, in: Journal of Industrial Economics, Heft 38, S. 283–298.

Cready, W. M. (1991): Premium Bundling, in: Economic Inquiry, Heft 29, S. 173–179.

Cunningham, K., Schrage, L. (1988): The LINDO Modeling Language, Graduate School of Business, The University of Chicago, 1988.

Dansby, R. E., Conrad, C. (1984): Commodity Bundling, in: American Economic Review, Heft 74, S. 377–381.

Eppen, G. D., Hanson, W. A., Martin, R. K. (1991): Bundling – New Products, New Markets, Low Risk, in: Sloan Management Review, Heft 32, S. 7–14.

Fürderer, R. (1996): Optimal Component and Option Bundling Under Demand Risk, Dissertation, WHU Otto-Beisheim Hochschule, Koblenz 1995 und Deutscher Universitäts Verlag, Wiesbaden.

Fürderer, R., Huchzermeier A., Schrage L. (1996): Stochastic Option Bundling and Bundle Pricing, WHU Otto-Beisheim Hochschule, Koblenz April 1996.

Guiltinan, J. P. (1987): The Price Bundling of Services: A Normative Framework, in: Journal of Marketing, Heft 51, S. 74–85.

Hanson, W. A., Martin, R. K. (1991): Optimale Bundle Pricing, in: Management Science, Heft 36, S. 155–174.

Herrmann, A. (1995): Ein Ansatz zur Preisbündelung auf der Basis der „prospect"-Theorie, Universität Mannheim, 1995.

Kalish, S., Nelson, P. (1988): An Empirical Evaluation of Multiattribute Utility and Reservation Price Measurement, Purdue University, 1988.

Kamakura, W., Russell, G. (1989). A Probabilistic Choice Model for Market Segmentation and Elasticity Structure, in: Journal of Marketing Research, Heft 26, S. 379–390.

Lewbel, A. (1985): Bundling of Substitutes, in: International Journal of Industrial Organization, Heft 3, S. 101–107.

McAfee, R. P., McMillan, J., Whinston, M. D. (1989): Multiproduct Monopoly, Commodity Bundling, and Correlation of Values, in: The Quarterly Journal of Economics, Heft 104, S. 371–383.

McFadden, D. (1980): Econometric Models for Probabilistic Choice Among Products, in: Journal of Business, Heft 53, S. 13–34.

McFadden, D. (1986): The Choice Theory Approach to Market Research, in: Marketing Science, Heft 5, S. 275–297.

Nagle, M. (1987): The Strategy and Tactics of Pricing, Prentice-Hall 1987, Englewood Cliffs (NJ).

Palfrey, T. R. (1983): Bundling Decisions by a Multiproduct Monopolist with Incomplete Information, in: Econometrica, Heft 51, S. 463–483.

Porter, M. E. (1985): Competitive Advantage: Creating and Sustaining Superior Performance, The Free Press 1985, New York, S. 425–436.

Salinger, M. (1995): Graphical Analysis of Bundling, in: Journal of Business, Heft 68, S. 85–98.
Schmalensee, R. (1982): Commodity Bundling by Single-Product Monopolies, in: Journal of Law and Economics, Heft 25, S. 67–71.
Schmalensee, R. (1984): Gaussian Demand and Commodity Bundling, in: Journal of Business, Heft 57, S. 211–230.
Schrage, L. (1989): User's Manual for Linear, Integer and Quadratic Programming with LINDO, The Scientific Press 1989, San Francisco (CA).
Simon, H. (1992a): Preismanagement, Gabler Verlag 1992a, Wiesbaden, S. 442–458.
Simon, H. (1992b): Preisbündelung, in: Zeitschrift für Betriebswirtschaft, Heft 62, S. 1213–1235.
Stigler, G. J. (1963): United States vs. Loew's Inc.: A Note on Block Booking, in: The Supreme Court Review, Heft 152, S. 152–157.
Tacke, G. (1989): Nichtlineare Preisbildung: Theorie, Messung und Anwendung, Gabler Verlag 1989, Wiesbaden.
Warhit, E. (1980): The Economics of Tie-in Sales, in: Atlantic Economic Journal, Heft 8, S. 81–88.
Wilson, L. O., Weiss, A. M., John, G. (1990): Unbundling of Industrial Systems, in: Journal of Marketing Research, Heft 27, S. 123–138.
Yadav, M. S., Monroe, K. B. (1993): How Buyers Perceive Savings in a Bundle Price: An Examination of a Bundle's Transaction Value, in: Journal of Marketing Research, Heft 30, S. 350–358.

Zusammenfassung

In vielen Industriebereichen kann die Methode der Preisbündelung dazu beitragen, die Produktkomplexität zu reduzieren und die Gewinne zu steigern. Allerdings herrscht wenig Aufschluß darüber, wie sich unter Berücksichtigung von unsicheren Kundenwünschen und möglichen Kosteneffekten die gewinnoptimalen Bündel zusammensetzen und wie deren Preis zu bestimmen ist. In diesem Beitrag formulieren wir das stochastische Preisbündelungsproblem als gemischt nichtlineares Programm. Ein Fallbeispiel mit realen Automobildaten zeigt auf, wie das stochastische Preisbündelungsproblem mit Hilfe kommerzieller Modelliersprachen oder Spreadsheets gelöst werden kann. Darüber hinaus kann das Modell zur Analyse von Markt- oder Kostenszenarien genutzt werden. Dies ermöglicht Managemententscheidungen zur optimalen Produktlinienkonfiguration in einem frühen Stadium des Entwicklungsprozesses.

Summary

In many industries, both reducing proliferation and increasing profitability of a product line can be achieved through option bundling and bundle pricing. However, little insight has been gained how to optimally compose and price bundles to exploit customer preferences and to decrease manufacturing costs under uncertainty. In this work, we formulate the stochastic bundling problem as a mixed-integer nonlinear program. An empirical example with data from the automobile industry illustrates how the stochastic bundling problem can be solved by deploying commercial modeling languages or spreadsheets. Moreover, we demonstrate how the model can be used to evaluate market and cost scenarios. This enables management to decide on an optimal bundling strategy far in advance of market launch.

60: *Allgemeine Fragen des Absatzes*
66: *Preistheorie*

Georg Schreyögg

Organisation

**Grundlagen moderner Organisationsgestaltung
Mit Fallstudien**

1996, XII, 602 Seiten, Broschur DM 68,–
ISBN 3-409-17729-9

Mit „Organisation" legt Georg Schreyögg ein neues und modernes Lehrbuch zur Organisationslehre vor. Im Mittelpunkt stehen die Grundprobleme der organisatorischen Gestaltung:

- Aufgabenstrukturierung,
- Integration von Individuum und Organisation,
- Interaktion von Organisation und Umwelt,
- Emergente Phänomene in Organisationen,
- Organisatorischer Wandel.

Didaktisch gekonnt aufbereitet stellt Georg Schreyögg Konzepte und Methoden zum Verständnis der Probleme der Organisationsgestaltung und zur Entwicklung fundierter Lösungen vor.
Zahlreiche Beispiele und Fallstudien illustrieren die Ansätze und regen zur praktischen Anwendung des theoretischen Wissens an. Mit Hilfe von Fragen zur Selbstkontrolle kann am Schluß jedes Kapitels der eigene Lernerfolg überprüft werden.
„Organisation" richtet sich an Studierende der Wirtschafts- und Sozialwissenschaften, die einen fundierten Überblick über Grundzüge der Organisationsgestaltung erwerben wollen. Praktikern liefert es wertvolle Hilfestellungen bei der Lösung konkreter Gestaltungsprobleme.

Betriebswirtschaftlicher Verlag Dr. Th. Gabler GmbH, Abraham-Lincoln-Str. 46, 65189 Wiesbaden

Optimale Preissetzung auf verbundenen internationalen Märkten bei standardisierten und differenzierten Produkten*

Von Matthias Sander

Überblick

- Nach Aussagen international tätiger Unternehmen stellt die Preispolitik einen der bedeutendsten Aufgabenbereiche im Rahmen des Marketing dar. Es ist daher verwunderlich, daß die wissenschaftlichen Erkenntnisse auf diesem Gebiet vergleichsweise bescheiden sind. Im vorliegenden Beitrag wird modellhaft aufgezeigt, wie Preise auf internationalen Märkten bestimmt werden können.

- Besonderes Augenmerk wird dabei auf die Verbundenheit der Märkte gelegt, welche sich im länderübergreifenden Agieren der Marktteilnehmer mit der Folge des Entstehens grauer Märkte äußert.

- Unterschieden wird im Rahmen der Analyse zwischen international standardisiert und landesspezifisch differenziert angebotenen Produkten; die Auswirkungen dieser zwei Optionen auf der Anbieter- und der Nachfragerseite werden analysiert. Die Komplexität der Situation erfordert dabei die Anwendung heuristischer Verfahren zur Bestimmung der landesspezifischen Preise.

- Als Ergebnis kann festgehalten werden, daß graue Märkte per se nicht unbedingt negativ zu bewerten sind; gleichzeitig wird anhand einer konkreten Planungssituation die – allerdings nicht generalisierbare – Vorteilhaftigkeit einer internationalen Produktdifferenzierung demonstriert.

Eingegangen: 9. Mai 1996

Priv.-Doz. Dr. Matthias Sander, Universität Tübingen, Abteilung Betriebswirtschaftslehre, insbes. Absatzwirtschaft, Nauklerstr. 47, 72074 Tübingen. Bevorzugte Arbeits- bzw. Forschungsgebiete: Markenmanagement, Internationales Marketing und Internationales Management.

A. Problemstellung

Internationale Marketingaktivitäten gehören für viele Unternehmen zum alltäglichen Geschäft. Wie empirische Studien gezeigt haben, wird dabei die Bedeutung einzelner Marketing-Instrumente aus Sicht länderübergreifend agierender Unternehmen unterschiedlich eingeschätzt; in den meisten Studien rangiert die Preispolitik unmittelbar hinter der Produktpolitik bzw. der Produktqualität an zweiter Position hinsichtlich der Wichtigkeit für den internationalen Erfolg eines Produkts.[1] Umso unverständlicher ist es, daß sich das Internationale Marketing in weiten Bereichen damit begnügt, aus dem zu lernen, was in Unternehmen vorgelebt wird und sich dort als erfolgreich erwiesen hat; es verwundert daher auch nicht, daß die Forschung im Internationalen Marketing sich den Vorwurf einer zu geringen theoretischen Fundierung gefallen lassen muß.[2] Speziell die Preispolitik bei länderübergreifender Betätigung von Unternehmen wurde in der Vergangenheit sehr stiefmütterlich behandelt.[3]

Ziel dieses Beitrages ist es aufzuzeigen, wie auf theoretisch fundierte Art und Weise Preise für international angebotene Produkte bestimmt werden können. Berücksichtigt wird dabei, daß die Marktteilnehmer länderübergreifend agieren können, d. h. inländische Marktteilnehmer können auch im Ausland kaufen und ausländische Marktteilnehmer besitzen die Möglichkeit des Produkterwerbs im Inland; auf diese Weise wird der aktuellen Problematik grauer Märkte Rechnung getragen.[4] Gleichzeitig soll analysiert werden, wie sich eine internationale Produktdifferenzierung im Vergleich mit länderübergreifend standardisiert angebotenen Produkten auf den Gewinn des anbietenden Unternehmens und auf die länderübergreifende Arbitrageaktivitäten der Marktteilnehmer auswirkt. Implikationen der Modellanalyse für die Praxis schließen den Beitrag ab.

B. Charakterisierung internationaler Preisentscheidungen und ihre Behandlung in der Literatur

Internationale Preisentscheidungen unterliegen einer besonderen Komplexität. Ursächlich hierfür sind insbesondere zwei Faktoren:[5]

- die Vielzahl von relevanten Einflußfaktoren im internationalen Preismanagement sowie
- die zunehmende Verbundenheit der Märkte.

Hinsichtlich der Einflußfaktoren gilt, daß gegenüber Preisentscheidungen auf nationalen Märkten die Anzahl potentiell zu berücksichtigender Preisdeterminanten steigt.[6] Gegenüber dem nationalen Marketing sind beispielsweise Faktoren wie Wechselkurse, Transferpreise oder staatliche Beeinflussungen auf der internationalen Ebene (z. B. Anti-Dumping-Gesetzgebung) zu berücksichtigen. Die Verbundenheit der Märkte bzw. Länder hingegen bewirkt, daß keine einfache „Aneinanderreihung" nationaler Preispolitiken vorgenommen werden kann, da länderspezifisch isoliert durchgeführte Preispolitiken den Interdependenzen zwischen den Ländern nicht Rechnung tragen und damit zu suboptimalen Ergebnissen führen.

Beide Aspekte werden in bestehenden Preisfindungsansätzen nicht bzw. nur unzureichend aufgegriffen. Den Ausgangspunkt stellen in diesem Zusammenhang die klassischen Preisfindungsansätze der Preistheorie dar, welche unter dem Begriff der vertikalen bzw. geographischen Preisdifferenzierung weiten Eingang in die einschlägige Literatur gefunden haben.[7] In den Grundformulierungen zeigen diese Modelle zwar auf, wie landesspezifisch optimale Preise zu setzen sind bzw. welche Höhe sie annehmen sollen, spezifisch internationale Aspekte umfassen sie jedoch nicht; grundsätzlich sind diesbezügliche Erweiterungen allerdings denkbar bzw. in die jeweiligen Ansätze implementierbar.[8] Die Verbundenheit der Märkte wird in diesen klassischen Ansätzen jedoch nicht abgebildet. Mittlerweile existieren aber Preisfindungsansätze, welche explizit die Interdependenz von Märkten aufgreifen und in den aus ihnen abgeleiteten Preisen berücksichtigen.[9] Auch hier werden jedoch spezifisch internationale Aspekte entweder ganz ausgeklammert oder nur rudimentär in die Analyse einbezogen;[10] z. T. wird auch eine völlige Verhinderung von länderübergreifender Arbitrage angestrebt, welche im Hinblick auf ein Gewinnziel nicht unbedingt ratsam bzw. sinnvoll erscheint.[11]

C. Ein Modell zur Bestimmung internationaler Preise bei länderübergreifendem Verhalten der Marktteilnehmer

Im folgenden wird ein Modell vorgestellt, mit dessen Hilfe optimale internationale Preise bestimmt werden können. Unterschieden wird dabei zwischen dem Fall international standardisierter Produkte und dem Fall länderübergreifend differenzierter Produkte; während im ersten Fall also völlig identische Produkte in den einzelnen Ländern angeboten werden, werden im letzteren Fall die Produkte den landesspezifischen Markt- bzw. Nachfragebedingungen angepaßt. Für beide Fälle werden die sich ergebenden Modellergebnisse diskutiert.

I. International standardisierte Produkte

1. Prämissen des Modells

Das Modell zur Preisfindung auf internationalen Märkten geht von der Annahme zweier Länder (Inland/Ausland) aus.[12] Als Ziel des betrachteten Unternehmens wird die Maximierung des Gewinns über beide Länder in Inlandswährung unterstellt. Dabei besitzt das betrachtete Unternehmen in beiden Ländern große Wettbewerbsvorteile mit der Folge einer monopolistischen bzw. monopolähnlichen Situation in dem Sinne, daß auf eigene preispolitischen Aktionen keine Reaktionen der Konkurrenten erfolgen. Bei dem angebotenen Produkt handelt es sich um ein beliebiges Konsumgut, welches unmittelbar an Endabnehmer bzw. Konsumenten ohne Zwischenschaltung weiterer Absatzmittler abgesetzt wird. Von einem Wiederverkauf des Produkts durch die Konsumenten wird abstrahiert.

Ferner wird davon ausgegangen, daß das betrachtete Unternehmen im Inland einen Produktionsstandort besitzt, welcher auch als Verkaufsstandort dient. Im Ausland unterhält das Unternehmen einen eigenen Verkaufsstandort; eine Produktion erfolgt dort nicht (Ex-

Abb. 1: Darstellung der Struktur des Modells bei verbundenen Märkten

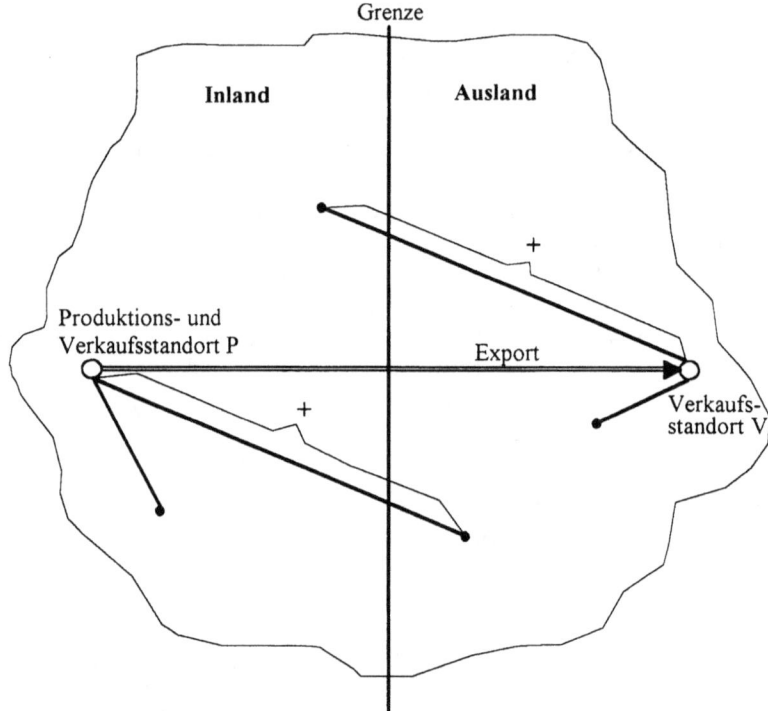

- Standort eines Konsumenten
- ○ Produktions- bzw. Verkaufsstandort
- + Länderübergreifende Arbitrage ("graue Märkte")

portfall). Die Standorte sind jeweils gegeben. Das an diesen Standorten angebotene Produkt wird von den Konsumenten dort direkt bezogen; sie wählen dafür den direkten Weg zu diesen Verkaufsstellen. Für die Überwindung der Entfernung zwischen ihrem eigenen Standort und dem jeweiligen Produktions- bzw. Verkaufsstandort entstehen ihnen Kosten proportional zur Entfernung; diese Kosten sind richtungsunabhängig und für alle Konsumenten pro Entfernungseinheit identisch. Die räumliche Verteilung der Konsumenten ist beliebig, jedoch vorgegeben. Eine graphische Veranschaulichung der Struktur des Modells bietet Abbildung 1. Die in Abbildung 1 eingezeichneten Strecken stellen dabei beispielhaft die Entfernungen in- und ausländischer Konsumenten zum jeweiligen Produktions- bzw. Verkaufsstandort dar.[13]

Darüber hinaus wird unterstellt, daß jeder Konsument seine Entscheidungen anhand einer eigenen (individuellen) Preisabsatzfunktion trifft.[14] Diese Funktion gibt an, wieviele Einheiten des betrachteten Produkts ein einzelner Konsument bei unterschiedlichen Preisen für das Produkt innerhalb einer Periode erwirbt.[15] Es wird von einem linearen Verlauf dieser Preisabsatzfunktion bei allen Konsumenten ausgegangen; auch die zugrunde gelegte Kostenfunktion des Anbieters wird als linear angenommen.[16] Der Verkauf des Produkts erfolgt dabei in der jeweiligen Landeswährung unter der gleichzeitig getroffenen Prämisse, daß pro Land nur ein Preis gefordert wird; die Möglichkeit einer intranationalen Preisdifferenzierung ist damit für den Anbieter nicht gegeben.

Schließlich wird implizit davon ausgegangen, daß die Konsumenten länderübergreifende Markttransparenz besitzen, d. h. sie kennen die im In- und Ausland geforderten Preise und die möglichen Orte des Produkterwerbs. Sie selbst treffen ihre Entscheidungen auf Basis der Währung ihres Wohnsitzlandes. Generell werden im folgenden periodenübergreifende Effekte bei der Modellformulierung der Einfachheit halber nicht berücksichtigt, so daß ein statischer Ansatz vorliegt. Diese zeitpunktorientierte Betrachtungsweise bedingt auch, daß von Wechselkursschwankungen und ihren Auswirkungen auf die zu fordernden Preise abstrahiert wird; damit fungiert der Wechselkurs in dem betrachteten Modell lediglich als konstanter Umrechnungsfaktor. Aus Gründen einer höheren Realitätsnähe des Modells soll auf seinen Einbezug jedoch nicht verzichtet werden.[17]

2. Die Bestimmung optimaler internationaler Preise

Offensichtlich besitzen die Konsumenten die Möglichkeit, entweder im Inland oder im Ausland zu kaufen. Wird zunächst der inländische Konsument betrachtet, so gelten folgende individuelle Preisabsatzfunktionen:

(1a) $\quad x_{I,i} = a_i - b_i \cdot (p_I + t_I \cdot d_{iP}) \quad$ für alle $i \in I_N$

für den Fall eines Inlandskaufs, und im Falle des Kaufs im Ausland

(1b) $\quad x_{A,i} = a_i - b_i \cdot e \cdot (p_A + t_A \cdot d_{iV}) \quad$ für alle $i \in I_N$.

mit

$x_{I(A),i}$: vom inländischen Konsumenten i im Inland (im Ausland) nachgefragte Menge des Produkts

$a_i; b_i$: Parameter der individuellen Preisabsatzfunktion eines inländischen Konsumenten

p_I: Preis des Produkts im Inland in Inlandswährung

p_A: Preis des Produkts im Ausland in Auslandswährung

e: Wechselkurs in Preisnotierung

$t_{I(A)}$: Kosten der Raumüberwindung pro Entfernungseinheit und Stück in Inlandswährung (Auslandswährung)

d_{iP}: Entfernung zwischen dem Standort des Konsumenten i im Inland und dem Produktions- bzw. Verkaufsstandort P im Inland

d_{iV}: Entfernung zwischen dem Standort des Konsumenten i im Inland und dem Verkaufsstandort V im Ausland

Analog ergeben sich die Preisabsatzfunktionen bei den ausländischen Konsumenten als:

(2a) $\quad x_{A,a} = a_a - b_a \cdot (p_A + t_A \cdot d_{aV}) \quad$ für alle $a \in A_N$

und

(2b) $\quad x_{I,a} = a_a - b_a \cdot (1/e) \cdot (p_I + t_I \cdot d_{aP}) \quad$ für alle $a \in A_N$

mit

$x_{I(A),a}$: vom ausländischen Konsumenten a im Inland (im Ausland) nachgefragte Menge des Produkts

a_a; b_a: Parameter der individuellen Preisabsatzfunktion eines ausländischen Konsumenten

d_{aP}: Entfernung zwischen dem Standort des Konsumenten a im Ausland und dem Produktions- bzw. Verkaufsstandort P im Inland

d_{aV}: Entfernung zwischen dem Standort des Konsumenten a im Ausland und dem Verkaufsstandort V im Ausland

Grundsätzlich gilt dabei die Regel, daß dort gekauft wird, wo das Produkt unter Berücksichtigung der Kosten der Entfernungsüberwindung günstiger bezogen werden kann, sofern der individuelle Höchstpreis nicht überschritten wird; bei gleichen Preisen im In- und Ausland, d. h. $p_I = e \cdot p_A$ bzw. aus Sicht des ausländischen Konsumenten $p_A = (1/e) \cdot p_I$, wird demnach in dem Land bzw. an dem Verkaufsstandort gekauft, welcher näher zum eigenen Standort liegt.

Zur Vereinfachung der formalen Darstellung wird für die weiteren Ausführungen folgende Schreibweise gewählt:

(3a) $p_I + t_I \cdot d_{iP} = p_{I,i}$

(3b) $e \cdot (p_A + t_A \cdot d_{iV}) = e \cdot p_{A,i}$

(4a) $p_A + t_A \cdot d_{aV} = p_{A,a}$

(4b) $(1/e) \cdot (p_I + t_I \cdot d_{aP}) = (1/e) \cdot p_{I,a}$.

Diese Preise sind *konsumentenindividuelle* Preise; sie umfassen den Preis des Produkts sowie die mit dem Kauf verbundenen Kosten zur Entfernungsüberwindung. Aufgrund der unterschiedlichen Standorte der Konsumenten differieren diese Preise zwischen den einzelnen Konsumenten.

Die Zielfunktion des Anbieters lautet damit unter Beachtung der angegebenen Prämissen:

(5) $\quad G = (p_I - k_v) \cdot \left[\sum_{i=1}^{I_N} x_{I,i}(p_{I,i}) \cdot u_i + \sum_{a=1}^{A_N} x_{I,a}(p_{I,a}) \cdot (1 - u_a) \right]$

$\underbrace{\qquad\qquad\qquad\qquad\qquad\qquad\qquad\qquad\qquad\qquad}_{\text{Deckungsbeitrag aus dem Verkauf im Inland}}$

$+ (e \cdot p_A - k_v - k_v^{Ex}) \cdot \left[\sum_{i=1}^{I_N} x_{A,i}(p_{A,i}) \cdot (1 - u_i) + \sum_{a=1}^{A_N} x_{A,a}(p_{A,a}) \cdot u_a \right]$

$\underbrace{\qquad\qquad\qquad\qquad\qquad\qquad\qquad\qquad\qquad\qquad}_{\text{Deckungsbeitrag aus dem Verkauf im Ausland}}$

$- K_F - K_F^{Ex} \to \max!$

mit

G: Gewinn des betrachteten Anbieters

$u_{i(a)}$: 0/1-Variable des inländischen (ausländischen) Konsumenten

I_N: Anzahl der Konsumenten im Inland

Optimale Preissetzung auf verbundenen internationalen Märkten

A_N: Anzahl der Konsumenten im Ausland
k_v: variable Stückkosten der Produktion
k_v^{Ex}: exportbedingte variable Stückkosten (z. B. für zusätzliche Verpackung, Transport- und Versicherungskosten für den Transport vom inländischen Standort P zum ausländischen Standort V)
K_F: fixe Kosten
K_F^{Ex}: exportbedingte fixe Kosten (z. B. Fuhrparkkosten für im Exportgeschäft eingesetzte Fahrzeuge)

Die 0/1-Variablen u_i bzw. u_a steuern dabei den Ort des Kaufs. Kann beispielsweise ein inländischer Konsument unter Berücksichtigung der Kosten der Entfernungsüberwindung im Ausland günstiger einkaufen als im Inland, so ist $u_i = 0$; die konkrete Höhe der Preisdifferenz ist dabei unerheblich. Analog ist u_a für den ausländischen Konsumenten zu interpretieren. Bei Gleichheit der Preise im In- und Ausland unter Berücksichtigung der Kosten der Entfernungsüberwindung wird unterstellt, daß im jeweiligen Wohnsitzland des Konsumenten gekauft wird.[18]

Problematisch ist in diesem Zusammenhang die Tatsache, daß die Funktion (5) lokale Optima aufweisen kann. Dies ist zurückzuführen auf das Verhalten der Konsumenten: Ab einer bestimmten Preishöhe steigen Konsumenten bei sukzessiven Preissenkungen in das Marktgeschehen ein, d. h. entwickeln Nachfrage. bzw. ziehen sich bei Preiserhöhungen aus dem Marktgeschehen zurück. *Ob* sie ein- bzw. aussteigen, hängt von ihren – interindividuell unterschiedlichen – Höchstpreisen und natürlich der Höhe der Preise selbst ab, *wo* sie ein- bzw. aussteigen von der Relation von In- und Auslandspreis. Unmittelbar einsichtig ist, daß die Verteilung der Konsumenten im Raum für den Verlauf der Funktion (5) eine besondere Rolle spielt, da die räumliche Verteilung der Konsumenten die Struktur der Kosten der Entfernungsüberwindung determiniert.

In Ermangelung analytischer Optimierungsverfahren für derartige Situationen ist auf heuristische bzw. Suchverfahren auszuweichen.[19] Ein für die vorliegende Problemstellung geeignetes Verfahren ist die Grid-Search-Methode.[20] Bei diesem Verfahren werden systematisch Inlands-Auslandspreiskombinationen herangezogen und der jeweils zugehörige Gewinnwert berechnet. Das Suchfeld wird dabei beschränkt von den Höchstpreisen der Konsumenten bzw. genauer des höchsten Höchstpreises über alle Konsumenten einerseits und den Stückkosten andererseits.[21] Je nach Umfang der Problemstellung können jedoch nicht alle theoretisch denkbaren Inlands-Auslandspreiskombinationen untersucht werden. In diesem Fall ist dann so vorzugehen, daß die Schrittweite im Rahmen der Auswahl der zu analysierenden Inlands-Auslandspreiskombinationen vergrößert wird; konkret wird also der Lösungsraum mit einer vergleichsweise großen Schrittweite abgesucht und um die sich ergebenden lokalen Optima mit recht hohen Gewinnwerten in einem zweiten Schritt mit verringerter Schrittweite weitergesucht, bis die optimale Inlands-Auslandspreiskombination mit dem höchsten zugehörigen Gewinnwert erreicht ist. Es liegt auf der Hand, daß diese Lösung nicht unbedingt das absolute Optimum sein muß, da das wahre Optimum u. U. bei der Suche mit recht großen Schrittweiten bereits „übergangen" wurde; insofern führt die Grid-Search-Methode in vielen Fällen – wie bei heuristischen Verfahren üblich – nur zu befriedigenden und nicht zu optimalen Lösungen im streng analytischem Sinne. Trotzdem stellt die Grid-Search-Methode für die vorliegende Problemstellung eine adäquate Vorgehensweise dar, da einerseits der Lösungsraum, innerhalb dessen das absolute Optimum liegen muß, beschränkt ist, andererseits reicht eine Optimierung auf zwei Nachkommastellen aus, da genauere Berechnungen preislich nicht umgesetzt werden können.

3. Modellergebnisse für eine vorgegebene Planungssituation

Anhand einer konkreten Planungssituation soll die Vorgehensweise im folgenden beispielhaft demonstriert werden. Die verwendeten Modelldaten zeigt Abbildung 2.[22] Bei

Abb. 2: Inputdaten für eine konkrete Planungssituation

Konsumentenspezifische Inputdaten	Parameter der individuellen Preisabsatzfunktionen und Entfernungswerte in- und ausländischer Konsumenten							
	Inländische Konsumenten				Ausländische Konsumenten			
	Nr.	a_i	b_i	d_{iP}	d_{iV}	Nr.	a_a	b_a	d_{aP}	d_{aV}
	1	20	2	2,9	3	1	50	1	3,1	4,2
	2	45	4	1,3	5,5	2	100	4	3,7	3,4
	3	55	3	5,3	2,2	3	20	1	5,5	0,4
	4	75	5	3,2	6,2	4	30	2	5,7	1,4
	5	45	4	0,7	6	5	50	2	3,8	2,1
	6	60	5	2,2	4,4	6	35	1	6,4	6,5
	7	56	3	4,8	2,2	7	20	0,5	6,5	1,2
	8	55	5	3,6	4,4	8	20	2	5,3	3,1
	9	90	4,5	2,1	7,8	9	25	1	2,8	3,8
	10	100	6	1,5	4,4	10	30	2	3,2	5
	11	95	8	3,3	7,2	11	35	3	3,7	5,6
	12	35	6	3,7	2,7	12	40	2	4,8	2,2
	13	30	3	2,8	3,8	13	60	4	5,2	1,9
	14	34	1,5	4	3,2	14	50	2	5,3	4,9
	15	25	4	4,5	3,3	15	45	2	3,9	6,4
	16	36	2	1,1	6,2					
	17	20	3	2	5,5					
	18	18	4	3	5,5					
	19	40	3	2	4,2					
	20	35	2,5	3,4	2,5					
Anbieterspezifische Inputdaten	$k_v = 3$ $K_F = 500$ $k_v^{Ex} = 1$ $K_F^{Ex} = 100$									
Daten der ökonomischen Umwelt	$e = 0,5$ $t_I = 1$ $t_A = 2$									

Abb. 3: Graphische Darstellung der Ergebnisse der Grid-Search-Methode für eine Schrittweite von 1

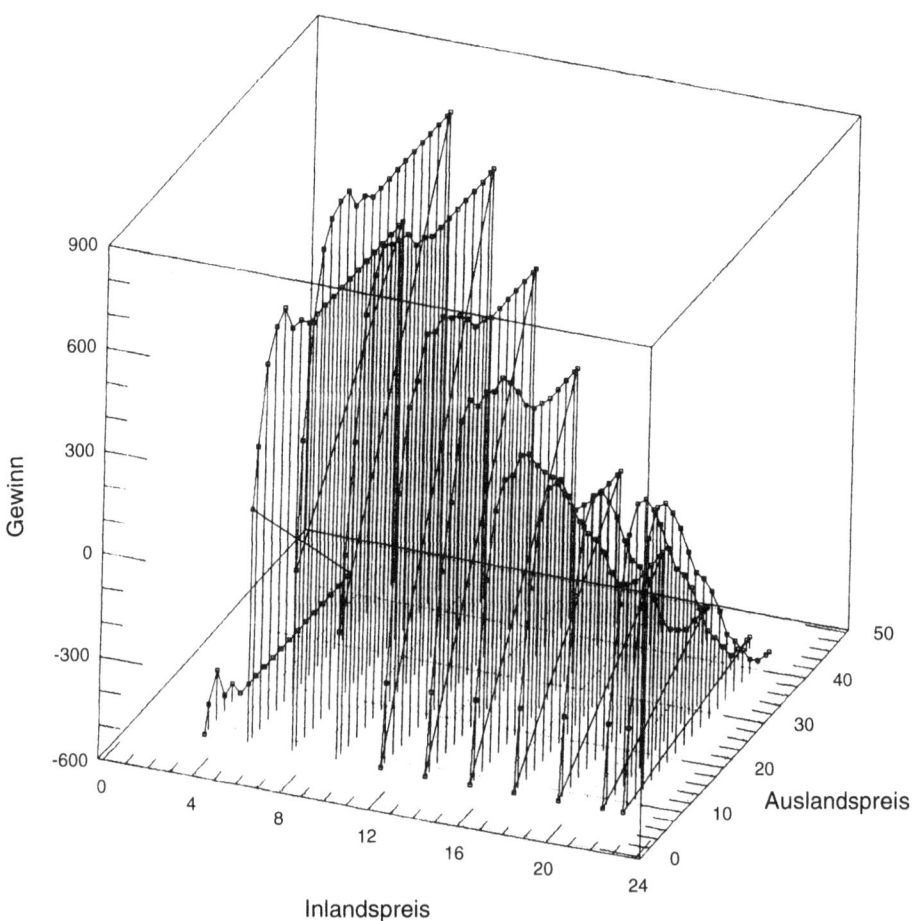

diesen Daten handelt es sich um willkürlich vorgegebene Ausprägungen der einzelnen Modellvariablen bzw. -parameter; allerdings wurde bei der Festlegung der einzelnen Ausprägungen darauf geachtet, daß die Wertebereiche, aus denen die Parameterwerte entnommen wurden, realitätsnah sind bzw. in struktureller Hinsicht einer realen Situation durchaus entsprechen können. Auf diese Weise sollte bereits im Vorfeld gesichert sein, daß die resultierenden Modellergebnisse nicht auf einer künstlich verzerrten Ausgangssituation basieren.[23]

Die in Abbildung 2 aufgezeigten Daten wurden in ein eigens für die vorliegende Problemstellung entwickeltes Programm integriert, welches auf der Grid-Search-Methode basiert. Zunächst wurde mit einer Schrittweite von eins operiert. Die Ergebnisse dieser Operation zeigt Abbildung 3 graphisch auf; sehr gut wird die Vielzahl lokaler Optima sichtbar.[24]

Abb. 4: Numerische Modellergebnisse für eine Schrittweise von 0,01 um das vermutete absolute Optimum

---

Maximaler Gewinn, gewinnmaximale Preise und Absatzmengen

Wert des Gewinnmaximums:	892,36	Geldeinheiten
Zugehöriger gewinnmaximaler Inlandspreis:	6,87	Geldeinheiten (Inlandswährung)
Zugehöriger gewinnmaximaler Auslandspreis:	18,94	Geldeinheiten (Auslandswährung)
Gesamte Absatzmenge im In- und Ausland:	364,72	Einheiten
darunter:	*314,15*	*Einheiten Inland, davon*
	243,97	*Einheiten von Inländern gekauft*
	50,57	*Einheiten Ausland, davon*
	9,59	*Einheiten von Ausländern gekauft*

Leakage-Rate-Informationen

Anteil der länderübergreifend bezogenen Mengen an der abgesetzten Gesamtmenge

Von Inländern im Ausland gekaufte Menge:	11,23% (= 40,98 Einheiten)
Von Ausländern im Inland gekaufte Menge:	19,24% (= 70,18 Einheiten)

Wert der länderübergreifend bezogenen Mengen am Gesamtwert der abgesetzten Menge (in Inlandswährung)

Wertmäßiger Anteil der von Inländern im Ausland gekauften Mengen:	14,71% (= 388,08 Geldeinheiten)
Wertmäßiger Anteil der von Ausländern im Inland gekauften Mengen:	18,28% (= 482,13 Geldeinheiten)

Anteil der länderübergreifend einkaufenden Konsumenten an der Gesamtzahl der Käufer

Anteil der im Ausland einkaufenden Inländer:	8,00%
Anteil der im Inland einkaufenden Ausländer:	28,00%

Marktausschöpfungsrate

Anteil der kaufenden Konsumenten an der Gesamtzahl der berücksichtigten Konsumenten	71,42%

Um die vielversprechendsten lokalen Optima wurde dann mit verringerter Schrittweite – zunächst mit einer Schrittweite von 0,1, dann von 0,01 – weitergesucht. Als „Optimallösung" resultieren die in Abbildung 4 wiedergegebenen Werte. Von besonderer Bedeutung sind dabei die Leakage-Rate-Informationen, welche das Ausmaß der länderübergreifenden Aktivitäten der Marktteilnehmer widerspiegeln. Offensichtlich findet bei optimaler Preisstellung ein intensiver länderübergreifender Bezug von Produkten statt; immerhin werden über 30% der insgesamt gehandelten Menge im jeweils anderen Land gekauft.

| Optimale Preissetzung auf verbundenen internationalen Märkten |

Zum Vergleich wurde für die vorliegende Situation mittels einer abschnittsweisen Marginalanalyse auch derjenige Gewinnwert berechnet, welcher resultiert, wenn kein länderübergreifender Bezug von Produkten möglich ist;[25] eine derartige Verhinderung grauer Märkte liegt im Bestreben vieler international agierender Unternehmen. In diesem Fall schrumpft der Gewinn auf einen Wert von 821,22 Geldeinheiten und liegt somit um immerhin 8% unter dem Wert bei verbundenen Märkten;[26] die zugehörigen Preise sind $p_I = 7,53$ Geldeinheiten und $p_A = 14,31$ Geldeinheiten. Hinsichtlich des Ziels der Gewinnmaximierung ist also auf eine Einschränkung grauer Märkte zu verzichten.

II. International differenzierte Produkte

1. Bedeutung international differenzierter Produkte

International angebotene Produkte werden in der Realität häufig den landesspezifischen Verhältnissen angepaßt. Zurückzuführen sind derartige Anpassungen auf länderübergreifend divergierende Nachfrage- und Angebots- bzw. Konkurrenzverhältnisse, unterschiedliche Maß-, Gewichts- und Normensysteme sowie landesspezifische gesetzliche Einflußnahmen.[27] Diesbezügliche Entscheidungsparameter aus Sicht des Anbieters sind in erster Linie die Produkteigenschaften als solche, der Markenname und die Verpackung bzw. das Produktdesign.

Eine Aussage dahingehend, in welchem Ausmaß in der Realität tatsächlich landesspezifische Adaptionen vorgenommen werden, läßt sich allgemeingültig nicht formulieren. Empirische Untersuchungen haben in diesem Zusammenhang recht unterschiedliche Ergebnisse hervorgebracht.[28] Grundsätzlich scheint jedoch eine Standardisierung insbesondere in den Bereichen vorteilhaft, welche die Markenpolitik tangieren wie z. B. der Markenname;[29] in praxi weisen diese Bereiche fast durchweg den höchsten Standardisierungsgrad innerhalb der Produktpolitik auf. Zu berücksichtigen ist dabei auch der jeweilige Einfluß des anbietenden Unternehmens auf das Adaptionsniveau; so wird beispielsweise eine angestrebte Standardisierungsstrategie unterlaufen, wenn aufgrund gesetzlicher Vorschriften zwingend unterschiedliche Produktvarianten in den einzelnen Ländern angeboten werden müssen. Nachfragebedingte Produktanpassungen hingegen, welche auf das Ziel einer besseren Bedürfnisbefriedigung bei der Zielgruppe abzielen, liegen – von gewissen Konkurrenzzwängen abgesehen – weitgehend im Ermessen des anbietenden Unternehmens.

Von besonderer Bedeutung im Hinblick auf das Ausmaß einer landesspezifischen Produktadaption ist offensichtlich die Art des jeweils angebotenen Produkts, da hierdurch auch die Einflußnahme Dritter auf die Produktgestaltung – z. B. durch den Gesetzgeber – determiniert ist; so existieren einerseits Produktbereiche, bei denen der Gesetzgeber weitreichenden Einfluß auf die Produktgestaltung besitzt, andererseits sind viele Produktkategorien nur wenig den Zwängen staatlicher Regularien unterworfen.[30] Festzuhalten bleibt, daß grundsätzlich das gesamte Kontinuum von absoluter internationaler Standardisierung bis hin zur völligen Differenzierung eines Produkts abgedeckt werden kann, wobei ein absolut standardisiertes Produkt – d. h. ein hinsichtlich aller mit dem Produkt mittel- oder unmittelbar zusammenhängenden Eigenschaften international völlig identisch angebotenes Produkt[31] – eher die Ausnahme sein dürfte. Im folgenden wird die Analyse anhand eines bestimmten, vorgegebenen Differenzierungsniveaus durchgeführt; dabei ist völlig unerheblich, ob die Produktadaption nachfrageinduziert ist oder aus anderen Sachzwängen heraus resultiert.

2. Auswirkungen international differenzierter Produkte auf das Verhalten der Marktteilnehmer

Bezogen auf das vorgestellte Modell zur Preisfindung auf internationalen Märkten ergeben sich gegenüber dem Angebot eines international standardisierten Produkts Auswirkungen sowohl auf seiten der Nachfrager als auch beim Anbieter. Werden zunächst die Nachfrager betrachtet, so wird einerseits ihr Wechselverhalten hinsichtlich des Produktkaufs im In- oder Ausland durch die Produktdifferenzierung tangiert, andererseits variiert die beim jeweiligen Preis nachgefragte Menge des Produkts gegenüber der Situation international standardisierter Produkte. Hinsichtlich des Wechselverhaltens gilt nun, daß nicht mehr bei Vorliegen von nur minimalen Preisunterschieden – unter Berücksichtigung der Kosten der Entfernungsüberwindung – von einem Land zum anderen gewechselt wird; vielmehr muß eine gewisse Preisdifferenz überschritten werden, damit ein Produktkauf im jeweils anderen Land erfolgt. Ursächlich hierfür ist die nun eingeschränkte Substituierbarkeit der im Inland und im Ausland angebotenen Produkte infolge unterschiedlicher Produkteigenschaften. Hinter einer derartigen Verhaltensweise verbirgt sich das Preisschwellenkonzept.[32] Eine graphische Veranschaulichung dieses Konzepts für den Fall eines Wechselkurses in Höhe von e = 1 und der Annahme, daß die jeweils heimische Produktvariante präferiert wird, bietet Abbildung 5.

Wird beispielsweise der inländische Konsument herangezogen (vgl. Abbildung 5 a)), so wird bei einem gegebenem Preis in Höhe von $p_{I,i}$ erst dann im Ausland gekauft, wenn der Preis der ausländischen Variante unter $e \cdot p_{A,i}^u$ fällt. Andererseits kann der inländische Preis bei gegebenem ausländischen Preis in Höhe von $e \cdot p_{A,i}$ bis zum Wert $p_{I,i}^0$ steigen, ohne daß ein Auslandskauf erfolgt; im Modell mit international standardisierten Produkten hingegen kommt die 45°-Linie zum Tragen. Offensichtlich ist, daß infolge der landesspezifischen Produktadaptionen reaktionsfreie Preisgestaltungsspielräume entstehen. Die Argumentation gilt für den ausländischen Konsumenten analog und kann anhand von Abbildung 5b) nachvollzogen werden. Anzumerken ist, daß in Abbildung 5 jeweils von relativen Preisschwellen ausgegangen wird, d. h. das absolute Ausmaß der Preisdifferenz, welche gerade zum Wechsel vom Inlandskauf zum Auslandskauf führt, variiert in Abhängigkeit vom jeweiligen Preisniveau; die Höhe der Preisschwellen ist dabei bestimmt durch die Ausprägung von α_i bzw. β_a.

Hinsichtlich der nachgefragten Menge gilt, daß aufgrund der landesspezifischen Adaption der Produkte und der damit einhergehenden besseren Bedürfnisbefriedigung der Konsumenten im Vergleich mit dem Fall standardisierter Produkte bei gegebenem Preis mehr von der jeweils heimischen Produktvariante nachgefragt wird und weniger von der ausländischen Variante. Bildlich gesprochen verschieben sich die individuellen Preisabsatzfunktionen für die jeweils heimische Produktvariante in einem Preis-Mengen-Diagramm nach außen, und die Preisabsatzfunktion für die im anderen Land angebotene Variante strebt dem Koordinatenursprung zu.[33]

Optimale Preissetzung auf verbundenen internationalen Märkten

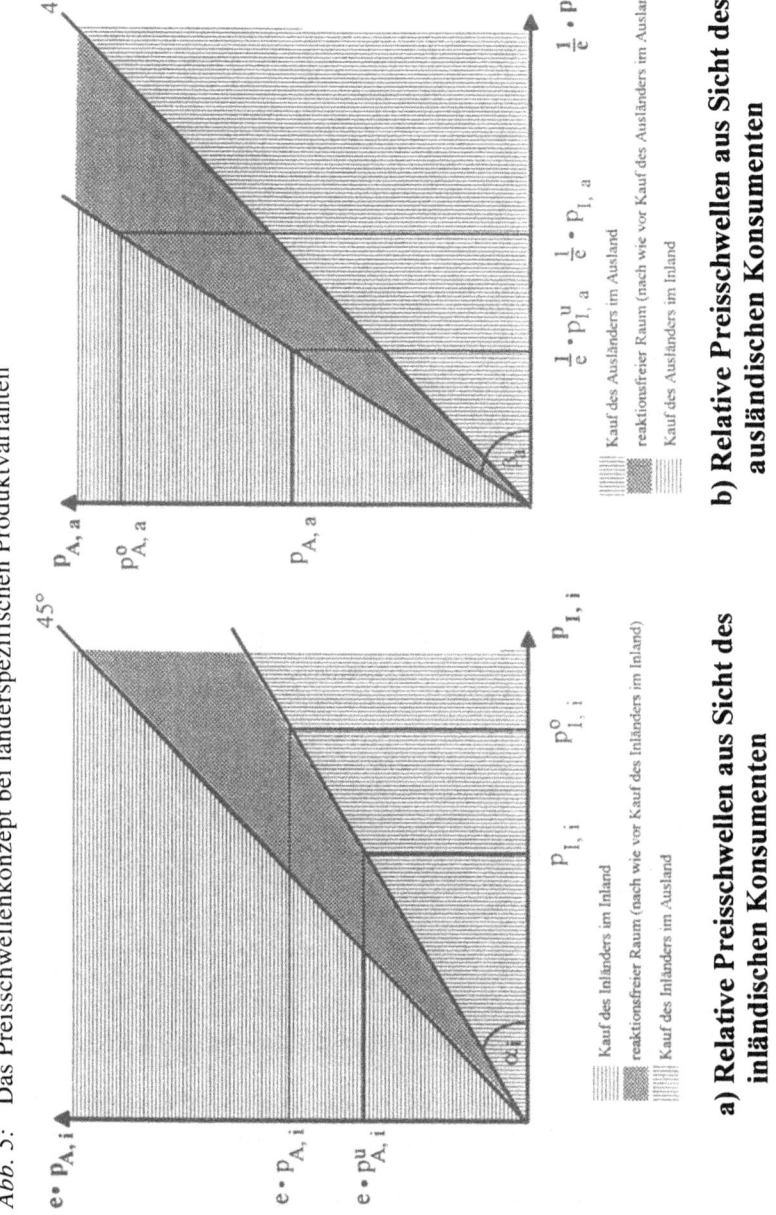

Abb. 5: Das Preisschwellenkonzept bei länderspezifischen Produktvarianten

a) Relative Preisschwellen aus Sicht des inländischen Konsumenten

b) Relative Preisschwellen aus Sicht des ausländischen Konsumenten

Auf seiten des Anbieters ergeben sich schließlich aufgrund der landesspezifischen Produktadaptionen Kostenwirkungen. Konkret ist davon auszugehen, daß ein erhöhter Marktforschungs- und Entwicklungsaufwand sowie verhinderte bzw. zumindest geringere Erfahrungskurven- und Economies-of-Scale-Effekte infolge der Produktdifferenzierung zu steigenden Stückkosten führen. Offensichtlich führt das Angebot landesspezifischer Produktvarianten damit insgesamt zu zwei gegensätzlichen Wirkungen: Einerseits wird durch die Ausrichtung der Produkte auf die landesspezifischen Bedürfnisse eine bessere Marktabschottung erreicht mit der Folge, daß landesspezifisch optimale Preise besser durchgesetzt werden können, da die Wechselneigung der Konsumenten auf ein billigeres Produkt aufgrund der eingeschränkten Substituierbarkeit der Produkte reduziert wird. Andererseits sind mit der landesspezifischen Ausrichtung der Produkte höhere Stückkosten verbunden, welche den Erlösvorteil in einem gewissen Maße kompensieren. In welchem Ausmaß tatsächlich eine Kompensation – oder u. U. Überkompensation – stattfindet, ist im jeweiligen Einzelfall zu klären.

3. Modellergebnisse für eine vorgegebene Planungssituation

Auch für den Fall international differenzierter Produkte sollen anhand einer vorgegeben Planungssituation die optimalen in- und ausländischen Preise bestimmt werden. Um eine Vergleichbarkeit der Ergebnisse gewährleisten zu können, werden wiederum die bereits im Fall standardisierter Produkte herangezogenen Daten verwendet; insbesondere wird von einer identischen Verteilung der Konsumenten im Raum und identischen Ausprägungen der im Modell verwendeteten Daten der ökonomischen Umwelt ausgegangen.[34] Gegenüber dem Fall standardisierter Produkte sind lediglich die erwähnten Effekte auf der Nachfrage- und der Angebotsseite im Modell zu berücksichtigen. Konkret wird im folgenden davon ausgegangen, daß eine Preisschwelle von 10% existiert, d. h. ein Wechsel von einer Produktvariante zur anderen erfolgt erst dann, wenn diese mindestens 10% günstiger bezogen werden kann. Die erwähnten mengenmäßigen Nachfragewirkungen werden in Form einer Änderung der Sättigungsmenge erfaßt;[35] hierdurch wird eine Verschiebung der individuellen Preisabsatzfunktionen erreicht. Es wird unterstellt, daß die Nachfrage gegenüber dem Modell für standardisierte Produkte im Hinblick auf die jeweils heimische Variante um 10% steigt und bezüglich der im Nicht-Wohnsitzland angebotenen Variante um jeweils 10% sinkt. Der Steigungsparameter b wird in derselben Ausprägung wie im Fall standardisierter Produkte beibehalten; es erfolgt demnach eine einfache Parallelverschiebung der individuellen Preisabsatzfunktionen.

Im Hinblick auf die dargestellten Kostenwirkungen wird davon ausgegangen, daß durch das Angebot länderspezifischer Produktvarianten die variablen Stückkosten um 15% steigen. Die Fixkosten werden auf demselben Niveau wie im Fall standardisierter Produkte belassen, um fixkostenbedingte Gewinnverzerrungen auszuschalten.

Zur Bestimmung der optimalen Inlands-Auslandspreiskombination wird nun unter Verwendung der auf die dargestellte Weise angepaßten Daten wieder die Grid-Search-Methode herangezogen. Die Ergebnisse sind in Abbildung 6 zusammengefaßt. Offensichtlich führen länderspezifische Produktvarianten unter den gegebenen Bedingungen zu einer Gewinnsteigerung im Vergleich zum Fall standardisierter Varianten um immerhin 17,9%. Die mit der Herstellung länderspezifischer Produktvarianten verbundene Kostensteigerung wird

Abb. 6: Numerische Modellergebnisse im Falle länderspezifischer Produktvarianten

Maximaler Gewinn, gewinnmaximale Preise und Absatzmengen		
Wert des Gewinnmaximums:	1052,16	Geldeinheiten
Zugehöriger gewinnmaximaler Inlandspreis:	8,14	Geldeinheiten (Inlandswährung)
Zugehöriger gewinnmaximaler Auslandspreis:	16,57	Geldeinheiten (Auslandswährung)
Gesamte Absatzmenge im In- und Ausland:	380,29	Einheiten
darunter:	249,56	Einheiten Inland, davon
	249,56	Einheiten von Inländern gekauft
	130,73	Einheiten Ausland, davon
	93,47	Einheiten von Ausländern gekauft

Leakage-Rate-Informationen		
Anteil der länderübergreifend bezogenen Mengen an der abgesetzten Gesamtmenge		
Von Inländern im Ausland gekaufte Menge:	9,72%	(= 36,99 Einheiten)
Von Ausländern im Inland gekaufte Menge:	0,00%	(= 0,00 Einheiten)
Wert der länderübergreifend bezogenen Mengen am Gesamtwert der abgesetzten Menge (in Inlandswährung)		
Wertmäßiger Anteil der von Inländern im Ausland gekauften Mengen:	9,83%	(= 306,46 Geldeinheiten)
Wertmäßiger Anteil der von Ausländern im Inland gekauften Mengen:	0,00%	(= 0,00 Geldeinheiten)
Anteil der länderübergreifend einkaufenden Konsumenten an der Gesamtzahl der Käufer		
Anteil der im Ausland einkaufenden Inländer:	8,33%	
Anteil der im Inland einkaufenden Ausländer:	0,00%	

Marktausschöpfungsrate	
Anteil der kaufenden Konsumenten an der Gesamtzahl der berücksichtigten Konsumenten	68,57%

also deutlich durch die infolge einer besseren Bedürfnisbefriedigung resultierende Erlössteigerung überkompensiert. Vergleichsrechnungen haben ergeben, daß im vorliegenden Fall bei einer Steigerung der variablen Kosten um 28% derselbe Gewinn wie beim Angebot eines international standardisierten Produkts erwirtschaftet werden kann.

Gegenüber der Ausgangssituation steigt zudem die insgesamt absetzbare Menge um 4,3%. In diesem Zusammenhang fällt auf, daß durch das Angebot einer auf die ausländischen Bedürfnisse zugeschnittenen Variante die Nachfrage der dort ansässigen Konsumenten stark gesteigert werden kann; sie verzehnfacht sich nahezu – bei allerdings geringem Ausgangsniveau. Zurückzuführen ist diese Tatsache auch auf einen gegenüber der

Ausgangssituation verringerten Preis für die im Ausland angebotenen Produkte; offensichtlich müssen nicht unbedingt Preissteigerungen bei Produkten, welche auf einen speziellen Bedarf zugeschnitten sind und dadurch auch höhere Kosten nach sich ziehen, sinnvoll sein. Im Inland hingegen wird der Preis im Vergleich zum Fall standardisierter Produkte angehoben; diese Preissteigerung führt jedoch nicht zu Nachfragerückgängen bei den Inländern hinsichtlich der inländischen Produktvariante, da auch dieses Produkt den Bedürfnissen jetzt besser entspricht. Im Inland wird daher die gegenüber der Situation eines länderübergreifend einheitlich angebotenen Produkts höhere Zahlungsbereitschaft der Konsumenten ausgenutzt.

Wie erwartet nimmt durch die Anpassung der Produkte an die jeweiligen landesspezifischen Verhältnisse das Ausmaß des länderübergreifenden Produktbezugs ab; die beiden Ländermärkte sind jetzt also besser abgeschottet. Die ausländischen Konsumenten stellen den länderübergreifenden Kauf von Produkten sogar ganz ein. Gegenüber der Ausgangssituation verringert sich der Anteil der länderübergreifend bezogenen Produkte an dem insgesamt gehandelten Volumen wert- und mengenmäßig von über 30% auf unter 10%. Entgegen den Erwartungen kann allerdings die Marktausschöpfungsrate nicht erhöht werden; neue Käufer werden durch die landesspezifischen Produktvarianten nicht erreicht. Zurückzuführen ist die sogar leicht rückgängige Marktausschöpfung auf das gestiegene Preisniveau im Inland.

D. Implikationen der Modellanalyse für die Praxis

Die Analyse hat gezeigt, daß graue Märkte per se – zumindest im Hinblick auf ein Gewinnziel – nicht nachteilig sein müssen; sie können im Gegenteil zu Gewinnsteigerungen führen. Diese Erkenntnis beruht auf der Tatsache, daß u. U. im preisgünstige(re)n Nicht-Wohnsitzland gekauft wird, während im teure(re)n Wohnsitzland der individuelle Höchstpreis überschritten wird und demzufolge kein Kauf stattfindet. Liegen jeweils positive Deckungsbeiträge vor, so steigt der Gewinn für den Anbieter durch den länderübergreifenden Bezug von Produkten.

Zu berücksichtigen sind allerdings negative Image-Effekte, welche auftreten können, wenn Zielgruppenmitglieder besonders starke internationale Preisunterschiede wahrnehmen. Lohnt sich infolge zu großer Entfernungen und entsprechend hoher Kosten der Entfernungsüberwindung ein Kauf im Ausland trotz eines dort deutlich niedrigeren Preises nicht, so können Reaktanzerscheinungen auftreten. Ähnliche Effekte können sich ergeben, wenn erst im nachhinein, d. h. nach einem bereits getätigten Kauf Kenntnis von dem im Nicht-Wohnsitzland günstigeren Preis erlangt wird; dies gilt insbesondere für langlebige Produkte, für welche erst in ferner Zukunft ein Ersatzkauf ansteht.

Probleme sind auch dann zu erwarten, wenn der Absatz über unabhängige Dritte erfolgt und Gewinneinbußen bei der autorisierten Händlerschaft infolge der grauen Märkte auftreten. Hier ist zu beachten, daß ein funktionierendes Distributionssystem einen echten strategischen Erfolgsfaktor darstellen kann,[36] welcher nicht zugunsten kurzfristiger Gewinnsteigerungen durch tolerierte graue Märkte aufgegeben werden sollte.

Darüber hinaus hat die Analyse gezeigt, daß der Gewinn durch das Angebot von Produkten, welche auf die spezifischen Bedürfnisse der Zielgruppen in den einzelnen Ländern ausgerichtet sind, weiter gesteigert werden kann. Dieses Resultat kann jedoch nicht ohne weiteres verallgemeinert werden; wesentlich sind dabei die durch die Produktdifferenzierung ausgelösten Wirkungen auf der Nachfrage- und Angebotsseite. Bei starken Kostensteigerungen oder nur geringen Nachfragezuwächsen, verbunden mit geringen Preisschwellen, lohnen sich Produktdifferenzierungen häufig nicht. Über die Vorteilhaftigkeit von internationalen Produktdifferenzierungsmaßnahmen kann daher nur im Einzelfall entschieden werden.

Anmerkungen

  * Ich danke dem anonymen Gutachter für Hinweise und Verbesserungsvorschläge.
1 Vgl. z. B. Samiee, 1987, S. 22; Piercy, 1981, S. 292; Baker/Ryans, 1973, S. 179.
2 Vgl. Lutz, 1994, S. 3; Müller/Kornmeier, 1994, S. 158.
3 Vgl. Cavusgil, 1990, S. 504.
4 Vgl. z. B. Cavusgil/Sikora, 1990.
5 Vgl. Sander, 1996, S. 164.
6 Zu den Einflußfaktoren internationaler Preisentscheidungen vgl. i. e. Sander, 1997, S. 27 ff.
7 Vgl. hierzu z. B. Fantapié Altobelli, 1992, S. 3 ff.; Schmalen, 1995, S. 182 ff.; Wied-Nebbeling, 1993, S. 40 ff.
8 Vgl. z. B. Sander, 1997, S. 119 ff.
9 Vgl. hierzu insbesondere Bucklin, 1990; Simon, 1992, S. 476 ff.; Jacob, 1971, S. 89 f.; Gerstner/Holthausen, 1986; Lovell/Wertz, 1981.
10 Es ist anzumerken, daß einige der genannten Autoren sich auch gar nicht zum Ziel gesetzt haben, explizit eine Anpassung ihrer Ansätze an die bei einer internationalen Marktbearbeitung auftretenden Besonderheiten vorzunehmen. Gleichwohl sind diese Ansätze in Ermangelung anderer Modellformulierungen und aufgrund ihrer grundsätzlichen Eignung für internationale Problemstellungen - sofern entsprechende Erweiterungen vorgenommen werden – an dieser Stelle anzuführen. In diesem Zusammenhang ist darauf hinzuweisen, daß es kaum möglich bzw. infolge des immensen Aufwandes wenig sinnvoll ist, ein „Totalmodell" im Sinne eines alle Preisdeterminanten umfassenden Modells entwickeln zu wollen; die Auswahl ist also jeweils auf die für den Untersuchungszweck besonders relevanten Determinanten zu beschränken.
11 Zur Vorteilhaftigkeit von Arbitrageaktivitäten der Marktteilnehmer vgl. z. B. Gerstner/Holthausen, 1986, S. 61 f. sowie die folgenden Ausführungen im Kapitel C.
12 Grundsätzlich ist es möglich, mehr als zwei Länder zu berücksichtigen; hierdurch würden sich jedoch keine wesentlichen neuen Erkenntnisse ergeben, da die Besonderheiten der internationalen Preisfindung bereits bei nur zwei Ländern abgebildet werden können. Der mathematische Aufwand für den n-Länder-Fall (n > 2) würde jedoch im Vergleich zum 2-Länder-Fall unverhältnismäßig stark ansteigen, da die Anzahl möglicher Beziehungen zwischen den einzelnen Ländern stark zunimmt. In diesem Zusammenhang folgern auch Lovell/Wertz (1981, S. 493 f.): „... the added mathematical complexity of dealing with more than two markets appeared to outweigh the added insight."
13 Es ist darauf hinzuweisen, daß die beiden Länder nicht zwingend – wie in Abbildung 1 dargestellt – aneinander grenzen müssen, sondern eine beliebige Lage bzw. Entfernung zueinander aufweisen können.
14 Zum Konzept der individuellen Preisabsatzfunktion vgl. auch Simon, 1992, S. 90 f. Ohne weiteres ist auch die Abbildung einer 0/1-Kaufentscheidung im Sinne eines Kaufs bzw. Nichtkaufs möglich. Ein derartiges Verhalten kommt bei höherwertigen Gebrauchsgütern wie z. B. Autos zum Tragen. Der hier betrachtete Variable-Menge-Fall, welcher durch eine individuelle Preisabsatzfunktion abgebildet wird, ermöglicht hingegen nicht nur eine Aussage darüber, ob gekauft wird oder nicht, sondern auch wieviel gekauft wird. Insofern stellt eine 0/1-Kaufentscheidung lediglich einen – weniger aussagekräftigen – Spezialfall des Variable-Menge-Falls dar, welcher im folgenden nicht näher betrachtet wird.

15 Zur Bestimmung derartiger Funktionen kann insbesondere auf direkte und indirekte Techniken der Konsumentenbefragung zurückgegriffen werden (vgl. z. B. Simon, 1992, S. 114). Um einer zu starken Sensibilisierung der befragten Konsumenten bezüglich des Preises zu verhindern und eher eine – realitätsnähere – Preis-Leistungs-Abwägung hervorrufen zu können, wird zunehmend auf indirekte Befragungstechniken ausgewichen. Bewährt hat sich in diesem Zusammenhang insbesondere das Conjoint Measurement zur Bestimmung individueller Preisabsatzfunktionen (vgl. z. B. Kucher, 1989, S. 113; Simon, 1992, S. 116 ff.).

16 Die Annahme linearer Preisabsatz- und Kostenfunktionen dient lediglich dem Zweck der einheitlichen Darstellung und wird aus didaktischen Gründen gewählt. Das im folgenden Unterabschnitt dargestellte Verfahren zur Bestimmung internationaler Preise ist grundsätzlich in der Lage, Preisabsatz- und Kostenfunktionen beliebiger Form zu verarbeiten.

17 Grundsätzlich ist darauf hinzuweisen, daß das im vorliegenden Abschnitt C.I. aufgezeigte Modell zur Bestimmung von internationalen Preisen auf verbundenen Märkten lediglich den Charakter eines Grundmodells beansprucht. Dieses Modell läßt jedoch vielfältige Erweiterungsmöglichkeiten – z. B. die Berücksichtigung dynamischer Effekte wie Wechselkursschwankungen und Erfahrungskurveneffekte oder staatliche Einflußnahmen z. B. in Form von Anti-Dumping-Gesetzgebungen – zu mit der Folge einer weiteren Annäherung des Modells an die Realität auf internationalen Märkten; vgl. hierzu i. e. Sander, 1997, S. 214 ff. Auch die Aufhebung der Annahme länderübergreifend identisch angebotener Produkte, welche im Abschnitt C.II. vorgenommen wird, kann als Modellerweiterung interpretiert werden. Generell gilt jedoch, daß sich die aus dem Grundmodell ableitbaren Ergebnisse, welche im folgenden präsentiert werden, zumindest in qualitativer Hinsicht nur wenig von den Ergebnissen erweiterter Modelle unterscheiden; wesentliche Erkenntnisse im Hinblick auf die Gestaltung internationaler Preise auf verbundenen Märkten können damit bereits dem Grundmodell entnommen werden.

18 Um terminologische Unsicherheiten auszuräumen, wird im folgenden das Inland stets als Inland und das Ausland immer als Ausland bezeichnet. Aus Sicht der ausländischen Konsumenten wird ihr Wohnsitzland damit auch als Ausland bezeichnet. Das Ausland aus Sicht der ausländischen Konsumenten ist damit das Inland und wird auch aus ausländischer Sicht so bezeichnet.

19 Vgl. z. B. Brockhoff, 1981, Sp. 1321 ff.

20 Vgl. z. B. Pierre, 1969, S. 287 ff.; Cooper/Steinberg, 1970, S. 153 ff.; Harbordt, 1974, S. 221 ff.

21 Für den höchsten Höchstpreis aller in die Analyse aufgenommenen Nachfrager gilt, daß der Absatz bei diesem Preis gerade null ist. Preise über diesem Preis brauchen nicht analysiert zu werden, da alle diese Preise zu demselben Gewinn-(bzw. Verlust)wert von Funktion (5) in Höhe der Fixkosten führen. Andererseits können Preise unterhalb der Stückkosten vernachlässigt werden, da in diesem Falle Verluste entstehen, welche – im Gegensatz zum Fall komplementärer Produkte – nicht anderweitig kompensiert werden können. Aus pragmatischen Gründen empfiehlt es sich dabei für den vorliegenden Fall, die variablen Stückkosten als zu analysierende Preisuntergrenze heranzuziehen, da die Stückkosten auf Vollkostenbasis von der abgesetzten Menge – welche wiederum vom Preis bestimmt wird – abhängen.

22 In Abbildung 2 wird von insgesamt 35 potentiellen Nachfragern ausgegangen. Ohne weiteres läßt sich diese Zahl – unter Berücksichtigung der zur Verfügung stehenden Rechnerkapazität – beliebig ausweiten. Da sich hierdurch jedoch kein Erkenntnisgewinn erzielen läßt, kann eine derartige Ausweitung der Datenbasis unterbleiben. Zur konkreten Ermittlung der in Abbildung 2 enthaltenen Daten vgl. i. e. Sander, 1997, S. 183 ff.

23 Beispielsweise wird in den Daten der Abbildung 2 ein – in der Realität im Regelfall anzutreffendes – unterschiedliches Marktpotential im In- und Ausland berücksichtigt. Auch wurden die Parameterwerte für die Koeffizienten der individuellen Preisabsatzfunktionen so gewählt, daß sie für den Kauf typischer Konsumgüter angemessen sind. Darüber hinaus wurde bei den Entfernungswerten so vorgegangen, daß eine „natürliche" Anordnung der Konsumenten im Raum abgebildet wird i. S. einer nicht-systematisch verzerrten Verteilung der einzelnen Konsumentenstandorte. Für reale Problemstellungen sind hier natürlich jeweils die entsprechenden tatsächlichen Ausprägungen der einzelnen Modellvariablen heranzuziehen.

24 Zur besseren Darstellbarkeit wurden die bei den einzelnen Inlands-Auslandspreiskombinationen resultierenden Gewinnwerte mit Linien verbunden. Um die Übersichtlichkeit zu wahren, wurden zudem nicht alle analysierten Inlands-Auslandspreiskombinationen in Abbildung 3 aufgenommen.

25 Eine abschnittsweise Marginalanalyse ist deswegen heranzuziehen, weil die individuellen Höchstpreise der Konsumenten, welche durch die in Abbildung 2 gegebenen Daten vorgegeben sind, streuen. Werden die einzelnen Preisabsatzfunktionen der Konsumenten zur Gesamtmarkt-Preisabsatzfunktion aggregiert, ergeben sich Unstetigkeitsstellen, welche eine abschnittsweise Marginalanalyse notwendig machen. Vgl. zu dieser Vorgehensweise z. B. Schmalen, 1995, S. 102 ff.
26 Zu ähnlichen Ergebnissen vgl. auch Bucklin, 1990 und Gerstner/Holthausen, 1986.
27 Vgl. z. B. Übleis, 1976, S. 40 ff.; Kreutzer, 1989, S. 274 ff.
28 Vgl. hierzu z. B. Sorenson/Wiechmann, 1975; Meyer, 1978; Althans, 1980; Beutelmeyer/Mühlbacher, 1986 sowie Bolz, 1992.
29 Vgl. Bolz, 1992, S. 50 f.
30 Bezogen auf Produktbereiche, in denen der Gesetzgeber weitreichenden Einfluß besitzt, ist beispielsweise an die strengen Abgasvorschriften für Autos in Kalifornien/USA oder die Forderung von staatlicher Seite in Deutschland nach dem 3-Liter-Auto zu denken; derartige Eingriffe in das Marktgeschehen können die Produktentwicklung bzw. Gestaltung von Produkten erheblich beeinflussen, ohne daß in anderen Ländern entsprechende Sachzwänge gegeben wären.
31 Dies schließt beispielsweise auch elementare Eigenschaften wie die verwendete Sprache von Beipackzetteln oder Bedienungsanleitungen ein. Im weitesten Sinne ist auch die Produktpositionierung als solche von einer Standardisierung betroffen; hier kann sich aber das Problem ergeben, daß länderübergreifend identische Produkteigenschaftsausprägungen (z. B. der Preis) zu unterschiedlichen Produktpositionierungen in den einzelnen Ländern führen bzw. eine international einheitliche Positionierung unterschiedliche Produkteigenschaftsausprägungen bedingt.
32 Zum Preisschwellenkonzept vgl. z. B. Kaas/Hay, 1984; Hay, 1987, S. 138 ff. sowie Diller, 1991, S. 106 ff.
33 Bei dieser Argumentation wird davon ausgegangen, daß in dem Modell mit einem international standardisierten Produkt ein Produkt vorlag, welches auf die Bedürfnisse keines der beiden Länder spezifisch zugeschnitten war. Denkbar ist eine derartige Situation bei der Neukonstruktion eines Produkts, welches als „Global Product" auf Basis des kleinsten gemeinsamen Nenners aller Länder, in denen es angeboten werden soll, gestaltet wird; ein typisches Beispiel hierfür ist der FORD Mondeo, welcher von vornherein als „Weltauto" konzipiert wurde. Anders sieht die Situation naturgemäß aus, wenn ein Produkt zunächst nur national angeboten wird und im Zeitablauf aufgrund seines Erfolges auch in andere Länder transferiert wird; hier ist davon auszugehen, daß ein auf den nationalen Markt bereits zugeschnittenes Produkt vorliegt mit der Folge, daß produktadaptionsbedingte Verschiebungen der Preisabsatzfunktion auf dem Inlandsmarkt nicht auftreten.
34 Vgl. Abbildung 2.
35 Die Sättigungsmenge gibt die Nachfragemenge bei einem Preis von null an und spiegelt sich im vorliegenden Fall in den Parametern a_i bzw. a_a wider; vgl. hierzu die Funktionen (1a), (1b), (2a) und (2b).
36 Vgl. Hamel/Prahalad, 1985, S. 146.

Literatur

Albaum, G. et al. (1994): International Marketing and Export Management, 6. Aufl., Wokingham u. a. 1994.

Althans, J. (1980): Standardisierung von Marketing-Konzeptionen in internationalen Unternehmen aus der Sicht von Tochtergesellschaften. Eine explorative Studie auf einem überseeischen Markt, Arbeitspapier Nr. 20 des Instituts für Marketing der Universität Münster, Münster 1980.

Arpan, J. S. (1973): Multinational Firm Pricing in International Markets, in: Sloan Management Review, Vol. 14 (1973), No. 2, S. 1–9.

Baker, J. C.; Ryans, J. K. (1973): Some Aspects of International Pricing: A Neglected Area of Management Policy, in: Management Decision, Vol. 11 (1973), Summer, S. 177–182.

Bea, F. X.; Beutel, R. (1992): Die Bedeutung des Exports für die Entwicklung der Kosten und die Gestaltung der Preise, in: Dichtl, E.; Issing, O. (Hrsg.): Exportnation Deutschland, 2. Aufl., München 1992, S. 243–261.
Becker, W. (1991): Besonderheiten der Kalkulation von Außenhandelsaufträgen, in: Zeitschrift für Betriebswirtschaft, 61. Jg. (1991), Nr. 11, S. 1243–1265.
Beckmann, M. J. (1986): Spatial Price Policies Revisited, in: Bell Journal of Economics, Vol. 7 (1986), S. 619–630.
Beutelmeyer, W.; Mühlbacher, H. (1986): Standardisierungsgrad der Marketingpolitik transnationaler Unternehmen. Die Ergebnisse einer empirischen Untersuchung, Linz 1986.
Biethahn, J. (1978): Optimierung und Simulation, Wiesbaden 1978.
Bolz, J. (1992): Wettbewerbsorientierte Standardisierung der internationalen Marktbearbeitung. Eine empirische Analyse in europäischen Schlüsselmärkten, Darmstadt 1992.
Brockhoff, K. (1981): Planungsrechnungen, allgemein, in: Kosiol, E.; Chmielewicz, K.; Schweitzer, M. (Hrsg.): Handwörterbuch des Rechnungswesens, 2. Aufl., Stuttgart 1981, Sp. 1309–1331.
Bucklin, L. P. (1990): The Gray Market Threat to International Marketing Strategies, Marketing Science Institute, Report No. 90-116, Cambridge (Mass.) 1990.
Cavusgil, S. T. (1990): Unraveling the Mystique of Export Pricing, in: Thorelli, H. B.; Cavusgil, S. T. (Hrsg.): International Marketing Strategy, 3. Aufl., Oxford u. a. 1990, S. 503–521.
Cavusgil, S. T.; Sikora, E. (1990): How Multinationals Can Counter Gray Market Imports, in: Thorelli, H. B.; Cavusgil, S. T. (Hrsg.): International Marketing Strategy, 3. Aufl., Oxford u. a. 1990, S. 531–549.
Cespedes, F. V.; Corey, E. R.; Rangan, V. K. (1988): Gray Markets: Causes and Cures, in: Harvard Business Review, Vol. 66 (1988), July-August, S. 75–82.
Cooper, L.; Steinberg, D. (1970): Introduction to Methods of Optimization, Philadelphia, London, Toronto 1970.
Diller, H. (1987): Die Preispolitik der internationalen Unternehmung, in: Wirtschaftswissenschaftliches Studium, 16. Jg. (1987), Nr. 6, S. 269–275.
Diller, H. (1991): Preispolitik, 2. Aufl., Stuttgart, Berlin, Köln 1991.
Fantapié Altobelli, C. (1992): Preisdifferenzierung, in: Wirtschaftswissenschaftliches Studium, 21. Jg. (1992), Nr. 1, S. 2–8.
Gerstner, E.; Holthausen, D. (1986): Profitable Pricing When Market Segments Overlap, in: Marketing Science, Vol. 5 (1986), No. 1, S. 55–69.
Greenhut, M. L. (1981): Spatial Pricing in the United States, West Germany and Japan, in: Economica, Vol. 48 (1981), February, S. 79–86.
Hamel, G.; Prahalad, C. K. (1985): Do You Really Have a Global Strategy?, in: Harvard Business Review, Vol. 63 (1985), July–August, S. 139–148.
Harbordt, S. (1974): Computersimulation in den Sozialwissenschaften 1, Reinbek bei Hamburg 1974.
Hay, C. (1987): Die Verarbeitung von Preisinformationen durch Konsumenten, Heidelberg 1987.
Jacob, H. (1971): Preispolitik, 2. Aufl., Wiesbaden 1971.
Kaas, K. P.; Hay, C. (1984): Preisschwellen bei Konsumgütern. Eine theoretische und empirische Analyse, in: Schmalenbachs Zeitschrift für betriebwirtschaftliche Forschung, 36. Jg. (1984), Nr. 5, S. 333–346.
Kucher, E. (1989): Pharma-Preismanagement für Innovationen; in: Simon, H., Kucher, E., Hilleke-Daniel, K. (Hrsg.): Wettbewerbsstrategien im Pharma-Markt, Stuttgart 1989, S. 102–123.
Kreutzer, R. (1989): Global Marketing – Konzeption eines länderübergreifenden Marketing, Wiesbaden 1989.
Lovell, C. A. K.; Wertz, K. L. (1981): Price Discrimination in Related Markets, in: Economic Inquiry, Vol. 19 (1981), July, S. 488–494.
Lutz, U. (1994): Preispolitik im internationalen Marketing und westeuropäische Integration, Frankfurt/M. 1994.
Meyer, C. W. (1978): Multi-Marketing: Eintopf oder nach Art des Landes, in: Absatzwirtschaft, 21. Jg. (1978), Nr. 9, S. 82–88.
Müller, S., Kornmeier, M. (1994): Internationales Marketing. Eine interkulturelle Perspektive, Dresdner Beiträge zur Betriebswirtschaftslehre Nr. 1/94, Dresden 1994.

Piercy, N. (1981): British Export Market Selection and Pricing, in: Industrial Marketing Management, Vol. 10 (1981), S. 287–297.
Pierre, D. A. (1969): Optimization Theory With Applications, New York u. a. 1969.
Samiee, S. (1987): Pricing in Marketing Strategies of U.S.- and Foreign-Based Companies, in: Journal of Business Research, Vol. 15 (1987), No. 1, S. 17–30.
Sander, M. (1996): Internationale Preispolitik. Charakterisierung, Einflußgrößen und Probleme von Preisentscheidungen für länderübergreifend angebotene Produkte, in: Berndt, R. et al. (Hrsg.), Global Management, Berlin, Heidelberg 1996, S. 157–173.
Sander, M. (1997): Internationales Preismanagement. Eine Analyse preispolitischer Handlungsalternativen im internationalen Marketing unter besonderer Berücksichtigung der Preisfindung bei Marktinterdependenzen, Heidelberg 1997.
Schmalen, H. (1995): Preispolitik, 2. Aufl., Stuttgart, Jena 1995.
Simon, H. (1992): Preismanagement. Analyse, Strategie, Umsetzung, 2. Aufl., Wiesbaden 1992.
Sorenson, R. Z.; Wiechmann, U. E. (1975): How Multinationals View Marketing Standardization, in: Harvard Business Review, Vol. 53 (1975), May–June, S. 38–54 u. 166–167.
Übleis, H.-P. (1976): Das absatzpolitische Instrumentarium der multinationalen Unternehmung, Gernsbach 1976.
Wied-Nebbeling, S. (1993): Markt- und Preistheorie, Berlin u. a. 1993.

Zusammenfassung

Preispolitische Entscheidungen auf internationalen Märkten sind für das Marketing-Management von nicht unerheblicher Komplexität. Ein besonderes Phänomen sind in diesem Zusammenhang graue Märkte. Dieser Beitrag zeigt auf, wie graue Märkte in preispolitischer Hinsicht bei international standardisierten und landesspezifisch differenzierten Produkten zu behandeln sind bzw. wie Preise bei verbundenen Märkten zu setzen sind.

Summary

International pricing is a highly complex task for marketing-management. A special phenomenon in this context are gray markets. This article shows how to handle gray markets in case of international standardized and country specific differentiated products with regard to pricing when overlapping markets exist.

60: *Allgemeine Fragen des Absatzes*
66: *Preistheorie*
67: *Internationales Marketing*

Arnold Picot/Ralf Reichwald/Rolf T. Wigand

Die grenzenlose Unternehmung

Information, Organisation und Management
Lehrbuch zur Unternehmensführung im Informationszeitalter
2., aktualisierte Auflage 1996, XXI, 561 Seiten, Broschur DM 68,–
ISBN 3-409-22214-6

Tiefgreifende Veränderungen in Unternehmen, auf den Märkten, in der Arbeitswelt und der Gesellschaft sowie die Gestaltungspotentiale der neuen Informations- und Kommunikationstechnik fordern eine Neuorientierung des Managements. Vor diesem Hintergrund entwickeln Picot/Reichwald/Wigand eine neue Unternehmensführungslehre im Zeitalter der Informationsgesellschaft.

„Die grenzenlose Unternehmung" erschließt dem Leser:

- die Bedeutung der Information in Marktdynamik und Wettbewerb,
- Grundmodelle der Information und Kommunikation,
- Potentiale der Informations- und Kommunikationstechnik für die Unternehmensentwicklung im Markt,
- die Modularisierung der Unternehmung,
- Symbiosen und Netzwerke durch Auflösung von Unternehmensgrenzen,
- elektronische Märkte,
- Überwindung von Standortgrenzen und Telekooperation,
- die neue Rolle des Faktors Mensch.

Neben der systematischen Darstellung der relevanten theoretischen Grundlagen werden praxisbezogene Handlungsoptionen aufgezeigt. Anhand eines Überblicks über wichtige Trends in der Informations- und Kommunikationstechnik wird die Welt von Organisation, Information und Management mit aktuellen technischen Entwicklungen verknüpft.

„Die grenzenlose Unternehmung" ist auf großes Interesse in der Fachwelt gestoßen und hat teilweise lebhafte Diskussionen ausgelöst. Eine 2. Auflage war bereits nach wenigen Monaten erforderlich, in der die Autoren einzelne Aktualisierungen und Ergänzungen vorgenommen haben.

Betriebswirtschaftlicher Verlag Dr. Th. Gabler GmbH, Abraham-Lincoln-Str. 46, 65189 Wiesbaden

Die Beschleunigung von Produktlebenszyklen
Eine Analyse unter Laborbedingungen
Von Klaus Backhaus und Kai Gruner

Überblick

- Die immer stärkere Beschleunigung von Unternehmensprozessen wird vielfach als eine notwendige Voraussetzung für das Überleben von Unternehmen angesehen.

- Auf Basis eines Labormodells über die Entwicklung von Produktlebenszyklen, die aus Diffusionsmodellierungen abgeleitet werden, wird deutlich gemacht, daß immer weitergehende Beschleunigungsprozesse auch in einer „Beschleunigungsfalle" münden können.

- Überhöhte Beschleunigungsgeschwindigkeiten können die Innovationsfreudigkeit von Nachfragern senken, was zu (z.T. verdeckten) „Bremseffekten" in der Zukunft führen kann.

- Die Ergebnisse zeigen, daß Beschleunigungseffekte einer differenzierten Betrachtung bedürfen.

Eingegangen: 6. Juli 1996

Prof. Dr. Klaus Backhaus ist Direktor des Betriebswirtschaftlichen Instituts für Anlagen und Systemtechnologien der Westfälischen Wilhelms-Universität Münster, Universitätsstraße 14–16, 48143 Münster.
Dr. Kai Gruner war wissenschaftlicher Mitarbeiter am selben Institut und ist heute Berater bei The Boston Consulting Group, Heinrich-Heine-Allee 1, 40213 Düsseldorf.

© Gabler-Verlag 1997

A. Die aktuelle Diskussion um Zeit und Geschwindigkeit als Wettbewerbsfaktoren

Wir leben in Zeiten einer Beschleunigungseuphorie. Die zunehmende Dynamisierung von Marktprozessen ist heute eine der entscheidenden Rahmenbedingungen für die strategischen Verhaltensweisen von Unternehmen.[1] Geschwindigkeit wird vielfach als wichtiger wettbewerbsrelevanter Faktor identifiziert.[2] Allerdings bedingt eine fortgesetzte Beschleunigung wirtschaftlicher Systeme nicht nur Vorteile, sondern birgt auch gewisse Risiken in sich.[3]

Die Problematik soll am Beispiel sich verkürzender Produktlebenszyklen verdeutlicht werden: Wenn Produkte eine verkürzte Zeit am Markt vertreten sind, reduziert sich das Zeitfenster, das zur Umsatzgenerierung zur Verfügung steht.[4] Somit verbleibt nur eine geringere Zeitspanne zur Amortisation der Investitionen, die für Entwicklung und Produktion des Produktes getätigt wurden. Mithin besteht die Gefahr, daß die Break-even-Menge während der kurzen Produktlebenszeit nicht mehr erreicht wird.[5] Dies gilt um so mehr, als in vielen Branchen die Verkürzung der Produktlebenszeiten mit einer gleichzeitigen Erhöhung der notwendigen Investitionen einhergeht. In diesem Zusammenhang wird von einer drohenden „Zeitfalle" aus kürzer werdenden Produktlebenszeiten und länger werdenden Amortisationszeiten gesprochen.[6]

In der Literatur sind umfassende Ansätze zur Erklärung der Mechanismen, die sich bei der Beschleunigung der Marktprozesse abspielen, bisher nicht ausreichend entwickelt worden.[7] Statt dessen werden meist lediglich Teilaspekte der Thematik behandelt. Aus diesem Grund soll in einem übergreifenden, modelltheoretischen Ansatz untersucht werden, wie Einflußfaktoren und Auswirkungen der Beschleunigung von Marktprozessen zusammenwirken.[8]

Dazu wird im folgenden ein theoretisch begründetes (Labor-)Modell erstellt, das Lebenszyklen mehrerer aufeinanderfolgender und interdependenter Produkte als Funktionen relevanter Marktparameter beschreibt. Das Modell soll zum einen einen Beitrag zur Erklärung der Mechanismen liefern, die für das Zustandekommen solcher Produktlebenszyklusverläufe verantwortlich sind. Es soll zum anderen die Grundlage für computergestützte Simulationen bilden, anhand derer Aussagen bezüglich der Beschleunigung von Marktprozessen abgeleitet werden können.

Dabei interessieren vor allem die Konsequenzen der Veränderung von Modellparametern in Form einer relativen Betrachtung. Das Modell muß also eine Situation abbilden, bei der bei Konstanz in den beeinflußbaren Parametern auch die Ausgangsgrößen konstant bleiben. Diese „Ceteris-paribus-Forderung" mag an einigen Stellen für praktische Zwecke recht restriktiv anmuten. Deshalb sprechen wir von einer „Laborwelt".

B. Das Labormodell

I. Diffusionsmodell zur Beschreibung der Erstkaufnachfrage eines neuartigen Produktes

Die Diffusionsforschung beschäftigt sich mit der Frage, wie sich ein innovatives Produkt innerhalb einer Nachfragergruppe M zeitlich ausbreitet.[9] Die gängigen Diffusionsmodelle

Die Beschleunigung von Produktlebenszyklen

gehen davon aus, daß in jedem Zeitintervall t für alle Nachfrager, die das Produkt bis dahin noch nicht adoptiert haben, eine Wahrscheinlichkeit h_t existiert, mit der sie das Produkt in dieser Periode adoptieren.[10] Die Zahl der Erstkäufer eines Zeitintervalls t läßt sich somit formulieren als:

(1) $\quad x_t^E = h_t \cdot (M - X_{t-1}^E).$

Hierin bezeichnet M das Marktsättigungsniveau bzw. Absatzpotential[11] und X_{t-1}^E die kumulierte Adopterzahl bis zur letzten Periode ($t-1$).

Da sich Adopter in Innovatoren, die in ihren Handlungen stark durch ihr Interesse an Neuem geleitet werden, und Imitatoren, die in ihren Entscheidungen in erster Linie durch die Handlungen anderer beeinflußt werden, unterscheiden lassen, wird die Nachfragergesamtheit M in zwei Gruppen M_1 und M_2 mit unterschiedlichem Kaufverhalten aufgeteilt, die jeweils durch innovatives bzw. imitatives Verhalten gekennzeichnet sind.[12] Wenn h_{1t} die Kaufwahrscheinlichkeit des Innovatorensegmentes und h_{2t} die des Imitatorensegmentes wiedergeben, erhält man für die Adopterzahl einer Periode:

(2) $\quad x_t^E = h_{1t} \cdot (M_1 - X_{1(t-1)}^E) + h_{2t}(M_2 - X_{2(t-1)}^E).$

Die Adopterspezifika, die zur Unterscheidung in innovativ bzw. imitativ orientierte Nachfrager führen, können als Faktoren interpretiert werden, die für die selektive Wahrnehmung und Beurteilung der durch die Umwelt vermittelten Informationen verantwortlich sind. Man kann daher die adopter- bzw. adoptergruppenspezifischen Faktoren als Koeffizienten operationalisieren, die bestimmte (objektive) Produktmerkmale im Hinblick auf ihren (durch Subjektivität geprägten) Einfluß auf die Kaufwahrscheinlichkeit modellieren. Hierfür sind zunächst die relevanten produktspezifischen Faktoren festzulegen. In der Literatur existieren verschiedene Ansätze zur Klassifizierung von relevanten Produkteigenschaften. Für die vorliegende Untersuchung wird auf die Einteilung von Schmalen zurückgegriffen.[13] Hierbei werden der (objektiv-technische) Neuigkeitsgrad des Produktes, der Preis und die Werbung für das Produkt als relevante Einflußfaktoren auf die Kaufentscheidung betrachtet.

Um zu berücksichtigen, daß sich die einzelnen absatzpolitischen Instrumente (und damit auch die genannten Einflußfaktoren der Kaufwahrscheinlichkeit) in ihrer Effektivität gegenseitig beeinflussen[14], bietet es sich an, die Erstkaufwahrscheinlichkeiten der Käufersegmente als Cobb-Douglas-Funktionen zu formulieren.[15] Zur Berücksichtigung dynamischer Effekte auf sich verändernden Märkten sollen die Bestimmungsfaktoren zeitvariabel formuliert werden. Die Erstkaufwahrscheinlichkeiten für die beiden Segmente $i = 1, 2$ (Innovatoren und Imitatoren) werden daher wie folgt definiert:[16]

(3) $\quad h_{it} = \dfrac{1}{1 + \dfrac{g_i}{N^{1/r_{iN}} \cdot Y_t^{1/r_{iY}} \cdot W_t^{r_{iW}}} P_t^{r_{iP}}}$

Hierin bezeichnen N den Neuigkeitsgrad des Produktes, Y_t den gesamten Produktverbreitungsgrad zu Beginn von Periode t (in Prozent vom Absatzpotential), P_t den Preis für das Produkt in t und W_t die Werbung in t. g_i repräsentiert den Kaufwiderstand des i-ten Segmentes, zu dessen Überwindung die absatzpolitischen Instrumente eingesetzt werden. Der objektive Neuigkeitsgrad N kann Werte zwischen Null und Eins annehmen. $N = 1$ signalisiert einen absoluten technischen Durchbruch. Ein unverändertes Produkt bedeutet einen Neuigkeitsgrad, der gegen Null geht, was zu einer ebenfalls gegen Null gehenden Kaufwahrscheinlichkeit führt, da kein neues Produkt vorliegt. Die Exponenten stellen die genannten adopter(-gruppen-)spezifischen Parameter dar und können als Empfindlichkeiten interpretiert werden. Ihre Höhe und Vorzeichen steuern, wie stark der Einfluß des jeweiligen Faktors auf die Kaufwahrscheinlichkeit des i-ten Segmentes ist.

Bezüglich des Einflusses der verschiedenen Faktoren auf die Kaufwahrscheinlichkeit lassen sich folgende segmentspezifische Überlegungen anstellen.[17] Innovatoren haben ein starkes Interesse an Neuem. Dies schließt die gezielte Informationssuche und -aufnahme mit ein. Daher sind der Neuigkeitsgrad des Produktes und die Werbung die stärksten Einflußfaktoren der Kaufwahrscheinlichkeit. Da sich die Innovatoren per definitionem nicht imitativ verhalten, steht der Einfluß des Produktverbreitungsgrades an letzter Stelle. Imitatoren dagegen „kaufen, weil andere kaufen". Da es für sie nicht erkennbar ist, ob die bisherigen Adopter Innovatoren oder Imitatoren sind, ist der gesamte Produktverbreitungsgrad wichtigste Determinante der Kaufentscheidung. Aufgrund der fehlenden Orientierung an Neuerungen haben Neuigkeitsgrad und Werbung den geringsten Einfluß. Insgesamt verhalten sich die segmentspezifischen Empfindlichkeiten des Modells wie folgt:

Innovatoren: $\quad 1/r_{1N} > r_{1W} > r_{1P} > |1/r_{1Y}|$;
Imitatoren: $\quad 1/r_{2Y} > r_{2P} > r_{2W} > |1/r_{2N}|$.

II. Berücksichtigung von Wiederholungskäufen

In klassischen Diffusionsmodellen werden zunächst nur Erstkäufe modelliert[18], während Absatzverläufe und komplette Produktlebenszyklen aus Erst- und Wiederkäufen bestehen.[19] Die hohe Bedeutung von Wiederholungskäufen für die Beschreibung von Produktlebenszyklen wird evident, wenn man bedenkt, daß z.B. im Bereich der Investitionsgüterindustrie alle zugekauften und dann weiterverarbeiteten und eingebauten Teile des Produktionsprozesses normalerweise fortwährend nachbestellt, d.h. wiedergekauft werden. Um eine realistische Abbildung von Produktlebenszyklen zu erreichen, wird das Diffusionsmodell daher um ein Wiederkaufmodell erweitert.[20]

Um den Einfluß von Wiederkäufen auf Produktlebenszyklen möglichst umfassend zu berücksichtigen, wird ein Wiederkaufmechanismus gewählt, bei dem die Produkte nicht nur einmal oder sporadisch erworben, sondern regelmäßig wiedergekauft werden können. Für das Modell wird die Annahme getroffen, daß die Produkte eine Nutzungsdauer von einer Periode haben, d.h. in jeder Periode wiedergekauft werden.

Die Zahl der Wiederkäufer einer Periode wird als Prozentsatz aller Anwender bzw. Käufer der Vorperiode, d.h. der Summe aus Erst- und Wiederkäufern der Vorperiode, abgebildet.[21] Wiederkäufer werden also als diejenigen Nachfrager beschrieben, die sich aus der Gruppe derer, die das Produkt bereits in der Vorperiode erworben haben, entschließen, das Produkt auch in der jetzigen Periode erneut zu verwenden.

Für das zusammengefaßte Erst- und Wiederkaufmodell wird damit folgender Mechanismus unterstellt: Die kumulierte Diffusionsfunktion gibt an, wie weit ein neues Produkt sein Absatzpotential M durchdrungen hat. In jeder Periode sind jedoch nicht mehr alle bisherigen Adopter immer noch Anwender, da in jeder Periode ein bestimmter Prozentsatz der bisherigen Anwender abwandert, d.h. das Produkt nicht wiederkauft. Der Prozentsatz der Wiederkäufer wird über die Wiederkaufrate gesteuert. Für eine konstante Wiederkaufrate w stellt sich dieser Ansatz mathematisch formuliert wie folgt dar:

$$(4) \quad x_t^W = x_{t-1} \cdot w = \sum_{j=1}^{t-1} x_j^E \cdot w^{(t-j)}.$$

Damit erhält man als Zahl der Anwender einer Periode:

$$(5) \quad x_t = x_t^E + x_t^W = \sum_{j=1}^{t} x_j^E \cdot w^{(t-j)}.$$

Hierin bezeichnen x_t^E die Zahl der Erstkäufer in Periode t, x_t^W die Zahl der Wiederkäufer und x_t die Zahl der Anwender der Periode, d.h. die Summe aus Erst- und Wiederkäufern.[22]

III. Berücksichtigung von Substitutionseffekten zwischen aufeinanderfolgenden Produktgenerationen

Die meisten quantitativen Diffusions- und Lebenszyklusmodelle unterstellen ein isoliertes neues Produkt, das auf eine bisher nicht befriedigte Nachfrage trifft.[23] In der Realität sind jedoch Innovationen, die ein bisher vollkommen unbefriedigtes Bedürfnis erfüllen, relativ selten. Statt dessen stellen Innovationen in weiten Teilen neue Technologien und Produkte dar, die besser in der Lage sind, bestimmte (grundlegende) Bedürfnisse der Nachfrager zu befriedigen als alte und diese infolgedessen ersetzen bzw. substituieren.[24] Beispiele für solche Substitutionsprozesse lassen sich in vielen Bereichen finden. Ein Beispiel ist die Ablösung von Röhren als elektrische Verstärkerbauelemente, an deren Stelle zunächst Transistoren traten, die wiederum durch integrierte Schaltkreise (ICs) substituiert wurden.[25] Generell erfolgt die Abfolge aufeinander folgender Produktgenerationen in den letzten Jahren in vielen Branchen offensichtlich immer rascher.[26]

Substitutionseffekte implizieren, daß die Existenz nachfolgender Produktgenerationen zumindest das Absatzpotential eines Produktes, u.U. auch dessen tatsächlichen Absatz vermindert.[27] Bei sehr schnell aufeinanderfolgenden Produktgenerationen können solche Kannibalisierungseffekte zwischen mehreren Generationen gleichzeitig auftreten.[28] Damit kann die Beschreibung eines Produktlebenszyklus nicht mehr, wie es meist geschieht, „aus sich selbst' heraus" erfolgen. Vielmehr muß die Bestimmung der Absatzzahlen eines Produktes unter expliziter Berücksichtigung der Positionierung des Produktes im Vergleich zu seinen Vorgängern und Nachfolgern geschehen.

Substitutionseffekte werden hier berücksichtigt[29], indem die vom Erst- und Wiederkaufmodell gelieferten (nurmehr vorläufigen, unbeeinflußten) Absatzzahlen durch Substitutionsverluste an nachfolgende Generationen reduziert werden, woraus sich erst die tatsächlichen Absatzzahlen ergeben. Für die Herleitung des Substitutionsmodells wird zunächst ein für alle Produkte gleiches Nachfragerpotential M unterstellt[30], in dem bereits alle Nachfrager irgendeine Technologiegeneration einsetzen. Damit sind alle Nachfrager, die sich zum Einsatz des neuesten Produktes entscheiden, Wechsler von einer älteren Generation.

Wenn Substitutionen auf Märkten stattfinden, die bereits erschlossen und „besetzt" sind[31], müssen Substitutionsprozesse auf der Ebene betrachtet werden, die angibt, wie weit ein Produkt i sein Absatzpotential erschlossen hat. Diese Angabe erfolgt durch den kumulierten Prozentsatz aller bisherigen Adopter ($\tilde{X}^E_{i,(t-1)}$).[32] Zur Erfassung der Substitutionseffekte wird dann bestimmt, welchen Anteil der kumulierten Adopterzahl dieses älteren Produktes ein neues Produkt kannibalisiert.

Bei Wiederkaufraten kleiner 1 ist die Zahl der kumulierten Adopter eines Produktes i jedoch größer als die Zahl der Anwender ($x_{i,t}$), da ein Teil der bisherigen Adopter bereits (z.B. zur Konkurrenz) abgewandert ist.[33] Aus diesem Grund muß auch im Substitutionsmodell anschließend der Übergang von der Ebene der Adopterzahlen auf die Ebene der tatsächlichen Anwender erfolgen. Hierfür wird in einem zweiten Schritt die Anwenderzahl $x_{i,t}$ ebenfalls korrigiert um den Prozentsatz, der dem alten Produkt auf der Ebene der Adopterzahlen durch Substitution verlorengeht. Die tatsächliche Zahl der Anwender einer Periode unter Berücksichtigung von Substitutionseffekten soll als absolute Zahl mit $\bar{x}_{i,t}$, als Prozentsatz des Absatzpotentials mit $\tilde{\tilde{x}}_{i,t}$ bezeichnet werden.

Das geschilderte Vorgehen kann nun beginnend mit dem neuesten Produkt (P_n) mathematisch formuliert werden. Da das neueste Produkt nicht von nachfolgenden Generationen kannibalisiert wird, ist die um Substitutionseffekte bereinigte (prozentuale) Zahl der Anwender ($\tilde{\tilde{x}}_{n,t}$) gleich der (prozentualen) Anwenderzahl ($\tilde{x}_{i,t}$), die sich aus dem Erst- und Wiederkaufmodell ergibt:

(6) $\quad \tilde{\tilde{x}}_{i,t} = \tilde{x}_{i,t}$

Im folgenden soll aus Gründen der Übersichtlichkeit der Index t der Zeit entfallen. Alle folgenden Formeln gelten für jede Periode t.

Im nächsten Schritt wird das vorletzte Produkt $P_{(n-1)}$ betrachtet. Der bereits erschlossene Teil seines Absatzpotentials ist um den Anteil zu bereinigen, der zu P_n abwandert. P_n erschließt sein Absatzpotential u.U. auf Kosten mehrerer Vorgängergenerationen. Mit $c_{i,j}$ sei der Anteil am Prozentsatz des erschlossenen Absatzpotentials eines Produktes j bezeichnet, den es von Produkt i kannibalisiert. Es gilt:

(7) $\quad 0 \leq c_{i,j} \leq 1 \quad \text{und} \quad \sum_{t=1}^{j-1} c_{i,j} = 1,$

wobei die $c_{i,j}$ eine Funktion der Zeit sein können.

Da $P_{(n-1)}$ nur an P_n verliert, läßt sich für $\tilde{\tilde{X}}^E_{(n-1)}$ schreiben:

(8) $\quad \tilde{\tilde{X}}^E_{(n-1)} = \tilde{X}^E_{(n-1)} - c_{(n-1),n} \cdot \tilde{X}^E_n.$ [34]

Entsprechend kann eine beliebige Produktgeneration P_i Anwender an die Produkte P_{i+1} bis P_n verlieren. Damit kann die allgemeine Bestimmungsgleichung für den prozentualen Anteil des erschlossenen Absatzpotentials eines Produktes P_i unter Berücksichtigung von Substitutionseffekten (in einer beliebigen Periode) angegeben werden:

(9) $\quad \tilde{\tilde{X}}^E_i = \tilde{X}^E_i - \sum_{j=i+1}^{n} c_{i,j} \cdot \tilde{X}^E_j.$

Um von den Angaben über das erschlossene Absatzpotential zu den tatsächlichen Anwenderzahlen zu gelangen, müssen die (prozentualen) Anwenderzahlen des Erst- und Wiederkaufmodells $\tilde{x}_i$ um den gleichen Faktor korrigiert werden, um den sich $\tilde{X}_i^E$ zu $\tilde{\tilde{X}}_i^E$ reduziert. Dies geschieht durch Multiplikation mit dem Quotienten aus $\tilde{\tilde{X}}_i^E$ und $\tilde{X}_i^E$. Man erhält:

$$(10) \quad \tilde{\tilde{x}}_i = \tilde{x}_i \cdot \frac{\tilde{\tilde{X}}_i^E}{\tilde{X}_i^e} = \tilde{x}_i \cdot \frac{\tilde{X}_i^E - \sum_{j=i+1}^{n} (c_{i,j} \cdot \tilde{X}_j^E)}{\tilde{X}_i^E}.$$

Der Übergang von prozentualen Angaben der Anwenderzahl zu absoluten Werten erfolgt, indem die Werte $\tilde{\tilde{x}}_i$ mit dem käuferschaftsbezogenen Absatzpotential M multipliziert werden. Somit kann auch die anfangs getroffene Vereinfachung eines für alle Produkte einheitlichen Absatzpotentials fallengelassen werden, indem mit dem jeweiligen Absatzpotential M_i jedes Produktes multipliziert wird. Man erhält:

$$(11) \quad \bar{x}_i = \tilde{\tilde{x}}_i \cdot M_i.$$

Mit dem dargestellten Ansatz lassen sich praktisch beliebige Substitutionsfälle modellieren, die sich mit dem Auftreten nachfolgender Produktgenerationen ergeben können.[35] Die Koeffizienten $c_{i,j}$ bestimmen, zu welchen Anteilen ein Produkt j seine Nachfrager von älteren Generationen i gewinnt. Hierbei ist nahezu jede Verteilung denkbar, wobei für Untersuchungen besonders zwei extreme Ausprägungen interessant sind. Das eine Extrem liegt in dem Fall, daß Produkt j möglichst viel von den ältesten noch vorhandenen Generationen gewinnt, d.h. daß die Nachfrager stets möglichst viele Generationen überspringen. Auf diese Weise wird stark ausgeprägtes Leapfrogging abgebildet.[36] Das andere Extrem bildet der Fall, daß möglichst wenig Leapfrogging stattfindet, indem unterstellt wird, daß die Nachfrager von möglichst jungen Vorgängern abwandern, d.h. möglichst direkt zur jeweils nächsten Generation wechseln.

IV. Auswirkungen der Existenz von Konkurrenz auf die Formulierung des Modells

Nachdem bisher mit Aspekten des Nachfragerverhaltens und Gestaltungsparametern des Unternehmens zwei Elemente des „Marketing-Dreiecks"[37] abgebildet wurden, soll auch die Existenz von Konkurrenz im Modell berücksichtigt werden. Da insbesondere auf dynamischen Märkten vielfach eine zunehmende Verschärfung der Wettbewerbssituation zu beobachten ist, die oftmals mit einer Erhöhung der Zahl der relevanten Wettbewerber einhergeht, wird hier ein anbieter- und nachfragerseitiges Polypol unterstellt.[38] Konkurrenzverhalten manifestiert sich demnach nicht in Einzelaktionen eines Konkurrenten, sondern in Form einer Modifikation der Umweltsituation des Modellunternehmens. Folgende Modellparameter sind von einer Konkurrenzberücksichtigung betroffen:

– *Neuigkeitsgrad*
Es wird unterstellt, daß aufgrund der Wettbewerbsdynamik des Marktes von den konkurrierenden Unternehmen ein fortlaufender konstanter Strom an Innovationen auf den Markt gebracht wird, der das Leistungsniveau der am Markt vertretenen Produkte permanent

(und quasi kontinuierlich) erhöht. Eine ähnliche Situation ist heute auf sehr vielen Märkten anzutreffen.[39] Auf solchen Märkten beurteilen Nachfrager das Leistungsvermögen bzw. den Innovationsgrad eines neuen Produktes meist nicht nur in Relation zum eigenen Vorgänger, sondern auch im Vergleich zum Leistungsniveau des Marktes.[40] Dies läßt eine Unterscheidung in einen forschungsbezogenen und einen marktbezogenen Innovationsgrad geboten erscheinen.[41]

Der forschungsbezogene Neuigkeitsgrad (N^F) wird hier als objektiv-technischer Leistungsfortschritt des neuen Produktes im Vergleich zur eigenen Vorgängergeneration definiert.[42] Der marktbezogene Neuigkeitsgrad (N^M) beschreibt demgegenüber die vom Nachfrager subjektiv empfundene Neuigkeit des Produktes. Da der Vergleichsmaßstab des Marktniveaus durch die Innovationen der konkurrierenden Marktteilnehmer im Zeitablauf kontinuierlich ansteigt, wird der marktbezogene Neuigkeitsgrad eines Produktes um so höher sein, je früher es in den Markt eingeführt wird, bzw. um so niedriger, je später es eingeführt wird.[43] Vereinfachend wird angenommen, daß der marktbezogene Neuigkeitsgrad eine Funktion des Innovationstempos am Markt und eine linear fallende Funktion der Zeit ist, was zu folgendem mathematischen Zusammenhang für Produkt i führt:

$$(12) \quad N_i^M = N_i^F + const_N \cdot \left(\frac{N_i^F}{ig} - t_i^E \right).$$

Hierin bezeichnet ig die Innovationsgeschwindigkeit des Marktes (als „Innovationsgrad pro Zeiteinheit"), t^E den Zeitraum zwischen der Einführung des vorigen und des aktuellen Produktes und $const_N$ eine Maßzahl dafür, wie leicht es dem Unternehmen möglich ist, in den Augen der Nachfrager einen „Vorsprung" gegenüber der Konkurrenz herauszuarbeiten.

– *Absatzpotential*
Wie in den meisten Diffusions- und Lebenszyklusmodellen wird das Absatzpotential jeder Produktgeneration im betrachteten Zeitraum als konstant unterstellt.[44] Die Annahme eines für alle Generationen identischen Absatzpotentials erscheint dagegen nicht gerechtfertigt, da die einzelnen Produkte u.U. sehr unterschiedlich positioniert sein können und unterschiedliche Produkte in der Regel auf unterschiedlich große Märkte treffen. Es wird davon ausgegangen, daß das Verhältnis von Preis zu gebotener Leistung (in Form des marktbezogenen Neuigkeitsgrades) verantwortlich für die Höhe des Absatzpotentials ist. In Anlehnung an empirisch getestete Ansätze[45] wird folgende Bestimmungsgleichung der Absatzpotentialentwicklung eines Produktes i (M_i) unterstellt:

$$(13) \quad M_i = \frac{M_0}{1 + const_M \cdot \dfrac{P_i^\beta}{N_i^{M\delta}}},$$

Hierin sind M_0 ein absolutes, oberes Sättigungsniveau des Absatzpotentials, β und δ Koeffizienten, die den Einfluß des Preises und des Neuigkeitsgrades das Absatzpotential steuern, und $const_M$ eine marktspezifische Konstante. Falls der Preis des Produktes während seiner Marktphase verändert wird, bezeichnet P_i den durchschnittlichen Preis des Produktes während seiner Marktpräsenzzeit.

Die Beschleunigung von Produktlebenszyklen

V. Auswirkungen der Modellparameter auf die Erlös- und Kostensituation

Um abschätzen zu können, welche Konsequenzen sich aus Variationen einzelner Modellparameter auf die Situation und den Erfolg des Modellunternehmens ergeben, wird dem Lebenszyklusmodell ein Kosten- und Erlösmodell gegenübergestellt, das beschreibt, welche Wirkungen die Modellparameter auf die Unternehmenssituation haben.

Der Gesamtumsatzerlös des Unternehmens pro Periode setzt sich additiv aus den periodenbezogenen Umsätzen der einzelnen Produkte zusammen. Abgesetzte Stückzahlen der einzelnen Produkte und dazugehörige Verkaufspreise ergeben sich unmittelbar aus dem Lebenszyklusmodell. Der Unternehmenserlös pro Periode ergibt sich somit zu:

$$(14) \quad E_t = \sum_{i=1}^{n} E_{i,t} = \sum_{i=1}^{n} (\bar{x}_{i,t} \cdot P_{i,t}).$$

Da die Kostenseite mit den bisherigen Daten des Lebenszyklusmodells nicht adäquat abgebildet werden kann, müssen weitere Annahmen getroffen werden. In dem Lebenszyklusmodell können folgende Parameter mit möglichem Einfluß auf die Kostensituation des Unternehmens identifiziert werden: die verkaufte Stückzahl bzw. Ausbringungsmenge jedes Produktes, der Neuigkeitsgrad der Produkte, die Produkteinführungszeitpunkte und die Werbung für die Produkte.

Die mit der Ausbringungsmenge variablen Kosten sollen dem Erfahrungskurveneffekt unterliegen[46], da dieser Effekt regelmäßig im Zusammenhang mit sich beschleunigenden Marktprozessen genannt wird. Nach dem Erfahrungskurvengesetz bestimmen sich die variablen Stückkosten von Produkt i in Periode t ($k_{i,t}^v$) wie folgt:

$$(15) \quad k_{i,t}^v = k_{i,0}^v \cdot \left(\frac{\bar{X}_{i,t}}{X_0} \right)^{-b_i}.$$

$k_{i,0}^v$ bezeichnet die variablen Ausgangsstückkosten und b_i die Kostenelastizität.[47] X_0 gibt die Grundmenge für das Auftreten von Erfahrungskurveneffekten an, $\bar{X}_{i,t}$ bezeichnet die kumulierte Ausbringungsmenge.

Die gesamten (mit der Ausbringungsmenge der einzelnen Generationen) variablen Kosten des Unternehmens einer Periode (K_t^v) ergeben sich durch Multiplikation der variablen Stückkosten ($k_{i,t}^v$) eines Produktes mit der verkauften Menge dieser Periode ($\bar{x}_{i,t}$) und Summierung über alle Produkte i:

$$(16) \quad K_t^v = \sum_{i=1}^{n} K_{i,t}^v = \sum_{i=1}^{n} \left(\bar{x}_{i,t} \cdot k_{i,0}^v \cdot \left(\frac{\bar{X}_{i,t}}{X_0} \right)^{-b_i} \right).$$

Der (angestrebte) forschungsbezogene Neuigkeitsgrad eines Produktes i hängt bei gegebener Produktivität der F&E-Abteilung unmittelbar von der zur Verfügung stehenden Entwicklungszeit (ϑ_i) und dem Entwicklungsbudget/Periode ($k_i^{f\&e}$) ab. Für den Neuigkeitsgrad eines Produktes gilt: $0 < N^F < 1$. Mit der Prämisse, daß der Grenznutzen einer F&E-Kosten-Erhöhung gegen Null geht, wenn sich der Neuigkeitsgrad dem Wert Eins nähert, soll für den Neuigkeitsgrad gelten:[48]

(17) $\quad N_i^F = \dfrac{1}{1 + \dfrac{w_E}{\left((k_i^{f\&e})^{r_{f\&e}} \cdot \vartheta_i\right)^{r_B}}}.$

Hierin stellen w_E den Entwicklungswiderstand und $r_{f\&e}$ die Entwicklungselastizität dar.[49] r_B steuert den Einfluß des Entwicklungsbudgets auf den Neuigkeitsgrad. Umformung nach $k_i^{f\&e}$ und Summierung über alle Produkte, die sich zum Zeitpunkt t gleichzeitig in der Entwicklung befinden ($m(t)$), ergeben die gesamten F&E-Kosten des Unternehmens in einer Periode ($K_t^{f\&e}$):

(18) $\quad K_t^{f\&e} = \sum\limits_{m(t)} k_m^{f\&e} = \sum\limits_{m(t)} \left(\dfrac{N_m^F \cdot w_E}{1 - N_m^F}\right)^{\frac{1}{r_{f\&e} \cdot r_B}} \cdot \left(\dfrac{1}{\vartheta_m}\right)^{\frac{1}{r_{f\&e}}}.$

Entscheidend für die Höhe der Zahl $m(t)$ ist, ob bzw. inwieweit das Unternehmen mehrere Produktgenerationen gleichzeitig entwickelt. Damit hängt $m(t)$ vom Verhältnis der Entwicklungszeiten zu den Einführungsintervallen ab, wodurch die Wahl der Einführungsintervalle Einfluß auf die Höhe der F&E-Kosten gewinnt.

Weiterhin erfordert ein neues Produkt meist Investitionen im Produktionsbereich, die hier in Form von Umbaumaßnahmen zur Fertigung des neuen Produkts beschrieben werden. Die hieraus resultierenden Kosten einer Periode ergeben sich durch Abschreibung über n_A Jahre und werden mit Umbaukosten bezeichnet. Die Höhe der Umbauinvestitionen hängt von der Neuartigkeit des Produktes, d.h. von seinem Neuigkeitsgrad ab. Wenn man davon ausgeht, daß für $N = 0$ keine und für $N = 1$ eine Obergrenze an Investitionen nötig ist, kann man die gesamten periodenbezogenen Umbaukosten als folgende Summe über die gleichzeitig laufenden Abschreibungsprojekte angeben:

(19) $\quad K_t^U = \sum\limits_{j(t)} k_j^U = \sum\limits_{j(t)} \dfrac{A_j^U}{n_A} = \sum\limits_{j(t)} \dfrac{A_0^U \cdot (N_j^F)^{r_U}}{n_A}.$

A_0^U gibt die Obergrenze von Umbauinvestitionen für $N = 1$ an. Der Parameter r_U gibt die Elastizität der Umbauausgaben wieder. Die Anzahl der gleichzeitig abzuschreibenden Investitionsprojekte $j(t)$ wird durch die Abschreibungszeit und, wiederum, die Einführungsintervalle der Produkte bestimmt.

Die Werbekosten des Unternehmens ergeben sich als Summe aus den Werbekosten aller Produkte, die im betrachteten Zeitpunkt am Markt vertreten sind:

(20) $\quad K_t^W = \sum\limits_{k(t)} W_{k,t}.$

Hierin bezeichnet $k(t)$ die Anzahl der zum Zeitpunkt t am Markt beworbenen Produkte.

Neben den Kosten, deren Höhe durch die genannten Einflußfaktoren bestimmt wird, werden dem Unternehmen weitere Kosten entstehen, deren Höhe von anderen, nicht im Modell erfaßten Faktoren abhängt. Im Rahmen der Ceteris-paribus-Forderung werden diese sonstigen Kosten über alle Perioden konstant gesetzt und mit K^S bezeichnet.

Die Beschleunigung von Produktlebenszyklen

Der Gewinn des Unternehmens in einer Periode ergibt sich als Differenz aus den Umsatzerlösen dieser Periode und den gesamten Kosten:

(21) $\quad G_t = E_t - K_t = E_t - (K_t^V + K_t^{f\&e} + K_t^U + K_t^W + K^S)$.

Bei sukzessiver Darstellung aufeinanderfolgender Perioden erhält man so den zeitlichen Verlauf der Erlös-, der Kosten- und der Gewinnentwicklung.

Das dargestellte Modell beschreibt die interdependenten Lebenszyklen aufeinanderfolgender Produktgenerationen in Abhängigkeit von Parametern, die Nachfragereinflüsse, Unternehmensaktivitäten und Konkurrenzverhaltensweisen abbilden, sowie die Auswirkungen auf die Unternehmenssituation.

C. Computergestützte Analyse der Einflußfaktoren und Auswirkungen von marktbezogenen Beschleunigungsprozessen

Anhand des Modells lassen sich computergestützte Simulationsanalysen durchführen und die Wirkungen von Beschleunigungsprozessen simulieren. Die hohe Zahl an Modellparametern läßt die Vielzahl an Möglichkeiten erkennen, die für Beschleunigungssimulationen zur Verfügung stehen. Beispielhaft werden hier die Auswirkungen einer Erhöhung der Innovationsgeschwindigkeit bei innovationsfreudigem und bei innovationsunfreudigem Markt betrachtet.

I. Erhöhung der Neuigkeitsgrade zur Erhöhung des Innovationstempos

Ausgangspunkt der Beschleunigung ist eine konstante Startsituation, in der für alle Produkte identische Parameterwerte gelten. Hieraus ergeben sich, abgesehen von einer Einschwingzeit, auch identische Ausgangswerte für die Produkte.[50] Die Parameterwerte für das Lebenszyklus- und das Kostenmodell sind in Tabelle 1 bzw. 2 angegeben.[51]

Von der konstanten Ausgangssituation aus erhöht das Unternehmen nun seinen forschungsbezogenen Neuigkeitsgrad vom marktüblichen Niveau aus sukzessive in der in Tabelle 3 angegebenen Weise. Die Tatsache, daß der Innovationsgrad der Produkte deutlich über den Markterwartungen zum jeweiligen Zeitpunkt liegt, führt dazu, daß sich die (vom Nachfrager empfundene) marktbezogene Neuigkeit gegenüber der forschungsbezogenen nochmals erhöht. Die sich ergebenden Werte der marktbezogenen Neuigkeitsgrade (N^M) sind ebenfalls wiedergegeben. Man erkennt eine signifikante Erhöhung der vom Markt wahrgenommenen Innovationsgeschwindigkeit.

Im nächste Schritt ist festzulegen, auf welche Nachfragereaktionen die Erhöhung der Neuigkeitsgrade treffen soll. Es existieren zahlreiche empirische Belege, daß Innovationen sehr unterschiedlichen Erfolg aufweisen können.[52] In den letzten Jahren verstärkt sich die Erkenntnis, daß neben der Art der Innovation auch das herrschende Innovationstempo eines Marktes einen Einfluß auf die Akzeptanz einer Innovation haben kann. Neben einem Nutzen bringen Innovationen für die Nachfrager meist auch die Notwendigkeit mit sich, ihre bisherigen Gewohnheiten zu ändern. Die Adaption an die Veränderungen ist für den Nachfrager in aller Regel mit „Arbeit" bzw. Aufwand verbunden und stellt somit eine

Tab. 1: Ausgangsdatensatz zur Umsatzermittlung

forschungsbezogener Neuigkeitsgrad (marktüblich)	N^F	0,25	Empfindlichkeiten der Kaufwahrscheinlichkeit	r_{P1}	0,4
Einführungsabstand in Jahren	t^E	5		r_{P2}	0,6
%-Satz Innovatoren	M_1/M	20%		$1/r_{N1}$	1,2
%-Satz Imitatoren	M_2/M	80%		$1/r_{N2}$	0
Anfangspreis	P_{Start}	20		$1/r_{Y1}$	0
Endpreis	P_{End}	15		$1/r_{Y2}$	1,2
Anfangswerbung	W_{Start}	1 500		r_{W1}	0,6
Endwerbung	W_{End}	1 500		r_{W2}	0,4
Wiederkaufraten	w_t	0,90	Marktwiderstand	g_1	200
Grund-Absatzpotential	$M_{i,0}$	15 000		g_2	11
Innovationsgeschwindigkeit des Marktes	ig	0,1	Konstanten f. Berechn. des tatsächlichen Absatzpotentials	$const_M$	0,5
Geplante Produktlebenszeit	t_{soll}	10		β	1
Konstante f. Berechnung d. marktbezogenen Neuigkeitsgrades	$const_N$	0,06		δ	1
Leapfrogging		nein			

Tab. 2: Ausgangsdatensatz zur Kostenermittlung

Ausgangsstückkosten	$k_{i,0}^v$	10	Werbung pro Produkt	W_i	1 500
Erfahrungskurven-Ausgangsmenge	S_0	10 000	F&E-Zeit in Jahren	ϑ_i	5
Erfahrungsrate	$(1 - 2^{-b_i})$	20%	Entwicklungswiderstand	w_E	1 100
Obergrenze Umbaukosten	A_0^U	35 000	Entwicklungselastizität	$r_{f\&e}$	0,5
Umbauelastizität	r_U	1,5	Budgetelastizität	r_B	1
Abschreibungszeit in J.	n_A	10	Sonstige Kosten	K^S	10 000

Tab. 3: Erhöhungen des Neuigkeitsgrades

Produkt	1–7	8	9	10	11–...
forschungsbezogener Neuigkeitsgrad	0,25	0,36	0,47	0,58	0,65
marktbezogener Neuigkeitsgrad	0,25	0,45	0,65	0,84	0,97

Belastung dar. Je höher also die Änderungsrate bzw. Innovationsrate ist, desto wahrscheinlicher wird eine Überforderung der Nachfrager, auf die sie mit Abwehrmechanismen reagieren.[53]

Da Nachfrager situationsspezifisch Innovationen gegenüber positiv oder negativ eingestellt sein können, werden diese beiden Ausprägungen untersucht. Die Modelldeterminanten für die Innovationsneigung sind die Koeffizienten der Absatzpotentialbestimmung δ und $const_M$ sowie die gruppenspezifischen Empfindlichkeiten der Kaufwahrscheinlichkeiten $1/r_{N1}$ bzw. $1/r_{N2}$. Die in Tabelle 4 angegebenen Parameterwerte sollen die beiden Situationen kennzeichnen:[54]

Tab. 4: Parameterwerte für innovationsfreudigen und -unfreudigen Markt (Szenarien der Neuigkeitsgraderhöhung)

Parameter	δ	$const_M$	$1/r_{N1}$	$1/r_{N2}$
innovationsfreudiger Markt	0,4	30	1,2	0
innovationsunfreudiger Markt	–0,1	70	0,6	–0,5

Um die erhöhten Innovationsgrade zu erreichen, muß das Unternehmen seine F&E-Anstrengungen verstärken. Dies geschieht hier, indem das Unternehmen bei gleichbleibenden Entwicklungszeiten die (periodenbezogenen) Entwicklungskosten der neuen Produkte erhöht.[55] Der Koeffizient $r_{f\&e}$ und der Entwicklungswiderstand w_E determinieren, wie stark sich die F&E-Kosten erhöhen. Die Empfindlichkeit der F&E-Kosten hängt unter anderem davon ab, wie weit „ausgereizt" die zugrundeliegende Technologie ist.[56] Um den Einfluß der Effizienz und der Kostenempfindlichkeit der F&E-Aktivitäten auf die Unternehmenssituation aufzuzeigen, werden die Auswirkungen eines stärkeren und eines eher schwächeren Anstiegs der F&E-Kosten untersucht. Folgende Parameterwerte sollen die beiden Situationen kennzeichnen:

Tab. 5: Parameterwerte der Entwicklungskosten (Szenarien der Neuigkeitsgraderhöhung)

Parameter	Symbol	starker Anstieg	schwacher Anstieg
Entwicklungswiderstand	w_E	260 000	55 000 000
Entwicklungselastizität	$r_{f\&e}$	0,94	1,55

1. Neuigkeitsgraderhöhung bei innovationsfreudigem Markt

Dieses Szenario ist durch einen Markt gekennzeichnet, der auf Innovationen sehr positiv reagiert. Dennoch erhöhen sich die Adopterzahlen bei Innovationsgraderhöhung nur sehr moderat (Abbildung 1, Angaben in Prozent des jeweiligen Absatzvolumens). Augenfälliger ist die deutliche Zunahme des steilen Anfangsastes zu Beginn jeder Adoptionskurve. Dieser Ast wird durch die zunächst einsetzende Nachfrage der Innovatoren verursacht. Da

Abb. 1: Erstkäuferzahlen bei Innovationsgraderhöhung in % (innovationsfreudiger Markt)

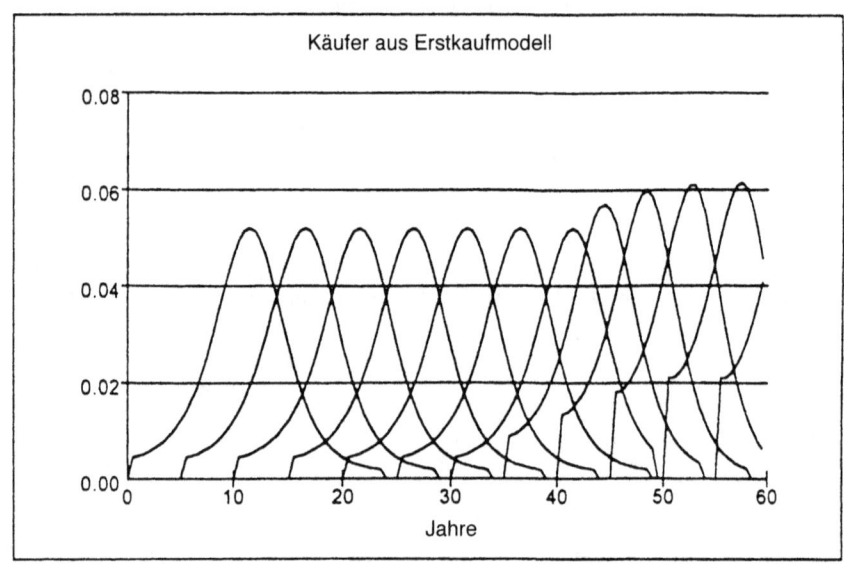

diese sehr positiv auf Neuigkeiten reagieren, erhöht sich ihre Marktpenetrationsgeschwindigkeit signifikant. Die Imitatoren dagegen stehen aufgrund ihrer Grundeinstellung auch bei innovationsfreudigem Markt Neuerungen lediglich neutral gegenüber ($1/r_{N2} = 0$), weshalb sich ihre Adoptionsgeschwindigkeit nur wenig verändert.[57]

Abbildung 2 zeigt die Entwicklung der Anwender- bzw. Käuferzahlen in Prozent des jeweiligen Absatzpotentials. Es ist auffällig, daß zunächst ein deutlicher Rückgang der Anwenderzahlen zu beobachten ist, der sich erst gegen Ende der Beschleunigungsmaßnahmen in einen Anstieg der Marktdurchdringung verwandelt. Der Rückgang wird durch eine beschleunigte Substitution der alten Produkte durch die neuen, überproportional verbesserten Nachfolger verursacht. Aus diesem Grund sind auch bereits die letzten Produkte mit unverändertem Neuigkeitsgrad, im vorliegenden Fall Produkt 7, von dem Rückgang betroffen. Da diese Werte prozentuale Angaben sind, beziehen sie sich aufgrund des steigenden Absatzpotentials auf unterschiedliche Basen. So erhöht sich das Absatzpotential durch den Anstieg der Innovationsgrade um ca. 60%.[58] Der zu verzeichnende absolute Anstieg wird bei der Betrachtung der Umsatzzahlen der einzelnen Produkte in Abbildung 3 deutlich.

Auch auf der Umsatzebene ist für eine Übergangszeit ein Rückgang zu beobachten, was bedeutet, daß diese (innovativeren) Produkte nicht den Umsatz ihrer (weniger innovativen) Vorgänger erreichen. Es ist unmittelbar einsichtig, daß dies bei projektbezogener Perspektive Auswirkungen auf die Rentabilität dieser Produkte hat. Noch spätere Generationen allerdings weisen einen deutlich höheren Umsatz auf. Entsprechend ist auch auf Unternehmensebene eine Erhöhung des Gesamtumsatzes zu beobachten (Abbildung 4). Die zwischenzeitlichen Umsatzrückgänge auf Gesamtumsatzebene sind hier nicht festzustel-

Abb. 2: Anwenderzahlen bei Innovationsgraderhöhung in % (innovationsfreudiger Markt)

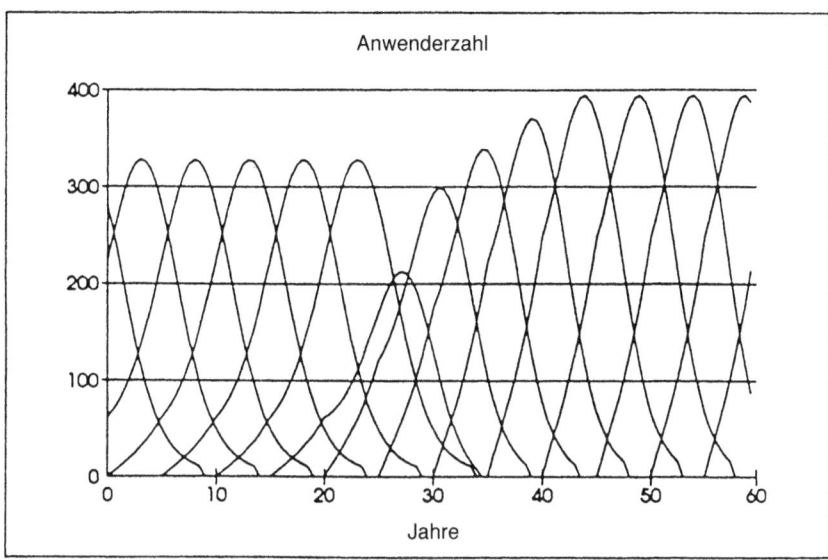

Abb. 3: Umsatzentwicklung bei Innovationsgraderhöhung (innovationsfreudiger Markt)

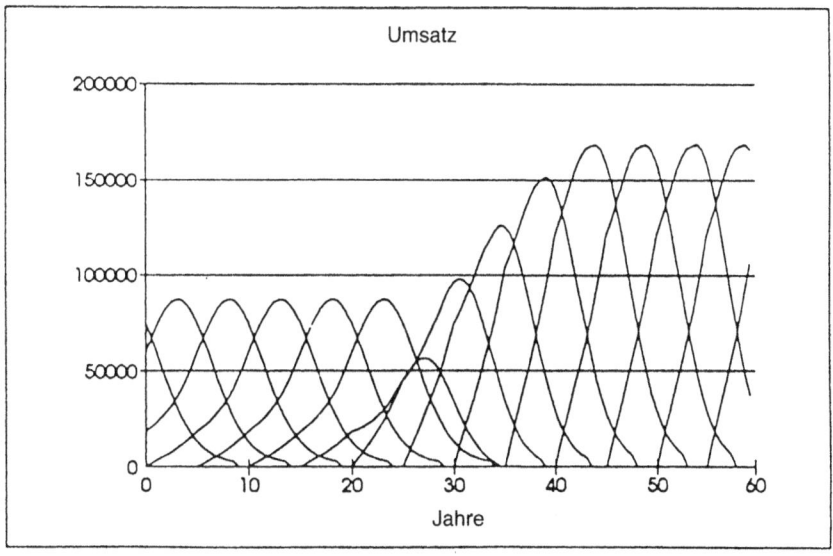

len, was die Aussage unterstützt, daß die Rückgänge auf verstärkte Substitutionseffekte innerhalb der Generationen zugunsten der verbesserten Produkte zurückzuführen sind.

Die Analyse der Produktlebenszeiten verdeutlicht, daß sich mit einer Erhöhung der Innovationsgrade nicht nur die Innovationsgeschwindigkeit des Marktes vergrößert, son-

Abb. 4: Gesamtumsatzentwicklung bei Innovationsgraderhöhung (innovationsfreudiger Markt)

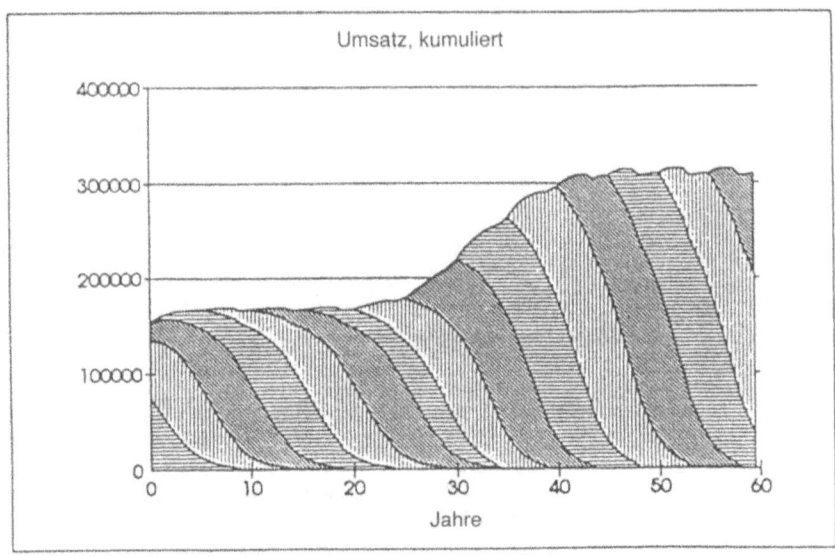

Abb. 5: Entwicklung der Produktlebenszeiten bei Innovationsgraderhöhung (innovationsfreudiger Markt)

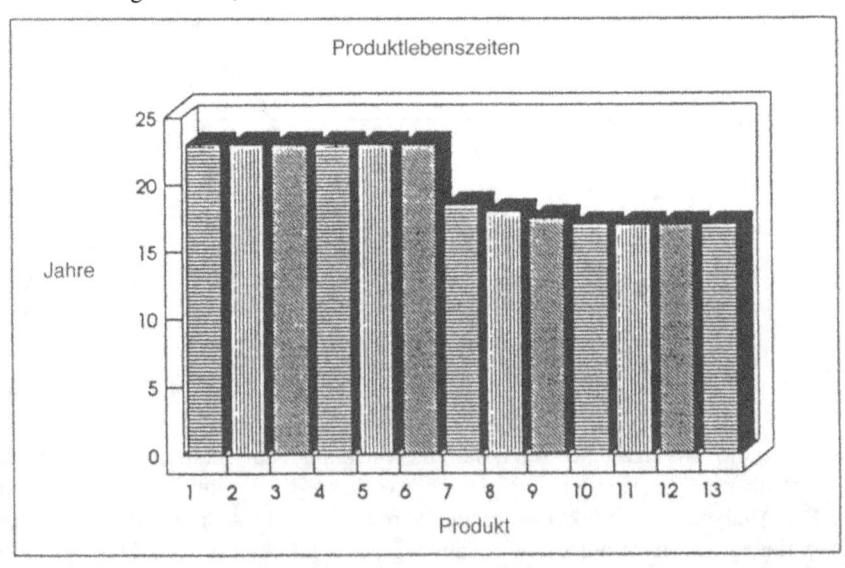

Abb. 6: Kostenentwicklung bei Innovationsgraderhöhung (innovationsfreudiger Markt, hohe Kostensteigerung)

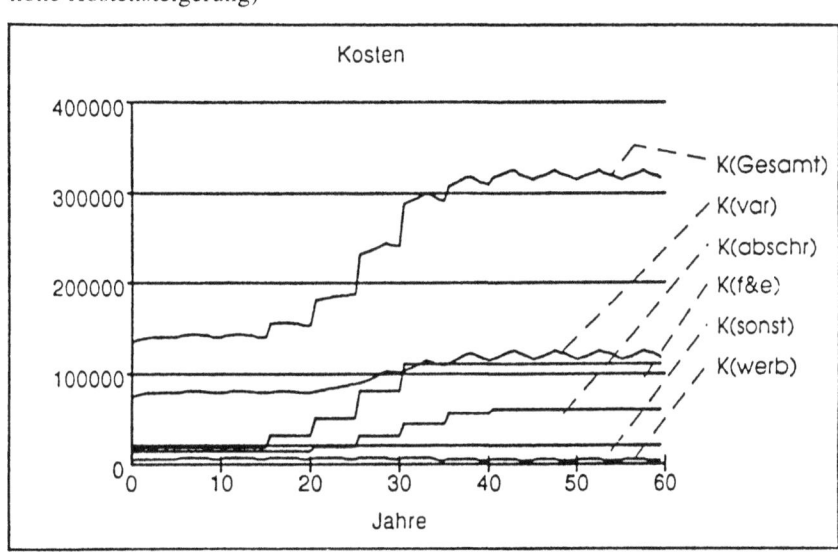

dern auch eine Beschleunigung der Vermarktungsprozesse im Sinne einer Verkürzung der Produktlebenszyklen bewirkt wird (Abbildung 5). Bei konstanten Einführungsintervallen folgt hieraus eine Reduzierung der gleichzeitig am Markt vertretenen Produktzahl, die sich von ca. 4 auf ca. 3 verringert.[59]

Für die Betrachtung der Kostenentwicklung wird eine starke Empfindlichkeit der F&E-Kosten angenommen. Neben einem sehr starken Anstieg der Entwicklungskosten erhöhen sich auch die Abschreibungen auf die Investitionen im Produktionsbereich (Abbildung 6). Die Steigerung der variablen Kosten ist durch den Mengenanstieg, das Absinken der Werbungskosten durch die Reduktion der Zahl gleichzeitig vermarkteter Produkte zu erklären. Die resultierende Entwicklung des Gewinns kann man Abbildung 7 entnehmen. Durch den überproportionalen Anstieg der F&E-Kosten zur Erreichung der erhöhten Neuigkeitsgrade kann die Umsatzsteigerung nicht in eine Gewinnsteigerung umgesetzt werden. Vielmehr muß im vorliegenden Szenario auch langfristig ein Verlust hingenommen werden, nachdem die Ertragslage durch den zwischenzeitlichen Umsatzrückgang sogar noch deutlich verschlechtert wurde: Die Umsatzrendite entwickelt sich von ca. +15% über ein zwischenzeitliches Tief von ca. –25% zu einem Endwert von ca. –3%.

Eine andere Kosten- und Gewinnentwicklung ergibt sich, wenn eine geringere Empfindlichkeit der F&E-Kosten unterstellt wird. Abbildung 8 läßt sich entnehmen, daß sich die F&E-Kosten nur sehr moderat erhöhen, wodurch auch die Gesamtkosten deutlich geringer steigen. Dies hat zur Folge, daß sich der Gewinn langfristig gegenüber dem Ausgangsszenario stark erhöht (Abbildung 9), so daß die Erhöhung der Neuigkeitsgrade in diesem Fall als erfolgreich bezeichnet werden kann. Allerdings ist auffällig, daß der Gewinn auch hier trotz des langfristigen Erfolgs zwischenzeitlich signifikant bis unter die Nullinie zurückgeht.

Abb. 7: Gewinnentwicklung bei Innovationsgraderhöhung (innovationsfreudiger Markt, hohe Kostensteigerung)

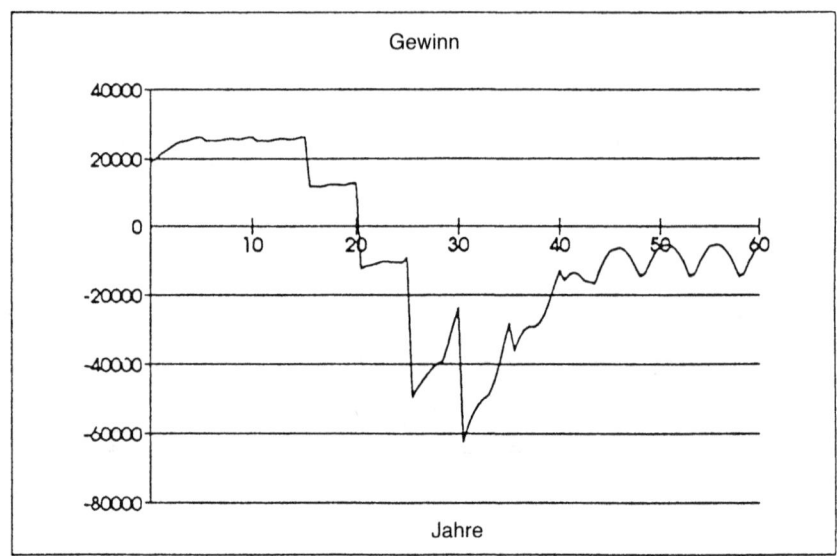

Abb. 8: Kostenentwicklung bei Innovationsgraderhöhung (innovationsfreudiger Markt, geringe Kostensteigerung)

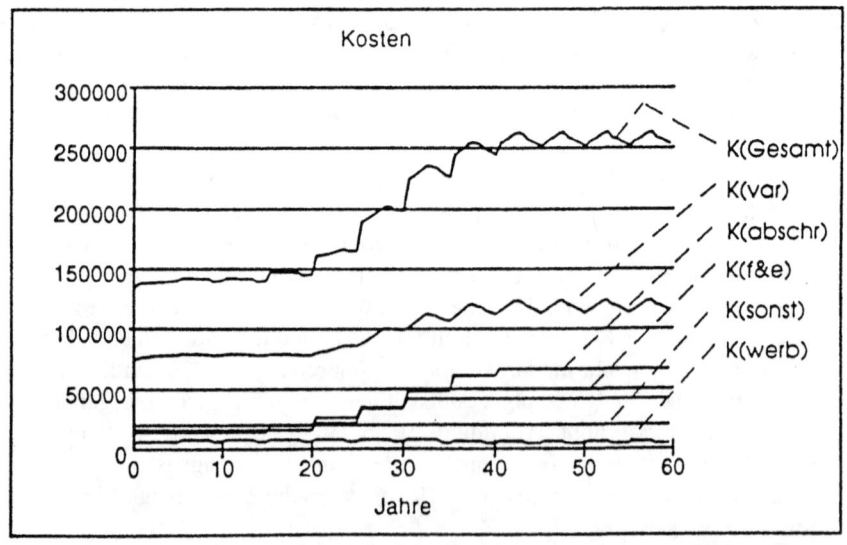

Abb. 9: Gewinnentwicklung bei Innovationsgraderhöhung (innovationsfreudiger Markt, geringe Kostensteigerung)

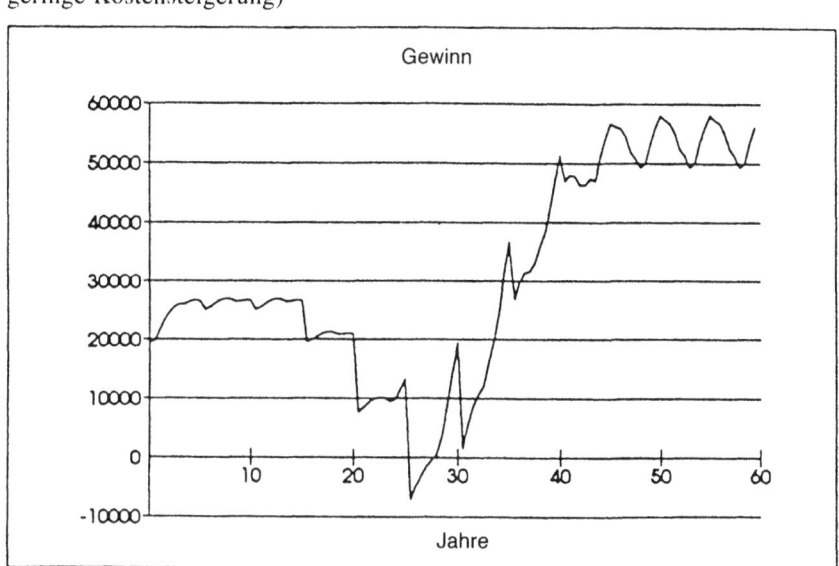

2. Neuigkeitsgraderhöhung bei innovationsunfreudigem Markt

Das Simulationsergebnis für einen innovationsunfreudigen Markt zeigt Abbildung 10, der man zweierlei entnehmen kann. Zum einen erkennt man wiederum eine Vergrößerung des steilen Anstiegs zu Beginn jeder Diffusionskurve. Dahinter verbirgt sich die Innovatorennachfrage, die auch bei innovationsunfreudigem Markt noch positiv auf Neuerungen reagiert ($1/r_{N1} = 0{,}6$). Zum anderen wird eine Verlangsamung der weiteren Marktdurchdringung deutlich, für die die gegenüber Neuerungen negativ eingestellte Gruppe der Imitatoren ($1/r_{N2} = -0{,}5$) verantwortlich ist.[60] Die verlangsamte Diffusion hat eine Reduzierung des Anwenderprozentsatzes zufolge (Abbildung 11). Diese Entwicklung wird auf der Ebene absoluter Werte dadurch noch verstärkt, daß sich das Absatzpotential infolge der negativ aufgenommenen Innovationserhöhung um 12% verringert.[61] In Abbildung 12 erkennt man, daß sich der Maximalumsatz der Produkte um ca. 40% reduziert.

Kumuliert man die einzelnen Umsatzkurven, so erhält man den Gesamtumsatzverlauf, der in Abbildung 13 dargestellt ist. Es ist auffällig, daß der Gesamtumsatz mit einem Rückgang von ca. 15 % wesentlich geringer reduziert wird, als dies z.B. beim Maximalumsatz der einzelnen Produkte der Fall ist. Der Grund hierfür wird bei der Analyse der Produktlebenszeiten erkennbar. Abbildung 14 zeigt, daß sie sich von 15 auf 17 Jahre verlängern. Dadurch steigt die Zahl der Produkte, die gleichzeitig am Markt vertreten sind. Es erhöht sich also die Zahl der zum Gesamtumsatz beitragenden Produkte, wodurch die Umsatzreduzierung auf Einzelproduktebene zum Teil kompensiert wird.

Da sich sowohl die Marktpenetrationsgeschwindigkeit verringert, als auch die Länge der Produktlebenszyklen steigt, ist ein zentrales und wichtiges Ergebnis dieses Szenarios,

Abb. 10: Erstkäuferzahlen bei Innovationsgraderhöhung (innovationsunfreudiger Markt)

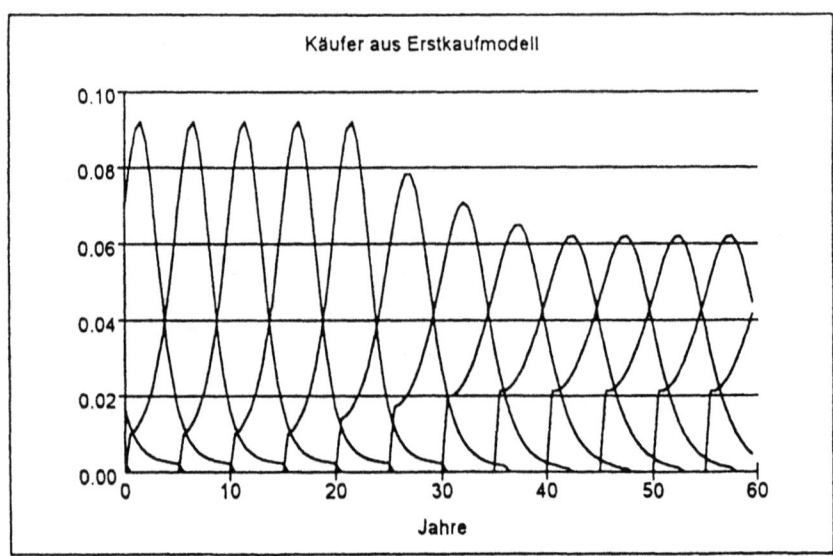

Abb. 11: Anwenderzahlen bei Innovationsgraderhöhung (innovationsunfreudiger Markt)

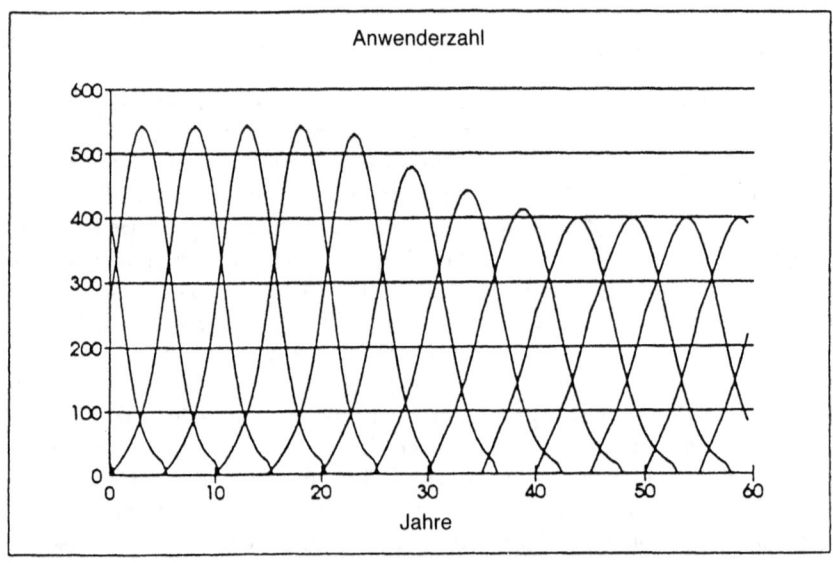

daß eine Erhöhung der Innovationsgeschwindigkeit eines Marktes nicht notwendigerweise eine Beschleunigung der Vermarktungsprozesse mit sich bringt!

Auf der Kostenseite steht einem Anstieg der F&E-Kosten und der Abschreibungen ein Rückgang der variablen Kosten gegenüber, der durch eine Verringerung der produzierten

Abb. 12: Umsatzentwicklung bei Innovationsgraderhöhung (innovationsunfreudiger Markt)

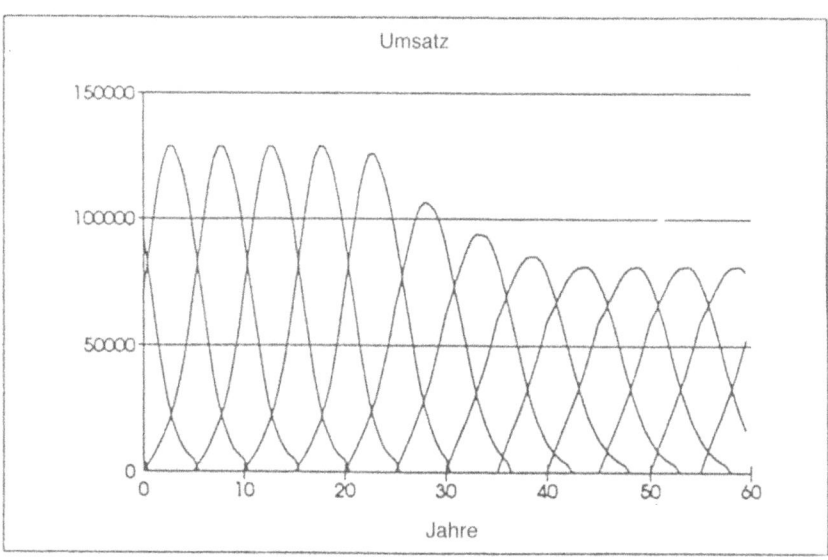

Abb. 13: Gesamtumsatzentwicklung bei Innovationsgraderhöhung (innovationsunfreudiger Markt)

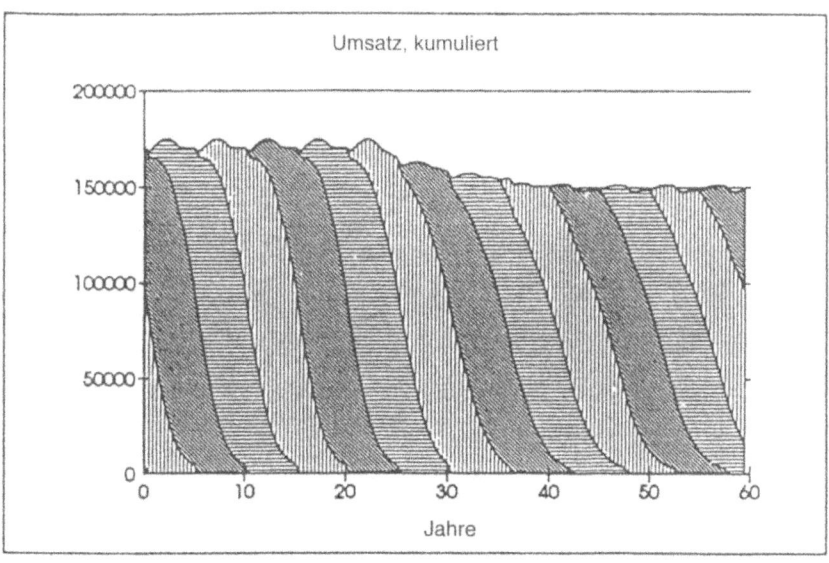

Stückzahl verursacht wird. Aufgrund des Umsatzrückgangs müßte, um den Gewinn konstant zu halten, der Rückgang der variablen Kosten den Anstieg der anderen Kosten überkompensieren. Dies ist bei gestiegenen F&E-Anstrengungen äußerst unrealistisch. Bereits

Abb. 14: Entwicklung der Produktlebenszeiten bei Innovationsgraderhöhung (innovationsunfreudiger Markt)

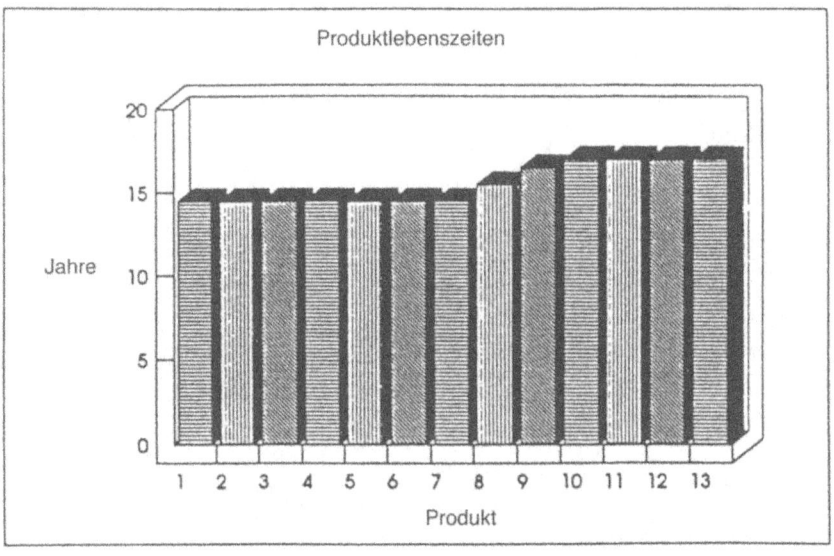

Abb. 15: Gewinnentwicklung bei Innovationsgraderhöhung (innovationsunfreudiger Markt, geringe Kostensteigerung)

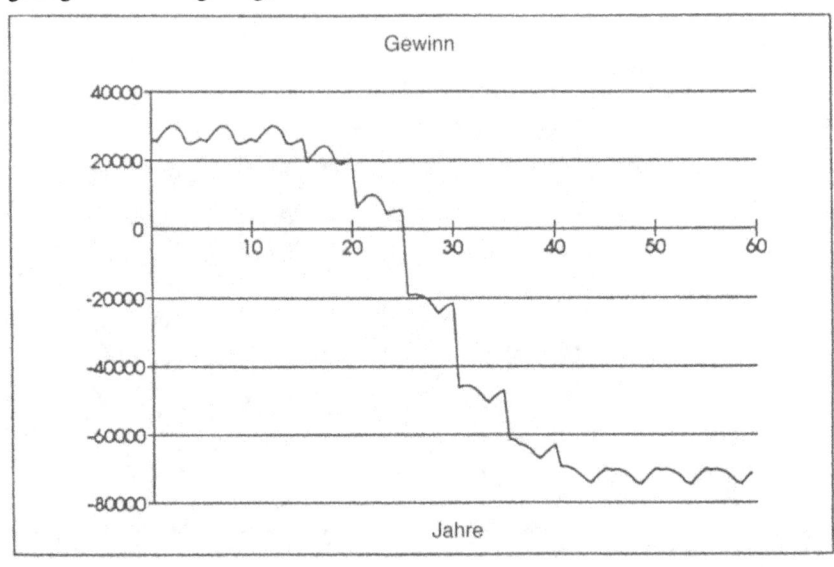

für den Fall geringer Kostensteigerungen im F&E-Bereich verwandelt sich die positive Umsatzrendite von ca. 15% in einen Verlust in Höhe von annähernd 50% des Umsatzes (Abbildung 15).[62]

Die Beschleunigung von Produktlebenszyklen

II. Zusammenfassung

Zusammenfassend lassen die beispielhaften Simulationen von Beschleunigungseffekten folgende Schlußfolgerungen zu:

- Bei innovationsfreudigem Markt führt eine Erhöhung des Innovationstempos tatsächlich zu einer Verkürzung der Produktlebenszyklen und einer Beschleunigung der Vermarktungsprozesse.
- Die lebenszeitverkürzende Wirkung tritt jedoch nicht bei dem stärker innovativen Produkt selbst, sondern mittels beschleunigter Ablöseprozesse bei den (u.U. noch unveränderten) Vorgängerprodukten auf. Insbesondere bei prozeß- bzw. produktbezogener Betrachtung hat dies große Auswirkungen für das Controlling.
- Kürzere Produktlebenszeiten reduzieren in Verbindung mit konstanten Einführungsintervallen die am Markt vertretene Zahl an Produktgenerationen. Dadurch erhöht sich die Abhängigkeit des Unternehmens von einzelnen Produktgenerationen, wodurch sich die Risikosituation deutlich verändert.
- Der Rückgang der Produktzahl wirkt auf Unternehmensebene umsatzreduzierend. Auch bei steigendem Marktpotential entscheiden somit erst Situationsspezifika darüber, ob der Gesamtumsatz ansteigt.
- Darüber hinaus resultiert speziell im F&E-Bereich ein Kostenanstieg, dessen Höhe von der Kostenempfindlichkeit der betroffenen Bereiche abhängt. Selbst für einen innovationsfreudigen Markt sind daher keine generalisierbaren Aussagen über die Gewinnentwicklung und damit bezüglich der Vorteilhaftigkeit von Beschleunigungsmaßnahmen mittels Innovationsgraderhöhung möglich.
- Selbst im Fall eines langfristigen Gewinnanstiegs ist zwischenzeitlich ein deutlicher Gewinneinbruch zu verzeichnen. Er wird dadurch verursacht, daß die F&E-Anstrengungen meist der Umsatzgenerierung der resultierenden Produkte zeitlich deutlich vorausgehen.[63] Unternehmen müssen daher mit einer (zeitlich befristeten) Ergebnisverschlechterung und für diese Zeit mit Finanzierungsbedarf rechnen.[64] Darüber hinaus zeigen die Gewinnkurven für den Übergangsbereich besonders starke Schwankungen. Dies deutet darauf hin, daß ein Unternehmen in der Übergangsphase zwischen zwei relativ stabilen Situationen auf starke Friktionen vorbereitet sein muß.[65]
- Bei innovationsunfreudigem Markt bewirkt eine Erhöhung der Innovationsgeschwindigkeit eine Verlangsamung der Marktprozesse in Form einer gebremsten Marktpenetration und einer Verlängerung der Produktlebenszeiten. Entsprechend tritt eine Umkehrung der genannten Effekte mit Anstieg der Produktanzahl, Reduzierung des Absatzpotentials und Gesamtumsatzrückgang auf. Aufgrund des zu erwartenden Kostenanstiegs resultiert eine Verschlechterung der Ertragslage.

Als Ergebnis kann man festhalten, daß eine Innovationsbeschleunigung je nach Marktkonstellation eine Beschleunigung der Vermarktungsprozesse, u.U. aber auch eine Reduzierung des Vermarktungstempos hervorrufen kann. Diese Erkenntnis ist vor allem vor dem Hintergrund von hoher Bedeutung, daß in der aktuellen Beschleunigungsdiskussion oftmals Innovationsgeschwindigkeit und Vermarktungstempo in direkten Zusammenhang gebracht werden.

Insbesondere bei bereits hohen Innovationstempi steigt die Wahrscheinlichkeit, daß eine weitere Beschleunigung die Innovationsfreudigkeit der Nachfrager herabsetzt und somit einen zunächst innovationsfreudigen Markt in einen innovationsunfreudigen Markt verwandelt, womit die beiden dargestellten Szenarien einander nachfolgen würden. In diesem Fall kommt es zwar zunächst u.U. zu einer Verbesserung der Unternehmenssituation, anschließend aber zu einer dramatischen Verschlechterung mit z.T. signifikantem Umsatz- und Gewinnrückgang. Besonders dramatisch wird es, wenn der Wandel der Innovationsneigung noch in den anfänglichen Gewinnrückgang des positiven Szenarios fällt. Der Wandel zum Negativen ist dann für das Unternehmen kaum zu erkennen. Es wird daher zukünftig wichtig sein, Indikatoren zu identifizieren bzw. zu entwickeln, die mit ausreichendem Vorlauf anzeigen, ob bei weiterer Steigerung des Innovationstempos eine Änderung der Innovationsfreudigkeit des Marktes zu erwarten ist. Insgesamt zeigen die Ergebnisse deutlich, daß Beschleunigungseffekte einer differenzierteren Betrachtung bedürfen, als dies heute oftmals geschieht.

Anmerkungen

1 Vgl. z.B. Backhaus, K. (1991), S. 11; Bayus, B.L. (1994), S. 300 ff.; Bower, J.L./Hout, T.M. (1989), S. 69 ff.; Bullinger, H.-J. (1991), S. 6; Coy, P./Gross, N. (1995), S. 36 ff.; Droege, W./Backhaus, K./Weiber, R. (Hrsg.) (1993), S. 53 ff.; Fraunhofer-Institut für Arbeitswissenschaft und Organisation (1990), S. 34; Gemünden, H.G. (1994), S. 3; Gruhler, W. (1991), S. 123 f.; Meffert, H./Bolz, J. (1994), S. 15; o.V. (1989), S. 52; Pümpin, C. (1992), S. 13 ff.; Qualls, W./ Olshavsky, R.W./Michaels, R.E. (1981), S. 76 ff.; Schmalenbach-Gesellschaft (1991), S. 820; Slater, S. (1993), S. 255; Vesey, J.T. (1992), S. 151.
2 Vgl. z.B. Bagdasarjanz, F. (1993), S. 21 ff.; Stalk, G. (1988), S. 41 ff.; Kaluza, B./Klenter, G. (1993); Simon, H. (1989), S. 70 ff.
3 Vgl. z.B. Braun, C.-F. von (1994), S. 119 ff.; Crawford, C.M. (1992), S. 188 ff.; Nijssen, E./Arbouw, A./Commandeur, H. (1995), S. 99 f.; o.V. (1993), S. 23; Stalk, G./Webber, A. (1993), S. 93 ff.
4 Vgl. zum Begriff des strategischen Fensters Abell, D. (1978), S. 21 ff.
5 Vgl. z.B. Coy, P./Gross, N. (1995), S. 36 ff.; Droege, W./Backhaus, K./Weiber, R. (Hrsg.) (1993), S. 56.
6 Vgl. Pfeiffer, W. et al. (1989), S. 45 und 47.
7 Ein erster Ansatz zur Erstellung eines Modells zur Untersuchung der Auswirkungen sich verkürzender Produktlebenszyklen findet sich bei Braun, C.-F. von (1994), insb. S. 119 ff. Dieses Modell erfaßt jedoch zum einen keine erklärenden Einflußfaktoren und beruht zum anderen auf Prämissen über das Zustandekommen und die Entwicklung der Produktlebenszyklen, die als sehr restriktiv bezeichnet werden müssen. Dennoch gebührt von Braun das Verdienst, die Diskussion um diese Fragestellungen angestoßen zu haben.
8 Vgl. zu diesem Themengebiet auch Backhaus, K./Gruner, K./Schnölzer, T. (1994) und Gruner, K. (1996).
9 Vgl. Mahajan, V./Muller, E. (1979), S. 55; Schmalen, H. (1987), S. 3; Böcker, F./Gierl, H. (1987), S. 684 ff.
10 Ein Überblick über existierende Diffusionsmodelle findet sich bei Mahajan, V./Muller, E./Bass, F.M. (1990), S. 1 ff. Vgl. zum hier zugrundeliegenden Bass-Modell Schmalen, H. (1987), S. 210 ff.
11 Die Kaufintensität der einzelnen Nachfrager steht hier nicht im Vordergrund. Sie wird daher vereinfachend als über alle Nachfrager und im Zeitablauf konstant gesetzt und auf Eins normiert. Damit können die Begriffe Absatzpotential und Nachfragerpotential (bzw. -volumen) äquivalent verwandt werden.

12 Auch klassische Diffusionsmodelle wie z.B. das semilogistische oder das Bass-Modell teilen die Nachfrager in eine innovativ und in eine imitativ orientierte Gruppe auf (Vgl. z.B. Mahajan, V./Muller, E./Bass, F.M. (1990), S. 2 ff.). Die Größe der Gruppen läßt sich steht jedoch nicht vor, sondern erst ex post nach erfolgter Diffusionsmodellierung bestimmen und hängt u.a. von bestimmten Diffusionskoeffizienten ab, die wiederum z.B. durch Marketing-Mix-Elemente beeinflußt werden können. Folglich könnten z.B. Innovatoren durch Marketingmaßnahmen in Imitatoren verwandelt werden und umgekehrt. Die hier gewählte A-priori-Aufteilung vermeidet dieses Problem. Vgl. hierzu z.B. Eliashberg, J./Chatterjee, R. (1986), S. 190; Schmalen, H. (1989), S. 218.

13 Eine andere, ebenfalls weit verbreitete Einteilung stammt von Rogers. Vgl. hierzu Rogers, E. (1983), S. 21 ff.

14 Vgl. z.B. Gatignon, H.A./Hanssens, D.M. (1987), S. 247; Lilien, G.L./Kotler, P. (1983), S. 660 ff.

15 Vgl. Schmalen, H. (1979), S. 70.

16 Vgl. auch Binninger, F.-M. (1993), S. 41.

17 Vgl. Binninger, F.-M. (1993), S. 37 f.

18 Vgl. z.B. Bass, F.M. (1969), S. 215 f.; Weiber, R. (1992), S. 9; Zur Beziehung zwischen Produktlebenszyklus und Diffusionstheorie vgl. Meffert, H. (1974), S. 127 ff.; Pfeiffer, W./Bischof, P. (1974), S. 650 ff. Die Begriffe Wiederkauf und Wiederholungskauf sollen im folgenden synonym verwandt werden.

19 Vgl. z.B. Bayus, B.L. (1991), S. 42; Mahajan, V./Wind, Y./Sharma, S. (1983), S. 442; Olson, J./Choi, S. (1985), S. 385; Kamakura, W./Balasubramanian, S. (1987), S. 1.

20 Eine Übersicht über Ansätze zur Integration von Wiederkäufen in Diffusionsmodelle findet sich z.B. bei Olson, J./Choi, S. (1985), S. 385 ff. Als eines der wenigen Modelle in der Literatur befaßt sich das Wiederkaufmodell von Norton/Bass ebenfalls auf diffusionstheoretischer Basis mit Substitutionseffekten zwischen mehreren aufeinanderfolgenden Produkten (vgl. Norton, J./Bass, F.M. (1987), S. 1073 ff.). Eine der gravierendsten Restriktionen des dortigen Wiederkaufmodells liegt in der unterstellten Wiederkaufrate von 100 %. Dadurch strebt der Periodenabsatz des Produktes gegen einen langfristig konstanten Wert und nimmt nicht, wie im Konzept des Produktlebenszyklus formuliert und gerade für dynamische Märkte typisch, einen im Zeitablauf wieder abfallenden Verlauf.

21 Dies impliziert, daß Nachfrager, die das Produkt in einer Periode nicht wiederkaufen, aus der Gruppe der Anwender herausfallen und in der dann folgenden Periode nicht mehr als potentielle Wiederkäufer berücksichtigt werden.

22 Implizite Prämisse dieses Modells ist, daß die Höhe der Wiederkaufrate keinen Einfluß auf den weiteren Diffusionsverlauf hat. Damit wird zum einen angenommen, daß abgewanderte Adopter nicht wieder das Restpotential für die weitere Diffusion erhöhen. Zum anderen wird unterstellt, daß sich durch die Abwanderung der diffusionsbeeinflussende wahrgenommene Produktverbreitungsgrad nicht verringert. Beide Annahmen erscheinen insbesondere vertretbar, wenn man unterstellt, daß die Abwanderer nicht wieder auf ein älteres, niedrigeres technologisches Niveau zurückfallen, sondern das technologische Niveau halten, indem sie z.B. auf vergleichbare Konkurrenzprodukte ausweichen.

23 Vgl. Schünemann, T.M./Bruns, T. (1985), S. 166. Diese Sichtweise steht in gewissem Widerspruch zum manchmal geäußerten Eingeständnis in bezug auf ein neues Produkt, dessen Diffusion untersucht werden soll: „Ein solches Produkt kann ein bereits bekanntes Bedürfnis auf eine ganz neue Art befriedigen; es ist dann ein Substitut für ein anderes bekanntes Erzeugnis." Freudenmann, H. (1974), Sp. 1717. Weiterhin wird in Untersuchungen zur Diffusionstheorie teilweise eingeräumt, daß „jede Neuheit ... letztlich nichts anderes als eine Modifikation vorhandener Erzeugnisse ist." Schmalen, H. (1979), S. 65.

24 Vgl. Blackman, A.W. (1974), S. 41; Stern, M.O./Ayres, R.U./Shapanka, A. (1975), S. 57 ff.

25 Vgl. Backhaus, K./Gruner, K. (1996), S. 23; Sharif, M.N./Kabir, C. (1976), S. 89.

26 Vgl. z.B. Backhaus, K. (1991), S. 11; Vesey, J.T. (1992), S. 151.

27 Vgl. Fisher, J.C./Pry, R.H. (1971), S. 75; Norton, J./Bass, F.M. (1987), S. 1069.

28 Vgl. Sharif, M.N./Kabir, C. (1976), S. 89.

29 Ein Überblick über die in der Literatur vorhandenen Substitutionsmodelle und eine Diskussion ihrer Eignung für die vorliegende Problemstellung finden sich bei Gruner, K. (1996), S. 85 ff.

30 Diese Einschränkung wird später wieder aufgehoben.
31 Vgl. z.B. Lenz, R.C./Lanford, H.W. (1972), S. 63.
32 Aus diesem Grund werden im weiteren die Begriffe „kumulierte Zahl der Erstkäufer" und „bereits erschlossenes Absatzpotential" synonym verwandt. Die Kennzeichnung „Schlange" steht im folgenden für prozentuale Angaben.
33 Im Wiederkaufmodell wird eine Abwanderung auf ein vergleichbares, nicht jedoch höheres technologisches Niveau beschrieben. Folglich können sowohl die „Noch-Anwender" als auch die abgewanderten Adopter auf das höhere technologische Niveau wechseln. Dieser Vorgang wird hier durch die Substitution beschrieben.
34 $\tilde{X}^E_{(n-1)}$ bestimmt sich wie bisher aus dem Diffusionsmodell.
35 Durch Substitutionseffekte wird einem Produkt ein Teil seines erschlossenen Absatzpotentials genommen, also auch der Produktverbreitungsgrad beeinflußt. Insofern könnte eine Rückkopplung der Substitution auf den Diffusionsverlauf angenommen werden. Das vorliegende Modell geht jedoch davon aus, daß eine solche Rückkopplung nicht besteht. Beim Auftreten von Substitution kaufen die Nachfrager statt der bisherigen eine der nachfolgenden Produktgenerationen. Damit reduzieren sie das Restpotential des Produktes genauso, als wenn sie das betrachtete Produkt adoptiert hätten. Weiter wird davon ausgegangen, daß die Verbreitung nachfolgender Produktgenerationen in den Augen der Nachfrager eine ähnlich unsicherheitsreduzierende Wirkung hat wie die Verbreitung des (weniger innovativen und daher weniger Unsicherheit stiftenden) Produktes selbst.
36 Das englische Wort „to leapfrog" kann mit „bockspringen" oder „sprungweise vorgehen" übersetzt werden. Leapfrogging beschreibt das Phänomen, daß Nachfrager in der Beschaffung eine oder mehrere Produkt- oder Technologiestufen auslassen, bzw. überspringen. Vgl. hierzu z.B. Weiber, R. (1994), S. 342 ff.
37 bestehend aus Anbieter, Nachfragern und Konkurrenten. Vgl. z.B. Backhaus, K. (1995), S. 17.
38 Vgl. zur Thematik der Konkurrenzsituationen z.B. Meffert, H. (1986), S. 305 f.
39 Vgl. z.B. Peters, T. (1991), S. 9 ff.; Albach, H./Pay, D. de/Rojas, R. (1991), S. 309 ff.; Abernathy, W.J./Clark, K.B./Kantrow, A.M. (1982), S. 2 ff.
40 Diese Sichtweise von Innovationsgrad wählen z.B. auch Ali/Krapfel/LaBahn, wenn sie schreiben: „We define innovativeness to be the uniqueness or novelty of the product to the market." Ali, A./Krapfel, R.Jr./Labahn, D. (1995), S. 56.
41 In der Literatur finden sich zahlreiche weitere Definitionen des Neuigkeits- oder Innovationsgrades eines Produktes. Vgl. z.B. Gobeli, D./Brown, D.J. (1987), S. 25 ff.; Heany, D. (1983), S. 3 ff.; Mensch, G. (1975), S. 36 f. und 54 f. Ein Überblick über Ansätze zur Bestimmung der Innovationsintensität findet sich bei Schmalen, H./Pechtl, H. (1992), S. 83 ff. Auf die Problematik der empirischen Messung von Neuigkeitsgraden soll an dieser Stelle nicht weiter eingegangen werden. Vgl. hierzu Brockhoff, K./Zanger, C. (1993), S. 835 ff.
42 Vgl. Binninger, F.-M. (1993), S. 41.
43 Es wird davon ausgegangen, daß die wahrgenommene Neuigkeit nicht davon abhängt, ob die Nachfrager positiv oder negativ auf Innovationen reagieren, der Wahrnehmungsprozeß also unabhängig von der Wertung ist.
44 Vgl. z.B. Norton, J./Bass, F.M. (1987), S. 1070; Meffert, H. (1986), S. 216; Weiber, R. (1992), S. 146; Schünemann, T.M./Bruns, T. (1985), S. 166; Schmalen, H./Binninger, F.-M./Pechtl, H. (1993), S. 517.
45 Vgl. Bonus, H. (1967), S. 331.
46 Vgl. Henderson, B. (1984), S. 19.
47 Vgl. Homburg, C. (1991), S. 64. Aus der Kostenelastizität läßt sich die Erfahrungsrate als $(1 - 2^{-b_i})$ ermitteln.
48 Vgl. z.B. Schmalen, H. (1979), S. 84 f.; Binninger, F.-M. (1993), S. 57 f.
49 Für $r_{f\&e} \neq 1$ bewirkt eine Veränderung der Entwicklungszeit auch eine Veränderung des gesamten Entwicklungsbudgets, auch wenn der Neuigkeitsgrad konstant gehalten wird.
50 Für die Interpretation der Simulationsergebnisse ist in erster Linie ausschlaggebend, in welcher Weise einzelne Parameter gegenüber der Ausgangssituation verändert werden (z.B. Erhöhung oder Verringerung), während die absoluten Werte der Parameter von untergeordneter Bedeutung

sind. Die Wahl der Parameterwerte erfolgt daher nach dem Zweckmäßigkeitskriterium, bestimmte Effekte, die für eine grundsätzliche Marktkonstellation typisch sind, möglichst deutlich hervortreten zu lassen.
Einige der Werte des Lebenszyklusmodells sind in Anlehnung an den Datensatz von Schmalen, H. (1979), S. 115 gewählt. Die Werte für das Kostenmodell wurden so gewählt, daß eine möglichst realitätsnahe Relation der Kostenbestandteile zueinander entsteht. Vgl. hierzu Backhaus, K./Funke, S. (1995), S. 146 ff.; Braun, C.-F. von (1994), S. 89 ff.
51 Für die Simulationen werden die zeitlichen Verläufe von Preis und Werbung für jedes Produkt durch einen Wert bei Produkteinführung und einen Wert zu einem Zeitpunkt gegen Ende des Produktlebens festgelegt. Zwischen diesen beiden Zeitpunkten nehmen die Größen einen linearen Verlauf. Da die Länge des Produktlebens nicht a priori bekannt ist, wird der zweite Zeitpunkt als der des vom Unternehmen antizipierten Marktaustritts festgelegt. Sind die Produkte über den antizipierten Austrittszeitpunkt hinaus am Markt, so bleiben Preis und Werbung nach Erreichen der Endwerte konstant auf diesen Werten.
52 Vgl. z.B. Crawford, C.M. (1979), S. 9 ff. Aus diesem Grund nimmt die Erfolgsfaktorenforschung einen breiten Raum in der Innovationsliteratur ein. Vgl. z.B. Albers, S./Eggers, S. (1991), S. 44 ff.; Cooper, R. (1979), S. 93 ff.; Cooper, R. et al. (1994), S. 281 ff. Vgl. zur Neuproduktplanung und zum Innovationsmanagement weiterhin Koppelmann, U. (1996); Manns, J. (1992) sowie z.B. Calantone, R./Cooper, R. (1981), S. 48 ff.; Pfeiffer, W. et al. (1983), S. 252 ff.
53 Vgl. Kühn, F. (1992), S. 69 ff.; Ram, S. (1987), S. 210 ff. Ähnlich Meffert, H. (1976), S. 80.
54 Darüber hinaus sind theoretisch natürlich auch Mischkonstellationen denkbar, z.B. eine hohe Innovationsfreudigkeit der Adopter bei dennoch sinkendem Absatzpotential (d.h. z.B. kein Konjunktureinbruch mit folgender Absatzpotentialreduktion). Es erscheint jedoch problematisch, eine solche Konstellation unter Ceteris-paribus-Bedingungen konsistent zu erklären. Daher sollen nur die beiden grundsätzlichen Ausprägungen betrachtet werden.
55 Das Unternehmen könnte statt dessen auch die Entwicklungszeiten der Neuprodukte verlängern. Da dies die Risikosituation des Unternehmens stark verändern würde, wird von konstanten Entwicklungszeiten ausgegangen.
56 Vgl. hierzu z.B. Cohen, W.M./Levinthal, D.A. (1989), S. 569 ff.
57 Eine Veränderung tritt nur indirekt durch die aufgrund der beschleunigten Innovatorennachfrage schnellere Produktverbreitung auf.
58 Es steigt von 17 730 auf 28 500.
59 Aus einer Produktlebenszeit von ca. 23 Jahren und Einführungsintervallen von 5 Jahren folgt eine durchschnittliche Produktzahl von 4,6, aus einer Lebenszeit von ca. 17 Jahren entsprechend eine Produktzahl von 3,4.
60 Die durch die Innovatoren verursachte und positiv wirkende Beschleunigung der Produktverbreitung kann offenbar die Negativwirkung der Innovationsgraderhöhung nicht kompensieren.
61 Es sinkt von 15 420 auf 13 620.
62 Ein stärkerer F&E-Kosten-Anstieg würde entsprechend ein noch dramatischeres Ergebnis erzeugen.
63 Vgl. z.B. Pfeiffer, W./Bischof, P. (1974), S. 637 ff.; Höft, U. (1992), S. 53 ff.
64 Sofern die F&E-Kosten auch zu entsprechenden Auszahlungen führen, was normalerweise der Fall ist. Vgl. hierzu Backhaus, K./Funke, S. (1995), S. 141 ff.
65 Dies deckt sich mit den Erkenntnissen der Systemtheorie, nach denen generell beim Übergang eines Systems von einem stabilen Zustand in einen anderen eine Zeitlang mit „unruhigen" Ausgangsgrößen gerechnet werden muß. Vgl. hierzu z.B. Föllinger, O. (1985), S. 168 ff.

Literatur

Abell, D. (1978): Strategic Windows, in: Journal of Marketing, 42 (1978), July, S. 21–26.
Abernathy, W.J./Clark, K.B./Kantrow, A.M. (1982): The new industrial competition, in: The McKinsey Quarterly, Summer/1982, S. 2–25.

Albach, H./Pay, D. de/Rojas, R. (1991): Quellen, Zeit und Kosten von Innovationen, in: Zeitschrift für Betriebswirtschaft, 61 (1991), S. 309–324.

Albers, S./Eggers, S. (1991): Organisatorische Gestaltung von Produktinnovations-Prozessen, in: Zeitschrift für betriebswirtschaftliche Forschung, 43 (1991), S. 44–64.

Ali, A./Krapfel, R.Jr./Labahn, D. (1995): Product Innovativeness and Entry Strategy: Impact on Cycle Time and Break-even Time, in: Journal of Product Innovation Management, 12 (1995), S. 54–69.

Backhaus, K. (1991): Auswirkungen kurzer Lebenszyklen bei High-Tech-Produkten, in: Thexis 6/1991, S. 11–13.

Backhaus, K. (1995): Investitionsgütermarketing, 4. Aufl., München 1995.

Backhaus, K./Funke, S. (1995): Auswirkungen steigender Fixkosten auf die Marktverhaltensweisen mittelständischer Investitionsgüterhersteller – Kostenstrukturanalyse, Projektbericht aus dem Betriebswirtschaftlichen Institut für Anlagen und Systemtechnologien, Nr. 1/1995, Münster 1995.

Backhaus, K./Gruner, K. (1994): Epidemie des Zeitwettbewerbs, in: Backhaus, K./Bonus, H. (Hrsg.): Die Beschleunigungsfalle oder der Triumph der Schildkröte, 2. Aufl., Stuttgart 1996, S. 19–46.

Backhaus, K./Gruner, K./Schnölzer, T. (1994): Die Verkürzung von Produktlebenszyklen – eine computergestützte Analyse von Einflußfaktoren, Arbeitspapier des Betriebswirtschaftlichen Instituts für Anlagen und Systemtechnologien, Nr. 17/1994, Münster 1994.

Bagdasarjanz, F. (1993): Der Zeitfaktor technisch, in: IO Management Zeitschrift, 62 (1993), Nr. 2, S. 21–25.

Bass, F.M. (1969): A New Product Growth Model for Consumer Durables, in: Management Science, 15 (1969), January, S. 215–227.

Bayus, B.L. (1991): The Consumer Durable Replacement Buyer, in: Journal of Marketing, 55 (1991), January, S. 42–51.

Bayus, B.L. (1994): Are Product Life Cycles Really Getting Shorter?, in: Journal of Product Innovation Management, 11 (1994), S. 300–308.

Binninger, F.-M. (1993): F&E- und Marketingmanagement im integrierten Produktlebenszyklus, Regensburg 1993.

Blackman, A.W. (1972): A mathematical model for trend forecasting, in: Technological Forecasting and Social Change, 3/1972, S. 441–452.

Böcker, F./Gierl, H. (1987): Determinanten der Diffusion neuer industrieller Produkte, in: Zeitschrift für Betriebswirtschaft, 57 (1987), S. 684–698.

Bonus, H. (1967): Die Ausbreitung des Fernsehens in der Bundesrepublik Deutschland, in: Zeitschrift für die gesamte Staatswissenschaft, 123 (1967), S. 322–338.

Bower, J.L./Hout, T.M. (1989): So sind Sie schneller als die Konkurrenz, in: Harvard Manager, 3/1989, S. 69–77.

Braun, C.-F. von (1994): Der Innovationskrieg: Ziele und Grenzen der industriellen Forschung und Entwicklung, München und Wien 1994.

Brockhoff, K./Zanger, C. (1993): Meßprobleme des Neuheitsgrades, in: Zeitschrift für betriebswirtschaftliche Forschung, 45 (1993), S. 835–851.

Bullinger, H.-J. (1991): Entwicklungszeitverkürzung durch integrierte Produktentwicklung, in: Bullinger, H.-J. et al. (Hrsg.): Wettbewerbsfaktor Zeit, München 1991, S. 5–28.

Calantone, R./Cooper, R. (1981): New Product Scenarios: Prospects for Success, in: Journal of Marketing, 45 (1981), April, S. 48–60.

Cohen, W.M./Levinthal, D.A. (1989): Innovation and Learning: The two Faces of R&D, in: The Economic Journal, 99 (1989), September, S. 569–596.

Cooper, R. (1979): The Dimensions of Industrial New Product Success and Failure, in: Journal of Marketing, 43 (1979), July, S. 93–103.

Cooper, R. et al. (1994): What Distinguishes the Top Performing New Products in Financial Services, in: Journal of Product Innovation Management, 11 (1994), S. 281–299.

Coy, P./Gross, N. (1995): The Technology Paradox, in: Business Week, March 6, 1995, S. 36–44.

Crawford, C.M. (1979): New Product Failure Rates – Facts and Fallacies, in: Research Management, 22 (1979), No. 9, S. 9–13.

Crawford, C.M. (1992): The Hidden Costs of Accelerated Product Development, in: Journal of Product Innovation Management, 9 (1992), S. 188–199.

Droege, W./Backhaus, K./Weiber, R. (Hrsg.) (1993): Strategien für Investitionsgütermärkte: Antworten auf neue Herausforderungen, Landsberg/Lech 1993.

Eliashberg, J./Chatterjee, R. (1986): Stochastic Issues in Innovation Diffusion Modells, in: Mahajan, V./Wind, Y. (Eds.): Innovation Diffusion Models of New Product Acceptance, Cambridge 1986, S. 151–199.

Fisher, J.C./Pry, R.H. (1971): A Simple Substitution Model of Technological Change, in: Technological Forecasting and Social Change, 3/1971, S. 75–88.

Föllinger, O. (1985): Regelungstechnik: Einführung in die Methoden und ihre Anwendung, 5. Aufl., Heidelberg 1985.

Fraunhofer-Institut für Arbeitswissenschaft und Organisation (1990): F&E heute, Industrielle Forschung und Entwicklung in der Bundesrepublik Deutschland, München 1990.

Freudenmann, H. (1974): Einführung neuer Artikel und Produkte, in: Enzyklopädie der Betriebswirtschaftslehre, Bd. 4, Handwörterbuch der Absatzwirtschaft, Stuttgart 1974, Sp. 1716–1727.

Gatignon, H.A./Hanssens, D.M. (1987): Modeling Marketing Interactions with Application to Salesforce Effectiveness, in: Journal of Marketing Research, 24 (1987), August, S. 247–257.

Gemünden, H.G. (1994): Zeit–Strategischer Wettbewerbsfaktor in Innovationsprozessen, in: Projekt Management, 1/1994, S. 3–14.

Gobeli, D./Brown, D.J. (1987): Analyzing Product Innovations, in: Research Management, 30 (1987), No. 4, S. 25–31.

Gruhler, W. (1991): Die Zeit als zunehmend knapper und strategischer Erfolgsfaktor, in: Oppenländer, K.H. (Hrsg.): Beschäftigungsfolgen moderner Technologien, Berlin und New York 1991, S. 121–130.

Gruner, K. (1996), Beschleunigung von Marktprozessen: Modellgestützte Analyse von Einflußfaktoren und Auswirkungen, Wiesbaden 1996.

Heany, D. (1983): Degrees of Product Innovation, in: Journal of Business Strategy, Spring/1983, S. 3–14.

Henderson, B. (1984): Die Erfahrungskurve in der Unternehmensstrategie, 2. Aufl., Frankfurt/Main 1984.

Höft, U. (1992): Lebenszykluskonzepte: Grundlage für das strategische Marketing- und Technologiemanagement, Berlin 1992.

Homburg, C. (1991): Modellgestützte Unternehmensplanung, Wiesbaden 1991.

Kaluza, B./Klenter, G. (1993): Zeit als strategischer Erfolgsfaktor von Industrieunternehmen, Diskussionsbeitrag Nr. 176 des Fachbereichs Wirtschaftswissenschaften der Universität–Gesamthochschule–Duisburg, Duisburg 1993.

Kamakura, W./Balasubramanian, S. (1987): Long-term Forecasting with Innovation Diffusion Models: The Impact of Replacement Purchases, in: Journal of Forecasting, 6 (1987), No. 1, S. 1–19.

Koppelmann, U. (1993): Produktmarketing, 5. Aufl., Berlin und Heidelberg 1996.

Kühn, F. (1992): Schnelligkeit ohne Grenzen, in: Hirzel, Leder & Partner (Hrsg.): Speed-Management, Wiesbaden 1992, S. 67–80.

Lenz, R.C./Lanford, H.W. (1972): The Substitution Phenomenon, in: Business Horizons, 15 (1972), February, S. 63–68.

Lilien, G.L./Kotler, P. (1983): Marketing Decision Making: A Model Building Approach, New York 1983.

Mahajan, V./Muller, E. (1979): Innovation Diffusion and New Product Growth Models in Marketing, in: Journal of Marketing, 43 (1979), January, S. 55–68.

Mahajan, V./Muller, E./Bass, F.M. (1990): New Product Diffusion Models in Marketing: A Review and Directions for Research, in: Journal of Marketing, 54 (1990), January, S. 1–26.

Mahajan, V./Wind, Y./Sharma, S. (1983): An Approach to Repeat Purchase Diffusion Models, Proceedings, American Marketing Educator's Conference, Chicago: American Marketing Association, Chicago 1983, S. 442–446.

Manns, J. (1992): Produktinnovation als Ergebnis der Koordination von F&E und Marketing: Ursachen, Auswirkungen und Lösungsmöglichkeiten, Ludwigsburg 1992.

Meffert, H. (1974): Interpretation und Aussagewert des Produktlebenszyklus-Konzepts, in: Hammann, P./Kroeber-Riel, W./Meyer, C. (Hrsg.): Neuere Ansätze der Marketingtheorie, Berlin 1974, S. 85–134.

Meffert, H. (1976): Die Durchsetzung von Innovationen in der Unternehmung und im Markt, in: Zeitschrift für Betriebswirtschaft, 46 (1976), S. 77–100.

Meffert, H. (1986): Marketing, Grundlagen der Absatzpolitik, 7. Aufl., Wiesbaden 1986.

Meffert, H./Bolz, J. (1994): Internationales Marketing-Management, 2. Aufl., Stuttgart u.a. 1994.

Mensch, G. (1975): Das technologische Patt, Innovationen überwinden die Depression, Frankfurt 1975.

Nijssen, E./Arbouw, A./Commandeur, H. (1995): Accelerating New Product Development: A Preliminary Empirical Test of a Hierarchy of Implementation, in: Journal of Product Innovation Management, 12 (1995), S. 99–109.

Norton, J./Bass, F.M. (1987): A Diffusion Theory Model of Adoption and Substitution for Successive Generations of High-Technology Products, in: Management Science, 33 (1987), No. 9, S. 1069–1086.

o.V. (1989): Das Timing der Marketing-Prozesse. Zeitwettbewerb, Zeitstrategien, Zeitfallen, in: Absatzwirtschaft, 4/1989, S. 52–58.

o.V. (1993): Japans Firmen verlängern ihre Produktzyklen, in: Frankfurter Allgemeine Zeitung, 10.03.1993, S. 23.

Olson, J./Choi, S. (1985): A Product Diffusion Model Incorporating Repeat Purchases, in: Technological Forecasting and Social Change, 27/1985, S. 385–397.

Peters, T. (1991): Get Innovative or Get Dead, in: California Management Review, Winter/1991, S. 9–20.

Pfeiffer, W./Bischof, P. (1974): Produktlebenszyklen als Basis der Unternehmensplanung, in: Zeitschrift für Betriebswirtschaft, 44 (1974), S. 635–666.

Pfeiffer, W. et al. (1983): Technologie-Portfolio-Methode des strategischen Innovationsmanagements, in: Zeitschrift für Führung und Organisation, 5-6/1983, S. 252–261.

Pfeiffer, W. et al. (1989): Technologie-Portfolio zum Management strategischer Zukunftsgeschäftsfelder, 5. Aufl., Göttingen 1989.

Pümpin, C. (1992): Strategische Erfolgspositionen: Methodik der dynamischen strategischen Unternehmensführung, Bern und Stuttgart 1992.

Qualls, W./Olshavsky, R.W./Michaels, R.E. (1981): Shortening of the PLC–An Empirical Test, in: Journal of Marketing, 45 (1981), October, S. 76–80.

Ram, S. (1987): A Model of Innovation Resistance, in: Advances in Consumer Research, XIV (1987), S. 208–212.

Rogers, E. (1983): Diffusion of Innovations, 3. Aufl., New York und London 1983.

Schmalen, H. (1979): Marketing-Mix für neuartige Gebrauchsgüter, Wiesbaden 1979.

Schmalen, H. (1987): Modelle absatzwirtschaftlicher Diffusionsforschung: Darstellung und computergestützte Analyse, Vortrag vor der Kommission „Marketing" im Verband der Hochschullehrer für Betriebswirtschaftslehre, Schloß Gracht 1987.

Schmalen, H. (1989): Das Bass-Modell zur Diffusionsforschung, in: Zeitschrift für betriebswirtschaftliche Forschung, 41 (1989), S. 210–226.

Schmalen, H./Binninger, F.-M./Pechtl, H. (1993): Diffusionsmodelle als Entscheidungshilfe zur Planung absatzpolitischer Maßnahmen bei Neuprodukteinführungen, in: Die Betriebswirtschaft, 53 (1993), S. 513–527.

Schmalen, H./Pechtl, H. (1992): Technische Neuerungen in Kleinbetrieben – Eine empirische Untersuchung zur Einführung elektronischer Datenverarbeitung in Handwerksbetrieben, Stuttgart 1992.

Schmalenbach-Gesellschaft (1991): Grenzen der Planung–Herausforderung an das Management, in: Zeitschrift für betriebswirtschaftliche Forschung, 43 (1991), S. 811–829.

Schünemann, M./Bruns, T. (1985): Entwicklung eines Diffusionsmodells, in: Zeitschrift für Betriebswirtschaft, 55 (1985), S. 166–185.

Sharif, M.N./Kabir, C. (1976): System Dynamics Modeling for Forecasting Multilevel Technological Substitution, in: Technological Forecasting and Social Change, 9/1976, S. 89–112.

Simon, H. (1989): Die Zeit als strategischer Erfolgsfaktor, in: Zeitschrift für Betriebswirtschaft, 59 (1989), S. 70–93.
Slater, S. (1993): Competing in High-Velocity Markets, in: Industrial Marketing Management 22, (1993), S. 255–263.
Stalk, G. (1988): Time–The Next Source of Competitive Advantage, in: Harvard Business Review, 66 (1988), No. 4, S. 41–51.
Stalk, G./Webber, A. (1993): Japan's Dark Side of Time, in: Harvard Business Review, 71 (1993), No. 4, S. 93–102.
Stern, M.O./Ayres, R.U./Shapanka, A. (1975): A Model for Forecasting the Substitution of One Technology for Another, in: Technological Forecasting and Social Change, 7/1975, S. 57–79.
Vesey, J.T. (1992): Time-To-Market: Put Speed in Product Development, in: Industrial Marketing Management, 21 (1992), S. 151–158.
Weiber, R. (1992): Diffusion von Telekommunikation, Wiesbaden 1992.
Weiber, R. (1994): Leapfrogging-Behavior: Herausforderung für das Marketing-Management neuer Technologien, in: Zahn, E. (Hrsg.): Technologiemanagement und Technologien für das Management, Stuttgart 1994, S. 333–368.

Zusammenfassung

Zunehmende Beschleunigung gilt in vielen Bereichen als conditio sine qua non für das Überleben von Unternehmen. Die systematische Analyse von Beschleunigungseffekten unter Laborbedingungen zeigt, daß die Beschleunigung von Marktprozessen nicht nur Vorteile bietet. Vielmehr können die Wirkungen unter bestimmten Bedingungen auch kontraproduktiv sein: Es können z.B. Nachfrageeinbrüche auftreten und die Innovationsfreudigkeit der Nachfrager kann gesenkt werden. Die Analysen zeigen, daß Beschleunigungsprozesse einer differenzierten Betrachtung bedürfen.

Summary

Increasing acceleration is in many business arenas seen as a prerequisite for entrepreneurial survival. Systematic analyses of acceleration effects under laboratory conditions show that acceleration effects do not only cause advantages. But the results can also be contraproductive under certain conditions: There may be drops in demand and the preference for adopting innovations may be lowered. The analyses show that acceleration processes have to be viewed at from a differentiated perspective.

60: Allgemeine Fragen des Absatzes
68: Produktqualität, Produktplanung

Grundsätze und Ziele

Die **Zeitschrift für Betriebswirtschaft** ist eine der ältesten deutschen Fachzeitschriften der Betriebswirtschaftslehre. Sie wurde im Jahre 1924 von Fritz Schmidt begründet und von Wilhelm Kalveram und Erich Gutenberg fortgeführt. Sie wird heute von zehn Persönlichkeiten aus dem Bereich der Universität und der Wirtschaftspraxis herausgegeben.

Die Zeitschrift für Betriebswirtschaft verfolgt das Ziel, die **Forschung auf dem Gebiet der Betriebswirtschaftslehre** anzuregen sowie zur Verbreitung und Anwendung ihrer Ergebnisse beizutragen. Sie betont die Einheit des Faches; enger und einseitiger Spezialisierung in der Betriebswirtschaftslehre will sie entgegenwirken. Die Zeitschrift dient dem **Gedankenaustausch zwischen Wissenschaft und Unternehmenspraxis.** Sie will die betriebswirtschaftliche Forschung auf wichtige betriebswirtschaftliche Probleme in der Praxis aufmerksam machen und sie durch Anregungen aus der Unternehmenspraxis befruchten.

Die Qualität der Aufsätze in der Zeitschrift für Betriebswirtschaft wird nicht nur durch die Herausgeber und die Schriftleitung, sondern auch durch einen Kreis von Gutachtern gewährleistet. Das **Begutachtungsverfahren** ist doppelt verdeckt und wahrt damit die Anonymität von Autoren wie Gutachtern gemäß den international üblichen Standards.

Die Zeitschrift für Betriebswirtschaft veröffentlicht im Einklang mit diesen Grundsätzen und Zielen:

- **Aufsätze** zu theoretischen und praktischen Fragen der Betriebswirtschaftslehre einschließlich von Arbeiten junger Wissenschaftler, denen sie ein Forum für die Diskussion und die Verbreitung ihrer Forschungsergebnisse eröffnet.
- **Ergebnisse der Diskussion** aktueller betriebswirtschaftlicher Themen zwischen Wissenschaftlern und Praktikern,
- **Berichte** über den Einsatz wissenschaftlicher Instrumente und Konzepte bei der Lösung von betriebswirtschaftlichen Problemen in der Praxis,
- **Schilderungen von Problemen** aus der Praxis zur Anregung der betriebswirtschaftlichen Forschung,
- **„State of the Art"-Artikel,** in denen Entwicklung und Stand der Betriebswirtschaftslehre eines Teilgebietes dargelegt werden.

Die Zeitschrift für Betriebswirtschaft orientiert ihre Leser über **Neuerscheinungen** in der Betriebswirtschaftslehre und der Management-Literatur durch ausführliche Rezensionen und Kurzbesprechungen und berichtet in ihrem **Nachrichtenteil** regelmäßig über betriebswirtschaftliche Tagungen, Seminare und Konferenzen sowie über persönliche Veränderungen vorwiegend an den Hochschulen. Darüber hinaus werden auch Nachrichten für Studenten und Wirtschaftspraktiker veröffentlicht, die Bezug zur Hochschule haben. Die ZfB veröffentlicht keine Aufsätze, die wesentliche Inhalte von **Dissertationen** wiedergeben. Sie rezensiert aber publizierte Dissertationen.

Dem **Internationalen Herausgeber-Beirat** gehören namhafte Fachvertreter aus den USA, Japan und Europa an. In der ZfB können auch – wenn auch in begrenztem Umfang – englischsprachige Aufsätze veröffentlicht werden. Durch die Zusammenfassungen in englischer Sprache sind die deutschsprachigen Aufsätze der ZfB auch internationalen Referatenorganen zugänglich. Im Journal of Economic Literature werden die Aufsätze der ZfB zum Beispiel laufend referiert.

Herausgeber

Prof. Dr. Uschi Backes-Gellner
Universitätsprofessorin und Leiterin des Seminars für Allgemeine Betriebswirtschaftslehre und Personalwirtschaftslehre an der Universität zu Köln.

Dr. Karl-Hermann Baumann
Mitglied des Vorstandes und Leiter der Zentralabteilung Finanzen der Siemens AG.

Prof. Dr. Hans E. Büschgen
Universitätsprofessor und Direktor des Seminars für Allgemeine Betriebswirtschaftslehre und Besondere der Banken an der Universität zu Köln.

WP und StB Prof. Dr. Dr. h.c. Karl-Heinz Forster
ehem. Vorsitzer des Aufsichtsrats der C&L Deutsche Revision AG; Honorarprofessor an der Johann Wolfgang Goethe Universität, Frankfurt/Main.

Prof. Dr. Herbert A. Henzler
Chairman von McKinsey & Company, Inc., in der Bundesrepublik Deutschland und Honorarprofessor für Betriebswirtschaftslehre an der Ludwig-Maximilians-Universität München.

Dr. Bernd-Albrecht v. Maltzan
Deutsche Bank AG, Frankfurt, Bereichsvorstand im Unternehmensbereich „Privatkunden".

Prof. Dr. Hermann Sabel
Professor der Betriebswirtschaftslehre, insbesondere Marketing, der Universität Bonn und Mitglied im Wissenschaftlichen Beirat des Universitätsseminars der Wirtschaft (USW) in Erftstadt-Liblar.

Prof. Dr. Dieter K. Schneidewind
Mitglied des Aufsichtsrates der WELLA AG und Honorarprofessor an der Justus-Liebig-Universität Gießen sowie an der Ruhr-Universität Bochum.

Senior-Herausgeber

Prof. Dr. Dr. h.c. Herbert Jacob
em. Professor der Betriebswirtschaftslehre an der Universität Hamburg.

Internationaler Herausgeberbeirat

Prof. Dr. Alain Bultez
Professor für Managementwissenschaften an der Katholischen Universität Mons (FUCAM, Belgien) und Direktor des European Institute for Advanced Studies in Management (Brüssel).

Prof. Dr. Lars Engwall
Professor für Betriebswirtschaftslehre an der Universität Uppsala und Direktor des Department of Business Studies.

Prof. Dr. Santiago Garcia Echevarria
Professor für Betriebswirtschaftslehre, insbesondere Unternehmenspolitik, und Direktor des Departamento de Ciencias Empresariales der Universität Alcalá de Henares.

Prof. Dr. Robert T. Green
Professor für Marketing und Internationale Betriebswirtschaftslehre an der University of Texas in Austin, Texas, und Director des Center for International Business Education and Research.

Prof. Hiroyuki Itami
Professor für Management an der Faculty of Commerce der Hitotsubashi Universität, Tokyo.

Prof. Dr. Don Jacobs
Gaylord Freeman Distinguished Professor of Banking und Dean der J.L. Kellogg Graduate School of Management der Northwestern University in Evanston bei Chicago.

Prof. Dr. Koji Okubayashi
Professor für Betriebswirtschaftslehre, insbesondere Human Resources Management in der School of Business Administration der Kobe University.

Prof. Dr. Adolf Stepan
Professor für Betriebswirtschaftslehre, insbesondere Industriebetriebslehre, und Direktor des Instituts für Betriebswissenschaften, Arbeitswissenschaften und Betriebswirtschaftslehre an der Technischen Universität Wien.

Prof. Dr. Kalervo Virtanen
Professor für Betriebswirtschaftslehre, insbesondere Management Accounting, an der Helsingin Kauppakorkeakoulu, der Helsinki School of Economics and Business Administration.

Schriftführender Herausgeber

Prof. Dr. Dr. h.c. mult. Horst Albach
Professor der Betriebswirtschaftslehre an der Humboldt-Universität zu Berlin und Direktor des Schwerpunkts IV, Wissenschaftszentrum Berlin, Honorarprofessor an der Wissenschaftlichen Hochschule für Unternehmensführung Koblenz (WHU).

Impressum

SCHRIFTLEITUNG:
Professor Dr. Dr. h.c. Horst Albach
Waldstraße 49, 53177 Bonn
Tel. (02 28) 31 31 47, Fax 31 11 42

Anfragen an die Schriftleitung: Briefe an die Schriftleitung mit der Bitte um Auskünfte etc. können nur beantwortet werden, wenn ihnen Rückporto beigefügt ist. Von Anfragen, die durch Einsicht in die Jahresinhaltsverzeichnisse beantwortet werden können, bitten wir abzusehen.

Bezugsmöglichkeit: Die Zeitschrift erscheint monatlich. Preise ab 1. 1. 1997: Einzelverkaufspreis 28,– DM; preisgebundener Jahresabonnementpreis **Inland** 285,– DM; für Studenten 190,– DM (die aktuelle Immatrikulationsbescheinigung ist jeweils unaufgefordert nachzureichen); preisgebundener Jahresabonnementpreis **Ausland** 305,– DM, 2227,– ÖS, 271,– SFr.; Studentenpreis Ausland 210,– DM, 1533,– ÖS, 187,– SFr. inkl. Porto und ges. MwSt.-Preis für besondere Versandformen auf Anfrage. Zahlung erst nach Erhalt der Abo-Rechnung. Sie können das Abonnement – spätestens 6 Wochen vor Ablauf – zum Ende des Bezugsjahres kündigen (siehe letzte Abonnementrechnung). Geben Sie bitte unbedingt Ihre Kundennummer an. Eine schriftliche Bestätigung erfolgt nicht. – Jährlich können 1 bis 4 Ergänzungshefte hinzukommen. Jedes Ergänzungsheft wird den Jahresabonnenten mit einem Nachlaß von 25% des jeweiligen Ladenpreises gegen Rechnung geliefert. Bei Nichtgefallen kann das Ergänzungsheft innerhalb einer Frist von drei Wochen an die Vertriebsfirma zurückgesandt werden.

Abonnentenbetreuung: VVA-Zeitschriften-Service, Abt. D6 G6, Zeitschrift ZfB, Postfach 77 77, 33310 Gütersloh, Tel. 0 52 41/80 19 68 oder Tel. 0 52 41/80 28 91, Fax 0 52 41/8 06 03 80.

Vertrieb: Sabine Landgraf, Tel. 06 11/78 78-2 77.

Leserservice ZfB: Postfach 15 47, 65005 Wiesbaden, Sabine Ebertz/Renate Heinrich, Tel. 06 11/78 78-1 29/1 32, Fax 06 11/78 78-4 35.

Anzeigenverwaltung: Lore Dreyer, Tel. 06 11/78 78-1 47; Fax 06 11/78 78-4 35.
Es gilt die Anzeigenpreisliste Nr. 24 vom 1. 10. 1994.

Redaktion: Ralf Wettlaufer, Tel. 06 11/78 78-2 34,
Margret Mrasek, Tel. 06 11/78 78-2 36.

Produktion: Christine Huth, Tel. 06 11/78 78-1 76.

Verlag: Betriebswirtschaftlicher Verlag Dr. Th. Gabler GmbH, Abraham-Lincoln-Str. 46, 65189 Wiesbaden; Postfach 15 47, 65005 Wiesbaden; Tel. 06 11/78 78-0; Fax 06 11/78 78-4 11.

Internet: http://www.fachinformation.bertelsmann.de/verlag/bfw/homepage.htm

Geschäftsleitung: Dr. Hans-Dieter Haenel.

Leitung Zielgruppenverlag: Dr. Heinz Weinheimer.

Programmbereichsleitung: Dr. Reinhold Roski.

Gesamtleitung Verkauf: Heinz Detering.

Leitung Produktion: Reinhard van den Hövel.

Druck: Triltsch, Druck- und Verlagsanstalt GmbH, Würzburg.

Die Zeitschrift und alle in ihr enthaltenen einzelnen Beiträge und Abbildungen sind urheberrechtlich geschützt. Jede Verwertung außerhalb der engen Grenzen des Urheberrechtsgesetzes ist ohne Zustimmung des Verlages unzulässig und strafbar. Das gilt insbesondere für Vervielfältigungen, Übersetzungen, Mikroverfilmungen und die Einspeicherung und Verarbeitung in elektronischen Systemen. Nachdruckgenehmigungen kann die Redaktion erteilen. Für unverlangt eingesandte Beiträge und Rezensionsexemplare wird nicht gehaftet. Jede im Bereich eines Unternehmens hergestellte oder benützte Kopie dient gewerblichen Zwecken gem. § 54 (2) UrhG und verpflichtet zur Gebührenzahlung an die VG WORT, Abteilung Wissenschaft, Goethestr. 49, 80336 München, von der die einzelnen Zahlungsmodalitäten zu erfragen sind. Der Verlag ist ein Unternehmen der Bertelsmann Fachinformation.

ISSN: 0044-2372

Hinweise für Autoren

Wenn Sie einen Beitrag geschrieben haben, der in der Zeitschrift für Betriebswirtschaft erscheinen soll, beachten Sie bitte unbedingt folgende Punkte.

1. Bitte beachten Sie die „Grundsätze und Ziele" der ZfB.

2. Manuskripte sind in zweifacher Ausfertigung an die Schriftleitung zu senden. Für das Begutachtungsverfahren müssen die Beiträge anonymisiert werden. Daher darf der Name des Autors nur auf der Titelseite des Manuskripts stehen. Der Autor verpflichtet sich mit der Einsendung des Manuskripts unwiderruflich, das Manuskript bis zur Entscheidung über die Annahme nicht anderweitig zu veröffentlichen oder zur Veröffentlichung anzubieten. Diese Verpflichtung erlischt nicht durch Korrekturvorschläge im Begutachtungsverfahren.

3. Alle eingereichten Manuskripte werden, wie international üblich, einem doppelt verdeckten Begutachtungsverfahren unterzogen, d. h. Autoren und Gutachter erfahren ihre Identität gegenseitig nicht. Durch dieses Verfahren soll die fachliche Qualität der Beiträge gesichert werden.

4. Die Manuskripte sind 1 1/2 zeilig mit 5 cm Rand links zu schreiben. Sie sollten nicht länger als 25 Schreibmaschinenseiten sein. Der Titel des Beitrages und der/die Verfasser mit vollem Titel und ausgeschriebenen Vornamen sowie beruflicher Stellung sind auf der ersten Manuskriptseite aufzuführen. Dem Beitrag ist ein „Überblick" von höchstens 15 Zeilen voranzustellen, in dem das Problem, die angewandte Methodik, das Hauptergebnis in seiner Bedeutung für Wissenschaft und/oder Praxis dargestellt werden. Die Aufsätze sind einheitlich nach dem Schema A., I., 1., a) zu gliedern. Fußnoten sind im Text fortlaufend zu numerieren und am Schluß des Aufsatzes unter „Anmerkungen" zusammenzustellen. Anmerkungen und Literatur sollen getrennt aufgeführt werden. Im Text und in den Anmerkungen soll auf das Literaturverzeichnis nach dem Schema: (Gutenberg, 1982, S. 352) verwiesen werden. Jedem Aufsatz muß eine „Summary" in englischer Sprache von nicht mehr als 15 Zeilen Länge und eine deutsche Zusammenfassung gleicher Länge angefügt werden. Unter Zeichnungen und über Tabellen ist eine Legende vorzusehen (z.B.: Abb. 1: Kostenfunktion, bzw. Tab. 2: Rentabilitätsentwicklung). Abbildungen und Tabellen sind an der betreffenden Stelle des Manuskripts in Kopie einzufügen und im Original (reproduzierfähig) dem Manuskript beizulegen. Mathematische Formeln sind fortlaufend zu numerieren: (1), (2) usw. Sie sind so einfach wie möglich zu halten. Griechische und Fraktur-Buchstaben sind möglichst zu vermeiden, ungewöhnliche mathematische und sonstige Zeichen für den Setzer zu erläutern. Auf mathematische Ableitungen soll im Text verzichtet werden; sie sind aber für die Begutachtung beizufügen.

Mit dem Manuskript liefert der Autor ein reproduzierfähiges Brustbild (Paßphoto) von sich sowie eine kurze Information (max. 7 Zeilen) zu seiner Person und seinen Arbeitsgebieten.

5. Wenn das Manuskript auch auf einer Diskette vorliegt, so sollte diese zur Vermeidung von Satzfehlern beigefügt werden. Papiermanuskripte sind aber in jedem Fall nötig. Disketten jedweder Art können verarbeitet werden.

6. Der Autor verpflichtet sich, die Korrekturfahnen innerhalb einer Woche zu lesen und die Mehrkosten für Korrekturen, die nicht vom Verlag zu vertreten sind, sowie die Kosten für die Korrektur durch einen Korrektor bei nicht termingerechter Rücksendung der Fahnenkorrektur zu übernehmen.

7. Der Autor ist damit einverstanden, daß sein Beitrag außer in der Zeitschrift auch durch Lizenzvergabe in anderen Zeitschriften (auch übersetzt), durch Nachdruck in Sammelbänden (z. B. zu Jubiläen der Zeitschrift oder des Verlages oder in Themenbänden), durch längere Auszüge in Büchern des Verlages auch zu Werbezwecken, durch Vervielfältigung und Verbreitung auf CD ROM oder anderen Datenträgern, durch Speicherung auf Datenbanken, deren Weitergabe und dem Abruf von solchen Datenbanken während der Dauer des Urheberrechtsschutzes an dem Beitrag im In- und Ausland vom Verlag und seinen Lizenznehmern genutzt wird.

Ökonomie und Ökologie auf dem neuesten Stand

Im gleichen Maße, wie die Belastung unserer Umwelt wächst, nehmen auch die staatlichen Maßnahmen zum Schutz der Umwelt zu. Dabei wird es immer schwieriger, sich der Wechselwirkungen zwischen Umweltpolitik und allgemeiner Wirtschaftspolitik bewußt zu werden.

Das *Gabler Lexikon Umwelt- und Wirtschaftspolitik* informiert Sie über alle relevanten Begriffe, von **Abfallabgabe** bis **Zollunion**, von **Energiebilanz** bis **Stagflation**.

Dabei bietet es kurze und prägnante Artikel und somit die Möglichkeit, sich schnell über ein Thema zu informieren. Zusätzlich sorgt das ausgefeilte Verweissystem dafür, daß sich auch komplexere Zusammenhänge leicht erschließen lassen.

Michael Olsson /Dirk Piekenbrock
**Gabler Lexikon
Umwelt- und Wirtschaftspolitik**
2., überarb. u. erw. Aufl. 1996,
XIV, 418 S. mit 27 Abb.,
broschur 39,– DM
ISBN 3-409-29981-5

Bestell-Coupon

Ja, ich bestelle über die Buchhandlung:

____ Exemplare
Michael Olsson /Dirk Piekenbrock
**Gabler Lexikon
Umwelt- und Wirtschaftspolitik**
2., überarb. u. erw. Aufl. 1996,
XIV, 418 S. mit 27 Abb.,
broschur 39,– DM
ISBN 3-409-29981-5

Vorname und Name

Straße (bitte kein Postfach)

PLZ, Ort

Unterschrift

Änderungen vorbehalten.
Erhältlich im Buchhandel oder beim Verlag.

Abraham-Lincoln-Str. 46, Postfach 1547,
65005 Wiesbaden, Fax: (0611) 78 78-4 20

GPSR Compliance

The European Union's (EU) General Product Safety Regulation (GPSR) is a set of rules that requires consumer products to be safe and our obligations to ensure this.

If you have any concerns about our products, you can contact us on

ProductSafety@springernature.com

In case Publisher is established outside the EU, the EU authorized representative is:

Springer Nature Customer Service Center GmbH
Europaplatz 3
69115 Heidelberg, Germany